汉译世界学术名著丛书

历史是什么？

〔英〕E.H.卡尔 著

陈恒 译

商务印书馆
创于1897 The Commercial Press

根据帕尔格雷夫-麦克米兰出版公司 2001 年版译出

汉译世界学术名著丛书
出 版 说 明

我馆历来重视移译世界各国学术名著。从五十年代起,更致力于翻译出版马克思主义诞生以前的古典学术著作,同时适当介绍当代具有定评的各派代表作品。幸赖著译界鼎力襄助,三十年来印行不下三百余种。我们确信只有用人类创造的全部知识财富来丰富自己的头脑,才能够建成现代化的社会主义社会。这些书籍所蕴藏的思想财富和学术价值,为学人所熟知,毋需赘述。这些译本过去以单行本印行,难见系统,汇编为丛书,才能相得益彰,蔚为大观,既便于研读查考,又利于文化积累。为此,我们从 1981 年至 1998 年先后分八辑印行了名著三百四十种。现继续编印第九辑。到 2000 年底出版至三百七十种。今后在积累单本著作的基础上仍将陆续以名著版印行。由于采用原纸型,译文未能重新校订,体例也不完全统一,凡是原来译本可用的序跋,都一仍其旧,个别序跋予以订正或删除。读书界完全懂得要用正确的分析态度去研读这些著作,汲取其对我有用的精华,剔除其不合时宜的糟粕,这一点也无需我们多说。希望海内外读书界、著译界给我们批评、建议,帮助我们把这套丛书出好。

商务印书馆编辑部

2000 年 6 月

“我总认为，要说历史是枯燥无味的，那就怪了，因为大多数历史是编造出来的。”

凯瑟琳·莫兰论历史

（《诺桑觉寺》，第十四章）

目　　录

导　言

理查德·J.埃文斯[①]

I

从今天大家愿意接受的任何意义上的术语来看，卡尔（E. ix
H. Carr，1892—1982）不是一位职业历史学家。他没有历史学方面的学位，没有在任何一所大学历史系教授过历史。第一次世界大战之前，他在剑桥大学研究古典学。卡尔后来承认那时对历史并不感兴趣。[1] 和今天进入学术领域所采取的方式不一样的是，他并没有获得博士学位就进入了这一领域。卡尔在1916年毕业时，就直接进入外交部，在那个地方一待就是20年。在这期间，卡尔利用一切可以利用的闲暇研究、撰写19世纪俄国作家和思想家的传记，他所花费的业余时间是今天所不能想象的。卡尔于1931年出版了一本《陀思妥耶夫斯基》[②]的书，1933年出版了关于赫尔岑及其朋友的书《浪漫的流放者》（*The Romantic Exiles*），1937年出版了巴枯宁的传记《迈克尔·巴枯宁》（*Michael Bakunin*）。卡尔也开始撰写有关当代外交的书评与文章。

---

① 理查德·埃文斯（Richard J. Evans，1947—），剑桥大学近代史教授。著有 *The Feminist Movement in Germany 1894 — 1933*（1976），*Death in Hamburg*（1987），*In Hitler's Shadow*（1989），*Rituals of Retribution*（1996），*In Defence of History*（1997），*Telling Lies about Hitler*（2001）等。——译者

② 陀思妥耶夫斯基（Dostoevsky，1821—1881），俄国小说家。——译者

1936 年，他从外交部辞职，在阿伯里斯特威斯大学（Aberystwyth University）就任教授职位，成为国际关系学教授，而不是历史学教授。

就是在这种情况下，卡尔以撰写大量、简短且著名的外交政策文章而著称，其中最著名的或许是在第二次世界大战前夕发表的《二十年危机：1919－1939》（*The Twenty Year's Crisis*，1919－
x 1939）。就像卡尔先生在外交部供职时花越来越多的时间从事写作一样，当他在大学时也把越来越多的时间花在新闻写作上。卡尔于 1941 年成为《泰晤士报》助理编辑，在他于 1946 年离开这个位置之前为该报写了许多社论文章。卡尔全职为这家国有报纸工作的事实或许让阿伯里斯特威斯大学——他的雇主不能忍受，最终是由于个人生活的原因被迫离开教授这一职位。这以后一段时间，卡尔以报纸的自由专栏作家、演讲者、播音员来维持生计，这种情况一直持续到 1953 年，他在牛津贝列尔学院（Balliol College）得到政治学导师职位为止，后来又于 1955 年在剑桥三一学院获得他最后的高级研究席位，并一直在这个位置待到 1982 年去世为止，享年 90 岁。[2]

卡尔是一位在外交部工作、花了大量时间为国有报纸写作的人，就是这样一位以独特的角度来研究历史的人。他的经历与经验大大丰富了他的历史观，也指引他如何进行历史研究。卡尔从事这一问题的研究相对来说比较晚。他在 1950－1978 年间主要从事其重要历史著作《苏俄史》（*History of Soviet Russia*）的研究，期间出版了该书 14 卷。开始撰写《苏俄史》时，卡尔方五十多岁，结束这一著作并开始撰写《历史是什么？》时，①他已大大超过退休年龄了。卡尔后来自己说他对历史的兴趣源于俄国革命本身，那是在1917年，当时他是英国外交部低级雇员，从遥远的地方观察这场革命。但是这事一搁就是几年，一直到第二次世界大战期间才最终再次意识这一问题并决定从事历史研究，就像其他许多英国人一样，虽然这种热情比大多数人彻底与持久，当苏联于1941年6月成为英国的盟国并肩从事这场战争时，卡尔成为苏联的信仰者，苏联因此也成为卡尔的关注事物。[3]

当卡尔从事《苏俄史》写作时，如他自己所说，就面临一些关键 xi
问题，诸如"因果关系与偶然性、自由意志与决定论、个人与社会、主观性与客观性"之类的问题，而这一切对于卡尔来说又是一个全新的智力领域。学生时代的卡尔在剑桥师从"一位不太著名的古典学教授"，这位教授说希罗多德关于波斯战争的叙述是由希罗多德对伯罗奔尼撒战争的态度塑造的，当卡尔进行写作时，这种影响仍在起着作用。"这是让人着迷的启发，"卡尔许多年之后写道，"这让我第一次理解历史究竟是关于什么的。"[4] 当卡尔继续研究、撰写苏俄史的时候，已拥有这种洞察力，并尽力把他的研究计划建立在理论基础之上，这一切体现在卡尔于20世纪50年代期间为《泰晤士文学增刊》（*The Times Literary Supplement*）所写的一系列文章中。其中第一篇文章是关于客观性问题。这个问题对卡尔特别重要，因为这时也就是1950年，卡尔刚刚出版了《苏俄史》第一卷，关于苏联的

① 依译者所见，以《历史是什么？》为书名的还有 Michael Joseph Oakeshott 的 *What is History?*，Eric Voegelin 的 *What is History?*，Juliet Gardiner 等人的 *What is History Today?* 等。——译者

观点已在共产主义者和西方的冷战斗士之间两极化了,共产党人不能容忍任何批评,并竭尽全力来证明发展共产主义事业的每一个方面都是正确的,也是不可避免的,而西方世界则视共产主义是对人权和民主价值的威胁,这种威胁甚至大于先前纳粹主义所带来的威胁,因此把苏联的发展诅咒为灾难性的畸变。

卡尔的《苏俄史》以现有的资料细致地重构1917年到1933年间苏联所发生的史实,这是一种开拓性的尝试。该书对引导冷战中对立的双方也起着严肃的作用,表明可以以学术的、客观的观点研究苏联史。但是在这样一种情况下如何界定客观性呢?1950年,卡尔那里程碑式的著作第一卷就要出版了,他大胆地宣称:“客观的历史并不存
xii 在。”然而,他同时却声称,他在为《泰晤士文学增刊》所写的系列文章的第一篇中尽量达到客观,虽然这是一项难以实现的事业:“断言爱犯错误的人类深受时代环境、地点环境的影响而难以达到绝对真理。”他写道,“这和否认真理的存在不是一码事;这种否认会毁灭判断标准的任何可能性,使得研究历史的任何方法就像任何其他方法一样是真实的,或者像任何其他方法一样是虚假的”。很明显,这种观点是不能令人满意的。因此,卡尔选择了一个位置:“在这里可以维持客观真理的存在,但是没有哪位历史学家、哪个历史学派能够希望达到这个客观真理,哪怕是一点点接近和一部分接近都不可能。”[5]

然而,问题并不这么容易解决。在一篇有关杰出外交史家古奇(G. P. Gooch)①《19世纪历史与历史学家》一书的评论中——该

① 古奇(G. P. Gooch,1873—1968),擅长近代外交史研究,代表作是 *History of Modern Europe 1878—1919*(1923),曾和 Adolphus Ward 爵士一起编辑 *Cambridge History of British Foreign Policy 1783—1919*(1922—1923)。——译者

书第一版出版于1913年，再版于四十年后并有一篇新的导言——，卡尔指出该书“坚定不移地相信构建事实的可能性，坚定不移地相信曾经构建的人类事实之价值”。这种信仰是19世纪德国传统、历史主义者学者利奥波德·冯·兰克(Leopold von Ranke)训练下的产物，在这一传统下，历史学家被教导要“如实地”展现过去。然而继1952年古奇之后，卡尔继续写道，

> 知道过去四十年间世界已经发生了很大变化，对于现在一代人来说绝对地、毫无条件地接受历史事实的卓越性、接受历史事实所带来的恩典这一信仰，是不再可能了……我们对历史事实的研究，我们对我们所发现的历史事实进行鉴定必定是以指导研究的信仰和预设来决定的——这些信仰和预设或许是无意识的，人们不再怀疑这一说法了。对“事实”是中立的，进步是由发现事实并从事实中得到教训这一说法的笃信是对世界持有理性的、自由的 xiii
> 观点的产物，当今世界是不容易把这观点视为当然的，比我们更加幸运地生活在19世纪的前辈们则视为当然。

然而，卡尔同时又承认苏联时代的斯大林政权歪曲历史、毁损文献、篡改历史记录，这意味着自由获知权比以往任何时代都更加重要。[6]

在随后几个月发表的一篇文章中，卡尔返回到了未解决问题的张力中，并竭力把自己的思想向前推进了几步。历史学家与事实之间的关系究竟是什么？——他在1953年6月发表于《泰晤士文学增刊》的一篇文章中发问：

> 在过去与现在之间存在着双向的交通，现在是由过去铸造的，然而又不断地再现过去。假如历史学家制造历史，同样真实的是历史一直在制造历史学家……当代的历史哲学家——在客观决定主义的危险和主观相对主义的无底深渊之间这一危险边缘保持着不稳定的平衡——也意识到思想和行动错综复杂地交织在一起，意识到历史中因果关系的本质并不逊色于科学中因果关系的本质，意识到似乎他越想紧紧地把握历史，则离他所领会的东西就越远，历史哲学家忙于提出问题而不是回答问题。[7]

其中部分观点在《历史是什么？》中再次出现。但是，卡尔并不真正相信历史学家所从事的仅仅是提出问题，因为他在《苏俄史》中，几乎每一页都在回答问题。因此，问题仍旧没有解决。

1960 年，在一次历史教科书讨论民族主义偏见中，卡尔又一次
xiv 着手于客观性讨论。在这里他以一种更加似是而非的心态写道：

> 关于历史最棘手的事情是偏见似乎为历史的一个基本因素——即使在最好的历史中也是如此。实际上，就如人们时常所说，事实并不能“为自己说话”，或者说，如果它们能“为自己说话”，那也是历史学家在决定着哪类事实可以说话——历史学家不能够把发言权赋予所有的事实。最有责任感的历史学家的决定——最清醒地意识到他正在做什么的历史学家的决定——也是一种观点的决定，别人或许会把这种观点称之为偏见。或许这并不完全是一种玩世不恭的说法：最好的历史学家是最有偏见的历史学家——而不是那些没有丝毫偏见的历史学家——根本不存在这样的历史学家。

从卡尔的观点来看，在这种情况下最好的偏见是一种国际的偏见，而不是一种民族的偏见，这就意味着要将那种把历史写作当作爱国主义的行为放弃掉，例如德国历史学家已经采纳了这样的方法来讨论《凡尔赛条约》及其后果，也正在检查从国际体系本身的观点来看待德国刚刚逝去的过去，看待 1919 年以来德国在国际体系中的地位。然而，“偏见”是否真正是适合这一情况的适当词语必定是值得怀疑的。卡尔似乎真正要说的是，近年来德国历史学家已经开始较少偏见了，因为当他们研究过去的时候，他们的视野开始超越了他们狭隘的民族利益。“人们或许可以合理地期待历史学家，”卡尔总结说，“他应该走在他那个时代进步运动和开明运动的前面，而不应该落在后面。”[8] 然而，谁又能说进步是什么？开明是什么？进步、开明又不是什么？卡尔在这里似乎也不能以任何让人满意的方式解决客观性问题。很明显，卡尔在感情与信仰之间深受折磨，这种感情就是因对冷战的争辩而使客观性处于威胁之中，这种信仰就是在任何传统意义上，客观性这一词语都是一个 xv
不可能的企图，没有哪位历史学家能够明智地希望达到。卡尔思想中的这些张力在 20 世纪 60 年代初期以一种相当不同的方式开始表现出来，这时他试图把全部这些思想火花集中体现在《历史是什么？》之中。[9]

II

“历史”，卡尔在 1954 年发表的一篇评论中写道，“假如没有意义,就不值得去写、去阅读。”这是卡尔挑战“可以在历史人物(*dramatis personae*)的有意目的和有意预见中找到历史上的主要解释这一假设”[10]的一个重要观点。但是,历史中的意义来自何处?就这一问题,卡尔在与哲学家、历史学家以赛亚·伯林的观念进行长期争辩的过程中逐渐构建出他的思想,伯林是卡尔极其亲密的一个朋友,两人之间彼此以教名进行通信,以当时的标准来看非同寻常。两人都具有俄国文学与思想的深邃知识,并对之深感兴趣。在政治思想方面,两人都深受英国自由主义传统的影响。但关于苏联问题,两人产生了分歧。当卡尔在苏联时,从来没有就共产主义统治的各个方面进行过批评,从没有丢失过对苏联的感情,这种感情是第二次世界大战期间苏联反对希特勒时在卡尔身上形成的。另一方面,作为苏维埃俄国难民的伯林则没有这样的感情。在20世纪50年代这一期间,伯林成为自由主义者的主要代言人之一,也成为大西洋两岸赞同“西方”价值、反共产主义理论与意识形态的主要代言人。[11]

xvi 1950年,伯林评论了卡尔《苏俄史》第一卷,明白无疑地对该书的方法与主旨表示不满。卡尔在该书序言里曾表明他的意图是“所写的历史不是革命事件的历史,而是从革命事件中出现的政治、社会和经济秩序的历史”。因此,这本书的主旨是要提供“不是对这一时期事件详尽记录的叙述,而是分析那些形成发展主要线索的事件”。[12]比如,他因此极其详尽地、非常全面地追述1917年前布尔什维克思想的发展,即使布尔什维克在那时的俄国几乎没有什么重要性或几乎没有什么政治重要性,但因为它在布尔什维克掌握政权以后会对付诸实践的政策产生决定性的影响。另一方面，他省略了对革命事件的任何思考，忽略了对虽然失败但可以取代布尔什维克的其他党派的思考，或者忽略了对内战残酷冲突的思考。

就卡尔来说，从长期服务于外交部高级官员的角度进行写作，写出的重要事情自然是国家建设步骤和国家政策形成。并且也像许多公务员一样，他在极大程度上是以表面价值来看待国家产生的文献、正式的政策、宪法和文件法规的。就像卡尔传记的作者乔纳森·哈斯拉姆(Jonathan Haslam)所指出的，作为外交家，卡尔的经验已经"大大减少了那种任何情况都可能存在多种结果的感觉；一个事件一旦发生，不管这个事件是好还是坏，外交家都要接受并促进它"。这些经验已经"强化了卡尔与统治者的认同而不是与被统治者的认同……在写作《苏俄史》的时候已经下意识地把他早年这种对英国统治阶级的认同感转移为对苏维埃苏联的认同感"。[13]

在伯林看来，这种方法极其令人反感。卡尔在一篇书评中抱怨说，"把历史视为由无情规律支配的事件的展开"。他似乎在想，历史学家的任务就在于弄清楚这些规律是什么，它们怎样起作用， xvii
"甚至对那些没能实现的可能性偷偷地瞄上一眼也不愿意——强烈的希望和极度的恐惧曾一度注视着这些可能性，——更不用说藐视进步过程中的受害者和牺牲者了。"因此，伯林谴责卡尔说，

通过胜利者的眼光看待历史；对卡尔来说，失败者几乎使自己丧失了作证的资格……假如卡尔先生极力地坚持这种令人印象深刻的说法是公平的，它们将构成我们这个时代最有意义的对深深根植于欧洲自由传统中的历史写作之公平、客观真理、公平正

义的挑战。[14]

因此，在伯林眼中，卡尔研究历史的方法绝不是客观的。卡尔或许想过假如他有偏见，这也是最好的偏见。伯林显然不同意这一观点。

伯林在 1953 年扩展了他的这种历史观，以一种更加绝对的方式继续攻击卡尔。伯林的传记作家迈克尔·伊格纳提夫①把伯林那年在伦敦经济学院（London School of Economics）奥古斯特·孔德讲座（Auguste Comte Lecture）上发表的演讲描述为“伯林最基本信仰的生动陈述”。伯林在这次演讲中辩论说——后来出版时扩展为名叫《历史必然性》（*Historical Inevitability*）的一本书——人类在道德选择能力方面非常独特，这使得人类具有相对独立于那些非个人的力量，在伯林看来，历史学家比如卡尔错误地把这些非个人的力量视为决定人类行为的力量。当然，伯林的这类力量在特定的情况下也限制人类活动的机动性。历史学家的工作就是要研究出什么样的场合适应活动机动性，鉴定出可能替代的活动方法与个人最终采取的活动机动性相适应，因而也判断出
xviii 人类的行为。坚持过去已经发生事情的必然性就是要推卸当前状态下我们自己行为的道德责任，这就像卡尔所做的。[15]

① 迈克尔·伊格纳提夫（Michael Ignatieff，1947— ），美国作家，自 2000 年起在哈佛大学任教。著有 *Wealth and Virtue*：*The Shaping of Political Economy in the Scottish Enlightenment*、*The Needs of Strangers*：*An Essay on the Philosophy of Human Needs*、*The Warrior's Honor*：*Ethnic War and the Modern Conscience*、*Virtual War*：*Kosovo and Beyond*、*The Rights Revolution*、*Human Rights as Politics and Idolatry*、*Isaiah Berlin*：*A Life*、*The Lesser Evil*：*Political Ethics in an Age of Terror* 等。——译者

卡尔也不是一位接受这样的批评而认输的人。在《泰晤士文学增刊》发表的演讲评论中，卡尔坚持"历史学家的独特功能，作为历史学家不能判断，只能解释"。历史学家总是在寻求过去的意义与模式，虽然伯林也承认这点。

> 编年史家(annalist)满足于叙述一件接着一件的事情；使得历史学家与众不同的是提出了一件事情导致另一件事情的主张。其次，当历史事件由个人意志开始自然地运转时，不管这意志是"伟人"的还是普通民众的，历史学家必定深入个人意志的背后，探究那些使个人意志、行为已经发生的原因。再次，虽然历史从不重复自身，但历史呈现着某些规律性，容许某种概括，这可以当作是未来行动的指南。[16]

这就是那些卡尔曾在《历史是什么？》一些段落里攻击伯林观点的论据。

当特里威廉①基金会的负责人在1961年邀请卡尔为特里威廉讲座进行第二个系列演讲时——这个基金会是由伟大的剑桥历史学家特里威廉(G. M. Trevelyan)从其获得巨大成功的《英国社会史》(*English Social History*)的利润和他庞大的个人财产建立的——，上一个演讲是罗斯(A. L. Rowse)发表的系列就职演讲，他们正忙于通过基金会来建立一种传统，通常来说就是邀请一位人物，他不属于剑桥大学历史系，但在过去或现在又与剑桥大学有

① 特里威廉(G. M. Trevelyan，1876—1962)，英国历史学家。——译者

着一些联系。卡尔非常符合这个条件:他从不是剑桥大学历史系的成员,但他是剑桥大学的毕业生,又是三一学院董事会成员——
xix 不久又成为永久董事会成员,在剑桥大学这种奇特的分叉结构中,这意味着卡尔是拥有巨大财富与声誉的、自治学院的成员,但又不是剑桥大学本身的雇员。他能够指导研究生,实际上也在指导研究生,他也有资格指导本科生,但他不是历史系正式授课教师。除了别的东西以外,从时间上来看,他发表特里威廉演讲时已接近70岁了,大大超过了退休年龄。

特里威廉基金会负责人在邀请卡尔发表演讲时,希望他谈论的话题是苏联,在那时的历史系中没有人谈论这一话题,历史系课程在压倒多数的程度上仍旧关注的是从早期中世纪以来的英国史课程。但是,卡尔有不同的想法。就像他1960年3月写信给朋友斯大林和托洛茨基的传记作家艾萨克·多伊彻①时所说的,“一段时间以来,我正在寻找机会发表我对一般意义上历史之全面的看法”,“回答那些对历史的愚蠢评论,特别是波普尔、以赛亚·伯林等人的愚蠢评论”。[17]在《历史是什么?》中,卡尔履行了他的承诺,甚至有过之而无不及。在1959年9月10日到10月11日从伦敦到旧金山的航行途中,他草拟了这些演讲,一年之后也就是从1960年9月27日起再次修改这些演讲。这些演讲1961年1月到3月在剑桥大学逐周开讲,在英国广播公司(BBC)的电台上重

① 艾萨克·多伊彻(Isaac Deutscher,1907—1967),作家、政治评论家,出生于波兰,因反对斯大林政策而遭驱逐至英国。著有 *Stalin: A Political Biography*(1949)、*The Prophet Armed*(1954)、*The Prophet Unarmed*(1959)、*The Prophet Outcast*(1963)等。——译者

复播出,并在英国广播公司的周刊杂志《听众》(*The Listener*)上以节本的形式登出。这一系列演讲或许是这之前之后特里威廉讲座中得到最广泛宣传的演讲。[18]

作为与媒体有许多联系的新闻记者,卡尔与英国广播公司有着便捷的联系。为了确保这些观点在可能的情况下得到最广泛的传播——一旦假定了这一明确的目标——卡尔就以他的新闻手法来撰写这些演讲稿,使用他多年来为报纸撰写稿件已经练就的炉火纯青的各种技巧。很显然,从一开始这些演讲就是面向更为广 xx
泛的听众,而不仅仅是向剑桥大学米尔巷(Mill Lane)聚集着的听众发表的。卡尔在演讲中引入以赛亚·伯林,不仅是因为他们两人之间持续不断的争执,而且是因为卡尔知道听众是熟知伯林大名的。这两人都是我们时代公共知识生活中非常著名的人物。两人都是经常上广播的,在20世纪50年代广播是最流行的媒体,有人争辩说电视能更好地传播与讨论那些复杂的思想与观点,但那时的电视还没有超过广播。20世纪60年代初期的英国知识界仍旧是讲究小圈子的;仅仅有一小部分民众曾在大学学习过,历史专业仍旧是非常狭小的,对于大多数历史学家而言只是因个人关系而彼此熟悉;包括《泰晤士报》、英国广播公司第三节目、[①]《泰晤士文学增刊》在内的媒体上的知识争论仍旧由一小群经过选择的公共人物垄断,伯林、卡尔两人都属于这个群体。一位局外观察家评论说"英国知识界的狭隘性、高雅报纸和杂志篇幅的有效性

① 英国广播公司第三节目(BBC's Third Programme),二战后英国广播公司为扩大影响而于1946年成立的一个新栏目,主要播放严肃音乐和文化节目。——译者

（实际上，它们也怂恿一些有争议的素材）、（加上）英国知识分子高度个人的、好斗的本性”，作为影响它们已经赋予了英国知识生活罕见的连贯性，也向公共争论灌输了一种特别的趣味。[19]

因此，随着卡尔的系列演讲在《听众》上的发表，这些文章也就不可避免地在杂志的通信栏目里引起了评论。特别是以赛亚·伯林对他的剑桥朋友向他发出的伤人之言很快做出了回应。伯林声称在这一系列演讲中，他被误解了。他没有说过决定论是虚假的；他仅仅说过让非个人的力量为人类的行为负责是荒谬的。假如他不辩论的话，以这种方法探究人类行为的原因将是错误的，重要的
xxi 一点是，卡尔肯定会在这一系列演讲中在这方面歪曲他的观点。[20]
卡尔的反应则从《历史必然性》中引述伯林的话，大意是假如伯林认为决定论与个人职责不相容，那么他必定相信决定论是虚假的。假如伯林认为不把道德赞扬或道德谴责添加到过去的个人身上是错误的，那么他必定认为对这些人进行道德判断是正确的。[21]

伯林回复卡尔，重申对这一误解的谴责。同时，伯林反复重申自己的观点，指出对决定论的争辩不足以令人信服：

> 决定论者主张个人（或者说，实际上任何）行为最终完全是由可以确认的原因决定，这种看法与信仰个人责任的看法是不相容的……我看不出有什么原因可以否认人类在个人行为方面具备有限的自由，但是在具体的条件下，人类的行为在很大程度上不是自己可以选择的。[22]

这段话的最后一句以相同的意思巧妙地解释了卡尔·马克思的一

句名言，卡尔·马克思是20世纪30年代伯林、卡尔两人传记研究的主题。[23]事实上，这仅仅是伯林在他的《历史必然性》中的名言。卡尔发现在这点上自己很难设法证明对伯林的误解是正确的，在1961年6月27日给朋友的一封私人信件中他也被迫承认，他"可能夸大了我的说法"，或许是因为伯林对于野蛮的决定论这种谴责过于敏感，作为攻击的结果是伯林在他的著作中把卡尔的《苏俄史》说成是冷战斗士的作品。无论如何，卡尔坚持认为伯林的辩解仍旧是趋向于否认决定论的效用，断言道德判断在历史中的必要性。[24]伯林的反应是，说他仅仅承认对于历史学家来说，道德判断是允许的；他并没有声称这是一种职责。[25]两个人的立场似乎走得越来越近了。

然而，伯林并没有停止对卡尔的攻击。在另一封写于1961年 xxii
7月3日的私人信件中，伯林提出大多数历史学家实际上在从事道德判断。他引用卡尔对列宁的叙述为例——卡尔笔下的列宁特征化为进步的赞许，实际上也含蓄地表明道德的赞许，就像卡尔把其他一些个人描述为反动的一样，也暗示为倒退。伯林要求卡尔在已经出版的系列演讲版本中承认他满意于伯林并没持有《历史是什么?》一书所宣称的伯林所拥有的全部观点。但是卡尔拒绝了，说出版活动已经进行了很长时间了，一切太晚了。[26]这就为双方的敌意在更大的规模上爆发提供了机会。

III

1962年1月5日，伯林应《新政治家》(*New Statesman*)杂志

之邀评论《历史是什么？》一书。在这里，就等于为伯林认为卡尔误读了他的观点而重新开辟了一个争执的场所，伯林对卡尔的核心论点发起了更加广泛的攻击。卡尔辩解说，在解释过去的时候必须使用理论，描述历史中行动者的有意识动机和愿望，这些意识和愿望的本身并不足说明行动者所做的一切。但是，伯林问道，列宁的有意识动机和愿望不正是布尔什维克革命的重要因素吗？假如斯大林在列宁之前死去，随后的苏联史进程不也会有不同吗？[27]艾萨克·多伊彻在《泰晤士文学增刊》上发表的《历史是什么？》评论中以类似的心情问道："假如偶然性（就像卡尔所宣称的）修正了事件的进程而没有修正历史学家的'重要原因的等级'，那么这个等级就不存在某种问题吗？"[28]卡尔最后终于承认这个观点存在问题。"'偶然'这个词语"，卡尔在1963年写给艾萨克·多伊彻的信中说，"是不幸的"：

xxiii 严格地说来，列宁之死并不是一个偶然事件。毫无疑问，这一事件有着相当明确的因果关系。但这些属于医学，不属于历史研究。但在我看来，要说这些因果关系——尽管与历史没有关系——没有影响历史的进程，这似乎是困难的。即使你主张从长远的观点来看，每一件事情将产生极其一样的结果，但还有短期的影响，这是非常重要的，对许多人来说意义都是不一样的……当然，假如历史……仅仅是一连串的毫无关系的"偶然事件"，也就根本不能够进行严肃的研究。但是，事实上，历史从属于充足的规律性，这可以使历史成为严肃研究的学问，尽管这些规律时不时受到外在因素的打断或干扰。[29]

后来，在与《新左派评论》(*New Left Review*)编辑佩里·安德森[①]的一次访谈中——标志着他的《苏俄史》的完成——，卡尔就这方面进一步修正了他的观点。他坚持说，假如列宁活着，他仍旧会使苏联陷入快速的工业化和集体化之中。但是，卡尔从不会篡改历史著作到这样的程度——说斯大林做的是，将会尽力"减少政治高压中的因素，并缓和这些因素"，和斯大林不同的是，列宁则加强政治高压。这或许是关于列宁的特别乐观的一个看法。尽管卡尔仍旧坚持个性对发展的整体趋势几乎没有什么影响，但也承认个性对正在发展的事情有一些影响。[30]

卡尔以其他方式对因果关系的叙述也不能令人满意。就像一位为人们广泛使用的历史哲学教科书的作者沃尔什[②]所评论的，"他对因果关系的全部讨论……都因他没有能询问，探究历史中的因果关系究竟是实际问题还是理论问题而遭到了损害"。[31]这主要是因为卡尔知识观念的形成时期不是待在学术界 xxiv
的象牙塔中，而是待在外交部门和外交部这种实践世界中，在这种地方如果什么东西不能对政策的形成做出贡献，就没有什么东西是有直接利益的。卡尔从没有使自己摆脱这种假设：历史主要被设计用来为政策提供一种指南。但是，泰勒(A. J. P. Taylor)问道，"为什么我从哪儿来的知识就应该告诉我，我会向

① 佩里·安德森(Perry Anderson，1938—)，英国社会理论家、历史学家，杰出的马克思主义知识分子。著有 *The Origins of Postmodernity*、*The Question of Europe* 等。——译者

② 沃尔什(W. H. Walsh，1913—1986)，英国哲学家。著有《理性与经验》(1947)、《形而上学》(1963)、《黑格尔伦理学》(1969)、《康德对形而上学的批判》(1976)等。——译者

哪儿去呢?”[32]中世纪史专家杰弗里·巴勒克拉夫①,基于从军生涯,深信对当代史研究更行重要,巴勒克拉夫以稍长的篇幅表述了相同的基本观点:

> 有时似乎卡尔先生好像危险地接近这种学说:历史存在的目的是为了履行社会的需要。假如这样的话,卡尔正在把历史与神话混淆了。社会要求的——时常得到的——不是历史而是神话,神话是凝聚全部社会的凝固剂。准确地说,就像卡尔所极力鼓吹的,历史是理性的,在本质是个人的、反社会的。[33]

巴勒克拉夫对那种广泛为人们所接受的观点有着共鸣:历史学家的作用是要刺穿神话,而不是创造神话。

卡尔在《历史是什么?》中的论点——仅仅能使历史学家感兴趣的因果关系是那些能在未来政策制定中起作用的因果关系——是卡尔著作中最薄弱的地方之一。历史学家研究历史中因果关系的合理秩序目的是要解释发生的事情,当卡尔坚持说更广泛的因果关系和背景是这类研究的本质时,他是非常正确的;但是,他建议任何因果关系,不管是广泛的还是不广泛的,只要不能作为未来行动的指南就应该忽略,这一说法就没有任何知识上的理由了:这就是那种以政治利益为中心来操纵历史的方法,卡尔以这种方法对斯大林及其追随者进行了全面的谴责。[34]

① 杰弗里·巴勒克拉夫(Geoffrey Barraclough,1908—1984),著名的英国历史学家。——译者

1919 年和平方案是现代历史上最有灾难性的国际协议之一，作为和平方案谈判的参与者，卡尔也已经认识到，当人们从历史中 xxv
汲取教训的时候，他们时常学到的是坏的教训。历史对未来发展和未来事件的预测是非常拙劣的。卡尔在努力从对历史预言不信任的状态中拯救历史预言性能的概念时，混淆了历史规律（Historical Laws）与历史概括（Historical Generalization）。科学规律并不仅仅断言有一个模式，这个模式只有几个例外：它们精确地预言，并且前提条件是必然的，比如说，当两个特别的化学品放在一个坩埚里时，它们总是以一种特殊的方式不可避免地相互作用。历史学家所能做的也是要概括，尽力发现能够与历史证据非常符合的模式；但是，历史学家不能够用这些概括和模式来预言未来，因为在这些概括和模式之外总是存在一些例外。此外，概括越宏观，例外存在的可能性也就越大。就像卡尔所同意的一样，历史学家可以使用假设，比如马克斯·韦伯的著名观念：在新教教义与资本主义兴起之间存在联系；当把这两者之间的关系用来说明历史证据时，历史学家从来不指望这一关系可以证实全部问题。因此，概括与模式从不可能是规律。

在卡尔看来，写作与研究的过程是假设与证据之间连续不断相互作用的过程。卡尔的叙述表明，他把研究过程与写作过程当作是同时的过程，而不是相续的过程，这在一定程度上是卡尔个人习惯的反映。经常可以见到这样的描述，卡尔坐在堆满报纸、杂志碎片的起居室椅子上，随着这些东西的不断堆积，卡尔记下他的想法并开始整理这些想法。[35]任何想知道这是怎样混乱的人，只要他打开伯明翰大学所收藏的卡尔文献中没有完成的第二版《历史是

什么?》的注释文件夹就可以了,在各种大小不一的文件上似乎随
xxvi 意地写着一些东西,它们处于明显的混乱中。在文字由软件处理的时代,这似乎是非常原始的;这显然与有序的工作没有太多的相似之处,比方说,伟大的历史学家爱德华·吉本在心中构思每一个段落时,都会在房间踱来踱去,直到可以一字不差地写下来,并再也不用更改。然而,似乎并不是所有的人都有这种与众不同的习惯。杰出的历史学家卢埃林·伍德沃①在给卡尔的信中描述他的工作方式:

我也经常是一开始阅读就着手撰写——从你所说的关键材料——,关于主题的一定程度的最少材料,我也几乎经常从中间或结尾开始写,没有任何既定的计划,或者也没有一大堆笔记。就我而言,我天真地认为这是一件不体面的事情,我也设想过没有哪位历史学家像我这样值得这份工作的名誉——一种轻率、极度混乱的工作——,不断地增加新的内容并且修改手稿,随着阅读的增加也不断地改变我的观点。发现你像我一样都是那类历史学家,真是莫大的宽慰。[36]

尽管这两位历史学家在写作习惯上或许比大多数历史学家更加没有条理,但是为卡尔所描述的那种一般原则——即研究与写作形成了一个不断相互作用的过程,这一过程至少要在图书馆和档案

① 卢埃林·伍德沃(Llewellyn Woodward,1890—1971),英国历史学家,擅长国际关系、英国外交政策研究。——译者

馆初期搜寻材料以后才会结束——或许是大多数历史学家都会认可的原则，有很多理由要推荐这一原则。

IV

伯林对卡尔因果关系概念的批评以及伯林坚持历史背景的重要性最终导致的是对卡尔客观性概念的分歧，这或许是伯林与卡尔分歧最重要的一面。根据伯林的说法，能够在历史学家 xxvii 方法中发现客观性；它不是一个历史学家解释的问题。客观方法的检测是“历史学家的成果能否被观察核对无误——不是一个观察而是许多观察，论据的逻辑是否有内在的一致性，它们能否被足够广泛地接受，被那些宣称自己的主张是专家意见的人亲自以自己的经验加以检测而接受”。根据这些标准，伯林继续说，法国的自由派保守主义历史学家哈勒非[①]及其俄国的类似人物克柳切夫斯基，[②]他们对失败的沙皇政权的同情而不是对沙皇

① 哈勒非(Halévy)，指 Élie Halévy(1870－1937)，法国历史学家，19 世纪英格兰史的权威。著有 *La Théorie platonicienne des sciences*(1896)、*La Formation du radicalisme philosophique*(3 vols，1901－1904)、*La doctrine économique de Saint-Simon et des Saint-Simoniens*(1908)、*Histoire du peuple anglais au XIXe siècle*(5 vols，1912－1932)等。——译者

② 克柳切夫斯基(Klyuchevsky)，指 Vasily Osipovich Klyuchevsky(1841－1911)，俄国著名的历史学家。著述甚丰，著有《作为史料的古俄罗斯圣徒传记》(1871)、《古罗斯的贵族会议》(1882)、《俄国农奴制的起源》(1885)、《俄国的人头税和奴隶制度的废除》(1885)等。——译者

继承者布尔什维克的同情是客观的,而美国进步历史学家比尔德①及苏联历史学家潘克洛夫斯基②则不是客观的,尽管他们两人都认同变化的力量。然而卡尔把进步性与客观性等同起来。他把客观的历史学家定义为这样的历史学家,他有"能力把他的视野投入到未来,以这样的方法可以使他比那些观点完全局限在自己当下环境的历史学家更具有一种深入、持久的洞察过去的能力"。[37]但是,就像一位批评家所解释的:

当未来成为过去之后,是这位历史学家还是那位历史学家对未来的坚信这类问题或许不必要再更加正确地去判断了,因为这些历史学家总不比彼时彼地历史学家的同时代人的判断要正确。在未来不同的时代,会有不同种类的法官带有不同的疑问和不同的目的从不同的角度对这种问题加以判断,以满足判断者的需要。[38]

比较简单地说,更加可能的是历史学家对未来的洞察或许可以由后来的事件证明是虚假的,实际上,就像卡尔本人对未来的洞察是
xxviii 沿着苏维埃类型的计划经济进行构思的,毫无疑问也是以社会民主主义为价值取向进行修正的,到目前为止他一直是这样做的。卡尔不能够设想也没有设想共产主义的崩溃和苏联的结束,他把

① 比尔德(Beard),指 Charles Austin Beard(1874—1948),美国历史学家和教育家,其著作从历史的角度研究经济问题,如 *An Economic Interpretation of the Constitution*(1913)。他认为美国宪法是建立于制宪者们自身经济利益基础上的,这种观点深刻影响了美国的历史研究。——译者

② 潘克洛夫斯基(Pokrovsky),指 Michail Nikolaievitch Pokrovsky,苏联马克思主义历史学家。——译者

客观性当作是以符合准马克思主义的未来观对过去进行分析，后来发生的事件证明了卡尔这样的做法是错误的。

在伯林看来，卡尔的客观性概念存在第二个瑕疵，那就是卡尔对进步的定义。在卡尔看来，伯林谴责说，“所发生的一切都是正确的，因为它发生了——我们知道我们已经经过的各个阶段都有着正确的目标，仅仅是因为实现了这些目标”。进步是“不管是什么东西，在事实上会达到掌握权力的东西”。卡尔总是与强者站在一起。[39]这种观点也被其他一些观察家所责备，其中著名的是特雷弗-罗伯(H. R. Trevor-Roper)，时任职于牛津大学近代史钦定讲座教授，是位著名的反对左翼人士的辩论家。他是这样谴责卡尔的：

“客观性”意味着，不是在迄今为止可以接受的词语意义上的“客观的”——即中立的、不带感情的、公正的——而是恰恰相反的那些词语，要忠诚地站在将要获得胜利的一边：忠诚地站在强者一边……《苏俄史》最显著的特征是什么？是作者对胜利原因非常肯定的历史认同，对反对者、牺牲者的无情排斥，对不处于潮流或未掌握潮流的全部人物的无情排斥。“本可实现或发生的事”、路线偏差者、竞争者、列宁的批评者都被归纳为没有意义，否定他们正当的待遇，或者否认他们的发言机会，或者否认他们的历史地位，因为他们下错了赌注。历史证明这些人是错误的，历史学家的主要工作就是与历史站在一边。历史发现那些作为政治家不够分量的人，或许也没有听到把这些人作为事实的目击者，甚至于只是为了谴责这些人。不管这些人相信的是什么，看到的是什么，说的是什么，都会被忽略为不相干的事情，他们的声音是岑寂的，带着轻蔑的岑寂。自

xxix 从牧师般顽固的、最粗鲁的时代以来，没有哪位历史学家再这样以如此教条的冷酷无情对待证据了。即使在把这样的教条主义歌颂为一种历史编纂理论的那些时代，也没有这样的历史学家。

特雷弗-罗伯指出，卡尔对“成功的粗俗崇拜”在20世纪30年代就已表露无遗，表现在对希特勒德国实行的绥靖政策赞成方面；现在，他又把这种崇拜转移到斯大林的苏联方面。[40]

特雷弗-罗伯的攻击是迄今为止从各个方面向《历史是什么？》一书进行责难的最凶猛的一次。就像一位评论家指出的，特雷弗-罗伯“有罗列历史学家过错的天赋”，而且在这样做的时候“没有一丁点儿的同情。读了他之后，人们想知道是为什么书一定要这么写。为什么有人读这些书，为什么有人严肃地思考这些书”。在特雷弗-罗伯的笔下，批评不会导致“我们理解力的提升”；它仅仅是“一件破坏的工具”。[41]然而，不管特雷弗-罗伯的风格是多么过度地争辩，他已经提出了一个重要的问题。其他一些观察家，甚至那些在政治上通常被列入左翼人士的观察家也指出，卡尔“倾向于接受从历史上看已经发生的东西是正确的”。[42]就像泰勒（A. J. P. Taylor）所指出的，变化不必和进步是同一类东西：

斯大林灭绝了富农（kulaks）被证明是正当的，因为这有助于促进已经发生的事情，这就是说促进苏联的当前力量。（用类推的方法，尽管卡尔先生没有这样说，希特勒对犹太人的灭绝被证明是不正确的，因为德国现在还不是一个世界强国）……怎样能够证明某些已经发生的事实是正确的，或者就此而言是错误的呢？[43]

还有大量的这类批评。泰勒有效地指出，卡尔把道德判断从历史 xxx
之中坚决地排斥出去是在履行赞同历史的强者、历史的胜利者这一职责，这些人以胜利的名誉任意蹂躏民众。根据卡尔早年作品致力于研究历史上最显著的失败者这一事实，真是绝妙的反讽，比如卡尔研究过俄国民粹党人赫尔岑，他一生大部分时间是在放逐中度过，或者研究过无政府主义者巴枯宁，巴枯宁在欧洲各地的许多异常革命行为是一个冗长的失败与屈辱的记录。假如苏联——显然在 20 世纪 60 年代早期，在财富和权力方面是美国的竞争者——以与德国曾经崩溃的方式一样将要崩溃了，会发生什么事情呢？这种突然发生的事情将会使富农的灭绝从道德上来说是不合理的吗？

卡尔有保留地看待全部这些批评。他告诉访问者，他对特雷弗-罗伯“如此轻率地对待他”感到“羞耻”。这是令人失望的，因为它是一个“有害的辩论”。不管是特雷弗-罗伯，还是伯林都没有对未来抱有任何的想象；他们两人都回顾过去的某些黄金时代，尽管特雷弗-罗伯把自己定位于过去的某个地方，但也是难以言说的，“因为即使在这种情况下，特雷弗-罗伯还没有来得及充分阐述就暴露了自己弱点”。[44]卡尔认为优秀的历史学家不仅要使自己投身于想象的未来去超越自身时代的限制，而且（或许更加合理地）要认识自身偏见的本质与程度去超越自身时代的限制。这种建议有些道理。明确无疑的是，假如历史学家自我意识到其政治出发点、知识出发点，他将会写出更好的历史。然而，卡尔认为历史学家不能逃避自身时代的影响。这就在卡尔的论点中引入了一个重要的自相矛盾的观点。就像泰勒（A. J. P. Taylor）所评论的：

> 每个时代都有自己的历史学家是有道理的，但这种一般原则在实践中并没有效果，或者说产生的效果有很大的偶然性，其结果
> xxxi 也就是没有任何原则了。当前英国的情况是，当受过教育的阶级对未来或对自身失去信心的时候，毫无疑问是欢迎保守的历史学家，就像卡尔先生所表明的……那么我们的幻灭时代又怎样来欢迎卡尔先生呢？或者甚至是欢迎我呢？[45]

卡尔没有发现回答这点是困难的："不同类型的历史学家"，卡尔说，"就像具有形形色色观点的人一样，能够从同一社会出现，这是因为个人的因素——他们的家庭环境、学校和学院等等"。卡尔所尝试回答的是一般趋势，而不是个人特性。[46]

其他一些批评家指出在《历史是什么？》中出现的东西似乎有一种倾向——辩解说所有的历史都是主观的，这就与《苏俄史》的风格、内容产生了矛盾，该书的客观与经验主义几乎到了无以复加的程度。[47]实际上，卡尔的传记作者乔纳森·哈斯拉姆[①](Jonathan Haslam)已经指出，"卡尔对主观本质的反思与他在自己职业中的实践方法存在不同寻常的分离"。当卡尔回应他的历史观没有为失败者留有空间、在他的《苏俄史》中几乎没有注意到失败者的批评时，他本人完全承认这类分离的存在。"这是我的历史的过错"，卡尔回答说，"不是我的历史理论的过错"。[48]此外，这种分离在许多方面更加是风格这类事情，而不是实质这类事情。《历史是什么？》在本质上应该属于卡尔的新闻作品，因为这本书本来就是为

① 乔纳森·哈斯拉姆(Jonathan Haslam)，剑桥大学国际关系史高级讲师。——译者

电台广播、《听众》上印刷而精心准备的，这就表明了问题。取出《苏俄史》的一大段比照一下，你就知道实际上这是为什么该书是如此耐人寻味、如此吸引人的了。但是，尽管有时是这种情况，卡尔在《历史是什么？》中并不是一位放纵的相对主义的鼓吹者，虽然《苏俄史》（不管书中细节所散发的浓厚的经验主义气味）以一种模具铸造，以致伯林把这举例当作是极端的偏见。就像乔纳森·哈 xxxii 斯拉姆已经评论的，在1961年，冷战的融解意味着卡尔比先前紧张的备战时期（这之前的十年左右的时间，卡尔为《泰晤士文学增刊》撰写文章）所承担的责任要小一些，赞成传统的自由主义历史学家对"事实的尊严"（the sanctity of facts）的信仰。[49]但是，卡尔想象的基本点仍旧是历史学家超越自身时代主观性的渴望，相信历史学家有能力这样做，即使他表达这种信仰的方式遭到了一些适当批评，而这类批评的本身也是高度主观的。

然而，卡尔的建议当今仍旧是历史专业基本概念知识的一个部分：当历史学家研究档案文件的时候，他们都拥有某种个人的概念上的、知识上的、政治上的看法；卡尔所警告的历史学家在使用材料时都带有自己的偏见，也引起了当今历史机构中更加保守成员的愤怒。几乎没有哪位英国历史学家对卡尔在《历史是什么？》中提出的问题给予过多的思考。特里威廉非常典型，他在卡尔发表演讲的时候已经是一位老者了。他写信告诉卡尔说他一周一次让人在屋里读卡尔的演讲给他听。显然，特里威廉忘记了罗斯（A. L. Rowse）发表的一个系列演讲，他向卡尔表达他的谢意，"你已经发表的那些系列演讲，我称之为非常好的一个开端"。但是，他补充说道，"六七十年之前，我读过黑格尔的《历史哲学》，认为该书充斥的只是些非常贫乏的材料，因此我从不使自己再烦恼于历史理论，仅仅实践而已”。[50]

这类观点在剑桥大学历史系非常普遍。卡尔私下里认为这个历史系“并不是一个非常杰出的历史团体”。[51]卡尔在《历史是什么？》中曾有笔墨攻击这个系最为杰出的人物赫伯特·巴特菲尔
xxxiii 德，[①]巴特菲尔德担任近代史主席的职位，几年以前卡尔本人因被忽略而没有坐上这个位置。当时，巴特菲尔德的《历史的辉格解释》(*The Whig Interpretation of History*，1931 年出版)被认为是一部重要的著作，也被设定为历史系本科生必读的著作。是对允许以当代信仰铸造过去之解释这类历史学家最为恶毒的攻击了。卡尔在演讲中指出巴特菲尔德在他后来的著作中就是这样做的。但是，卡尔对剑桥大学历史系的攻击则更为深入。比如，在强调他本人从不是剑桥大学历史系的教员这一事实之后，卡尔说有人告诉他，这个系的教师从没有开设过有关俄罗斯历史或中国历史的系列讲座。他要求对本科教学课程进行改革，使之扩大范围，不要把关注的目光仅局限于中世纪以来的英国史。[52]

卡尔的观点在历史系一些教员那里获得了某些赞许。卡尔的演讲证明是进行课程改革重要尝试的催化剂，历史系摈弃了英国史是强制性的主张，包括了更加广泛的课程选择，包括有价值的欧洲历史以外的课程。卡尔本人就这些建议提出自己的看法，但这些看法遭到了强烈的反对，只是其中一些在经过修改之后为历史系接

---

① 赫伯特·巴特菲尔德(Herbert Butterfield，1900－1979)，英国历史学家。——译者

受，反对者在大学评议会上发起了部分成功的自卫行动。然而，模式还是被打破了；强制性的从早期中世纪以来的英国史也下降为课程表上的必修课，这为逐渐变化开辟了道路，大约四十年之后，社会史、印度史和非洲史、性别史、文化史成为剑桥大学本科课程重要的内容。同样的进步也发生在牛津大学，卡尔的著作被那儿的年轻激进分子比如马克思主义历史学家梅森(T. W. Mason)当作是一个象征，梅森把《历史是什么?》的一份评论当作是反对牛津大学本科课程上的“连续不断的英国史这一令人厌烦的时代错误”的隆隆雷声，发起了一个历史改革小组，这个小组直到十年之后还存在，但牛津 xxxiv
就是牛津，这期间课程并没有出现任何有意义的进步。[53]

V

当剑桥课程改革建议到达大学评议会的时候，已经过去了五年时间。不久之后，卡尔观点最强烈的反对者都铎王朝史专家埃尔顿(G. R. Elton)①以强硬的态度把他的反对意见收集在一起，命名为《历史的实践》(*The Practice of History*)，并于1967年出版。受到该书出版商的鼓动，埃尔顿在书中以最强烈的词语攻击《历史

① 埃尔顿(G. R. Elton)，指 Geoffrey Rudolph Elton(1921－1994)，英国历史学家，1983－1988年间担任剑桥近代史钦定讲座教授。著有 *The Tudor Revolution in Government*(1953)、*England under the Tudors*(1955)、*The Tudor Constitution*(1960)、*Reformation Europe*(1963)、*Reform and Renewal*(1973)、*Reform and Reformation: England 1509－1558*(1977)、*The Parliament of England 1559－1581*(1986)、*The English*(1992)等。——译者

是什么？》，猛烈抨击卡尔对欧洲以外历史的支持，猛烈攻击卡尔所持有的历史有目的和意义的论点，特别抨击了卡尔关于历史学家把自己的观点和先入之见带进了研究之中的说法，埃尔顿把这描述为一种“有害的废话”，将导致一种“极端的相对主义”，从而使“历史学家成为历史的创造者”。[54] 当然，埃尔顿在这里夸大其词了；《历史是什么？》的读者没有哪位可以平心静气地不注意到卡尔所相信的，首先，当进行历史写作时，历史学家会尽量避免自己的个人偏见；其次，历史学家把自己的局限性施加到自己研究中的证据和材料，对于历史学家来说这是可能的。在卡尔看来，历史研究是历史学家与材料之间一个互动的过程，不是一个单向交通，在这个单向交通中历史学家是主动的而材料是被动的。假如卡尔是一位相对主义者，那么确定无疑的是，任何种类的不变化都可以合理地叫做极端。埃尔顿坚决地辩解，历史学家必须听从材料，并避免
xxxv 把任何当前的思想灌输到材料里；但是，这是在相反方向上的另一种极端主义，对历史学家在工作中怎样选择文献，在研究中怎样选择话题这样关键的问题则悬而未决，埃尔顿本人就这一问题从没有作出过令人满意的回答。[55]

埃尔顿对卡尔观点另一个更加生动的批评是，卡尔过于强调了历史学家在确定什么是历史事实的问题。卡尔在《历史是什么？》中选择了维多利亚时代早期一个集市上卖假货的小商贩被一群暴徒杀害的事例。卡尔说，这一事件因他三一学院的同事乔治・基特森・克拉克(George Kitson Clark)在一本书提到而最终成为历史事实。或许这个事例是不幸的，因为对这一事件的随后调查证明在同时代材料中根本没有发生这一事件的记载。恰恰相

反，这些情况正好强调了正在讨论的酗酒暴力事件的存在极端缺乏证据。卡尔对基特森·克拉克在这个事例中所使用的特别值得怀疑的材料的鉴定是非常无效的，这个材料是马戏团所有者“高贵的”乔治·桑格①在后来的回忆录中采用的。[56]因此，没有什么东西可以证明卡尔所引用的材料是任何种类的事实。然而，声称这件事确实发生过，这是合理的，但是这一事件的实在性是独立于任何历史学家的认知过程的。

《泰晤士文学增刊》的评论者（艾萨克·多伊彻）就这一点继续发表议论。被纳粹灭绝的几百万犹太人，不管历史学家是否论述这个问题，都是一个历史事实，当卡尔使用山脉来类比时，实际上也承认这一情况，卡尔写道：“不能因为从不同的角度去看，山会呈现出不同的形状，就推论说山在客观上根本没有形状或有许多形状。”多伊彻继续建议说，应该得出的结论是，山有形状实际上独立于观察者观察山的方法。而且卡尔本人也接受这种观点。多伊彻继续说，历史学家必须尊重事实，不仅要根据精确性尊重事实，而 xxxvi
且要把全部可知事实放到与主题和论点相关的情景中。卡尔的保守对手对卡尔最常见的谴责之一便是对他的极端相对主义的谴责，因此这也有着广泛的代表性。[57]

但是，历史学家应当如何确定采纳什么事实、放弃什么事实呢？卡尔认为比较好的决定方法是由对理论有意识的自我使用，

① 乔治·桑格（George Sanger），指桑格马戏团的一位创始人，该马戏团的表演是维多利亚时代英格兰最著名的娱乐节目之一。桑格兄弟 John Sanger（1816－1889）、George Sanger（1825－1911）于 1845 年建立了该马戏团，获得了极大成功，兄约翰去世后，仅‘Lord’ George’s circus 继续存在。——译者

而不是埃尔顿那种调用各种潜意识的偏见来决定,埃尔顿在任何词语意义上都是一位极其保守的人士,他在自己有关都铎王朝政府的著作中都使用了这样的方法。但是,对卡尔热衷于社会理论的激情也存在一些限制。几年以后,卡尔在给经济史学家波兹坦[①]的信中写道:

> 我得说当今许多历史学家毫无生气,因为他们缺乏理论。但是他们缺少的是历史理论,而不是一种从外界予以的理论。他们所需要的是双向沟通理论。我不必告诉你说,历史学家必须从经济学家、人口统计学家、军事学家等专家那里学习什么。但是,经济学家、人口统计学家等专家如果只是在仅仅“一般的”历史学家能够提供的一种狭窄的历史模式内进行研究工作,他们的研究将毫无进展。就像我以前说过的,困难在于历史理论就其本质来说是不断变化的理论,而我们生活的社会想以一种平衡的历史沉着态度接受或不愿意接受的仅仅是次要的变化或“特殊的”变化。因此,来自历史的想象力会进入“不同行业”。[58]

到这时为止,从卡尔在为可能准备出版的《历史是什么?》第二版所准备的文件夹中所保存的注释和剪贴物来判断,他比 1961 年时更加接近马克思主义立场了。[59]因此,他所说的“历史理论”极有可能
xxxvii 是马克思主义。然而,不管他认为哪种理论是正确的,他在自己的

① 波兹坦(M. M. Postan,1899—1981),出生于俄国的英国中世纪史专家。曾提出波兹坦论题(Postan Thesis)、对封建主义(feudalism)进行定义。——译者

著述中从没有以任何清楚的方式使用过。尽管他认为经济因素和社会因素是历史的决定因素，但在《苏俄史》中它们却很少作为政治变化的决定性因素出现。卡尔或许把布尔什维克革命描述为由下层民众驱动的大众革命，但他实际上并没有兴趣分析这因何而生，又为何而生。

具有讽刺意义的是，真正使卡尔感兴趣的东西是那些同样吸引埃尔顿的东西，即政府部门和行政部门的运作。实际上，两人都赞成一种历史的精英主义观点，卡尔的精英主义无处不在，他对统治者的认同而不是对被统治者的认同，更加明显地表现在他不仅排斥历史上的失败者，而且排斥全部历史记录中的绝大多数人类，把这些当作是吸引不了历史学家的事情，因为他们对历史变化的进步没有做出贡献。一位批评家抗议道，“实际上，当历史学家关注那些政治上、经济上无权的失败者时，并没有使历史学家丧失他们的头衔或放弃他们的职责”。[60]然而，卡尔没有考虑俄国农民，比如，把他们看作是“粗糙的、狡诈的、无知的、残忍的一帮人”，并坚持苏维埃“政权的最初设计——就是为了教育农民如何机械化、近代化，并组织农业生产——是相当明智的、开明的”；这也太是一个非常幼稚的乌托邦式的假设了；假定把一小部分人，而且在品质上并不高尚的人派去加强这种设计，“当他们碰到农民的愚蠢和农民的固执时”，其结果是导致更大规模的暴力悲剧。[61]

对普通民众这种保守的观点很快就变得过时了，因为从20世纪60年代以来，历史学家已把他们的眼光转移到从历史上拯救那些穷人和被剥夺权利的人——“从后世普遍蔑视的态度中

拯救”,①——引自汤普森(E. P. Thompson)著作《英国工人阶级
xxxviii 的形成》中所用的著名习语,该书的发表仅仅在卡尔系列演讲之后的两年,也就是1963年。实际上,《历史是什么?》是在英国历史学术发生革命性变化的前夕写就的。这场革命首先在1966年《泰晤士文学增刊》的三期特刊上得到宣告,由大量的历史学家所写的这三期文章不仅宣告了欧洲以外历史的重要性,社会、经济史的重要性,而且宣告了需要研究显然是过去被忽略了的人、淹没的人的重要性,并运用现代社会理论以合理的术语解释这些人的行为。[62]

VI

就一些关键的问题来看,卡尔的观点还没有经得起时间的考验。他的目的论的工具主义化了的客观性概念、他的政策取向的原因理论、他的似神而威严的对普通民众史的蔑视、他的无意之间对统治者而不是被统治者的认同、他对偶然性、偶然事件彻底且傲慢的摈弃、他对历史规律与历史概括的混淆、他对历史中道德判断的任何因素的彻底排斥,他在《历史是什么?》一书中表现的这些观点没有一个方面——能在后来的历史学家那里找到充分的赞同。

此外,近来卡尔的一些观点已遭到来自其他方向的猛烈攻击,也就是来自后现代主义的、超级的相对主义者的攻击,他们认为卡

① 见汤普森:《英国工人阶级的形成》,1968年版,第13页。——译者

尔对英国经验主义作了过大的让步，许多评论者看出这对他的书有着重要的影响。[63]一位后现代主义者谴责卡尔为“认识论方面的保守派”、一位“自信的客观主义者”、观念与方法“有助于经验的历史方法”的推进者。[64]另一位后现代主义者则批评卡尔为“客观性和公平真理”的拥护者、“必然主义者”、“不能反省者”、“太天真，当 xxxix
今不能严肃地对待之”。[65]就像有的人评论卡尔的，这是“带有抹杀活动性质的语言”。[66]就像这些批评家指出的，确定无疑的是，在卡尔的著作中存在矛盾的地方，并且不可否认的是，就某些方面而言已经是过时了，或者不久将要过时，像我们已经看到的。不过，这些批评家把卡尔描述为一个顽固的经验主义者就像埃尔顿把卡尔描述为一个彻头彻尾的相对论者一样都是歪曲事实的。使卡尔这本书具有如此魅力的一个原因恰恰是这两者之间的张力，卡尔到最后从没有设法解决这种张力。

卡尔著作发表以来的几十年间，知识变化超越卡尔的地方，毫无疑问主要是在语言领域和文本结构领域，这些领域一直是大量历史著述关注的焦点。然而，这并没有对历史知识造成彻底的、毁灭性的影响，对历史知识持极端支持意见的许多人需要这些知识，相当重要的原因是彻底相对主义对这些人自身工作的暗示；因为，假如每一件事实际上是主观的，假如我们确实对过去不能有所知，意义只能由阅读文本的人灌输到文本中，那么，为什么我们还要相信后现代主义者本人正在叙述的事情呢？我们为什么不可以把与后现代主义者意欲表达的相反意义灌输到这些文本中呢？[67]

自卡尔写作以来，历史学术之发展是带有强烈的道德责难色彩的历史流派的出现，从女性史——这是卡尔文风中最遭当今读者谴责的一个方面，他固执地把“历史学家”称作“他”——到大屠杀史；在恢复历史事实独立于历史学家认知这一概念方面，后者可能较其他任何历史流派做得都要多，这是在它反对“大屠杀否定者”学派的过程中形成的。“大屠杀否定者”学派认为在奥斯威辛并没有毒杀犹太人，纳粹并没有种族灭绝的计划，也没有死亡六百
xl 万人。[68]卡尔简单固执地坚持历史中的任何道德判断都是不合逻辑的，面临这类话题时，卡尔的观点难以站得住脚；另一方面，尽管历史学家也做得比较好，他们注意到卡尔的警告，太多、太简单的道德判断，而不是增加一些东西以加强读者对正在研究的问题的理解力，则更有可能使历史学家看起来更荒谬可笑。[69]新近另一个受到欢迎的发展是历史学家把眼光转移到关于过去非理性的研究，这是卡尔根本拒绝承认的一些事情，至少是从集体的角度拒绝承认非理性的存在，即使是当卡尔被迫承认非理性的存在，也谴责说这是无法控制的。卡尔对理性和进步的乐观主义信仰态度和21世纪初期更加冷静的、干练的气氛相比似乎有一点点不合时宜。

然而，尽管存在种种缺陷，并有着内在矛盾，对历史研究许多方面的研究方法也已陈旧过时，《历史是什么？》仍不失为是一本经典著作。自第一版以来，毕竟卖了25万多册，自有其道理所在。像许多书一样，该书也是急就章，源于一系列演讲，文风流畅、辛辣，而以更加深思熟虑的著作来衡量，则有所缺失。和其他许多关于历史理论与实践的著作不同的是，该书包含了大量有关真正历史学家和真正历史著作的事例，生动地说明较为抽象的论点。与大多数各式各样的历史初级读本和历史导论形成鲜明对照的是，

该书不是用高人一等的口气对它的读者说话，而是以平等的态度向读者演讲。在处理最深奥的、最棘手的理论问题时，它也是机智的、有趣的、耐人寻味的。四十年以后它还保持着撩拨人心的力量。它不仅处理历史的基本问题，而且处理了政治、伦理的基本问题。在处理重大问题时，手法高超。该书对历史学家、哲学家、作家和思想家都有参考作用，会给他们带来思想上的惊异。卡尔知识渊博，是一位睿智之人，《历史是什么？》最诱人的部分就在于轻 xli
而易举地展现出知识和智慧。

就历史学家而言，有许多原因可以说明《历史是什么？》的重要性，相当重要的是因为该书坚持这样一个事实，就像卡尔所说的，"历史是一个过程，你不能一点点分裂这一过程，单独地研究每一部分……任何事情都完全是相互关联的"。[70]卡尔正确地认识到，不管历史学家选择研究过去的哪一段历史，他的任务是要在那段历史之前、之后的环境背景里研究那段历史，要着眼于研究主题与更宽泛的背景之间的相互关联。然而，更重要的是，他的书一再地表明，不管我们喜欢还是不喜欢，在历史著作中总存在主观的因素，因为历史学家是个人，而人都生活在自己的时代，都带有有关这个世界的观点和假设，在他们的著述和研究中不能根除这些观点和假设，即使历史学家想限制它们，使它们屈从于研究工作中所遇到的棘手的材料，尽可能使这些观点和假设明白清晰以便读者可以批评地研读。就这方面而言，卡尔一直是最有影响的人物，他的观点非常广泛地为历史学家所接受；并且也正是因为这个原因而不是别的，他的著作所带来的影响也将持续下去。

进一步阅读

卡尔为计划中、但未完成的第二版《历史是什么?》所写的前言以及他为新版本准备的注释说明(由戴维斯[1]撰写)在本书的这个版本中一并印出。卡尔的 14 卷本《苏俄史》由麦克米兰公司于 1950—1978 年间出版——现在由帕尔格雷夫公司(Palgrave)出
xlii 版。该书的简本《从列宁到斯大林的俄国革命:1917—1929》(*The Russian Revolution from Lenin to Stalin*, 1917—1929)出版于 1979 年,非常容易找到。随后的年代里,卡尔收集了一些他最重要的论文,以《从拿破仑到斯大林》(*From Napoleon to Stalin*)为名出版。

卡尔的《自传》发表在由迈克尔·考克斯[2]编辑出版的《卡尔:重新评价》(*E. H. Carr: A Reappraisal*,伦敦 2000 年版)[3]上,该书第 283—303 页上还载有安德斯·斯提芬森(Anders Stephanson)的文章《〈历史是什么?〉的教训》,对卡尔的历史观进行了敏锐

---

① 戴维斯(R. W. Davies),伯明翰大学俄罗斯和东欧洲研究中心(Centre For Russian And East European Studies)教授。——译者

② 迈克尔·考克斯(Michael Cox),威尔士阿伯斯威大学(University of Wales, Aberystwyth)国际政治教授。——译者

③ 正确的名称应是 *E. H. Carr: A Critical Reappraisal*(《卡尔:批判性的重新评价》)。该书的另两篇文章也极有参考价值,即 K. Jenkins 的 An English Myth? Rethinking the Contemporary Value of What is History? 和 R. Germain 的 E. H. Carr and the Historical Mode of Thought。——译者

的批判。该书中的许多其他论文对理解卡尔生平与著作的帮助也很大。然而，最重要的是乔纳森·哈斯拉姆所写的传记《正直的缺陷：卡尔传记(1892—1982)》(*The Vices of Integrity*: *E. H. Carr 1892—1982*，伦敦1999年版)，该书有一章论述《历史是什么?》的起源、人们对它的接受以及与卡尔其他著作关系，非常重要。哈斯拉姆的传记是任何对卡尔及其思想感兴趣的人进行研究的基本出发点。卡尔自己的文章保存在伯明翰大学特殊收藏区域，迈克尔·考克斯编辑的文集中的附录部分简明地描述了这些文献。

卡尔的历史观也遭受了许多批评。在他有生之年，最使人信服的批评来自他的朋友以赛亚·伯林，亨利·哈代(Henry Hardy)正在编辑伯林在这方面的论述，并准备出版。特别要参阅伯林的演讲/论文集《历史必然性》(*Historical Inevitability*，伦敦1954年版)，后来又收录由亨利·哈代、罗杰·豪歇(Roger Housheer)编辑的《人类的恰当研究：论文选集》(*The Proper Study of Mankind*: *An Anthology of Essays*，伦敦1997年版)，以以赛亚·伯林的名义再版。在迈克尔·伊格纳提夫(Michael Ignatieff)所著《伯林传记》(*Isaiah Berlin*: *A Life*，伦敦1998年版)一书中可以追溯到伯林观点的背景。从更加保守的角度来看，最犀利的批评来自埃尔顿(G. R. Elton)的《历史的实践》(*The Practice of History*，第二版有理查德·J. 埃文斯撰写的编后记，伦敦2001年版)。阿瑟·马威克[①]也加入了批评的行列，这体现在其著作《历

① 阿瑟·马威克(Arthur Marwick，1936—)，英国历史学家，开放大学教授。——译者

史的本质》(*The Nature of History*)与文章《“对文献的盲目崇拜”？以史料为基础的历史性质》(“A *Fetishism of Documents*”? *The Salience of Source-based History*)中，后者载于霍奇基编辑的《现代史学发展》[1]中，第107－138页。

xliii 从阿尔都塞(Althusserian)的马克思主义观点来看，还存在保罗·赫斯特的著作《马克思主义和历史著述》；[2]从后现代主义的角度来看，还存在基思·詹京斯的著作《论〈历史是什么？〉，从卡尔、埃尔顿到罗蒂、怀特》，[3]杰弗里·罗伯茨(Geoffrey Roberts)在《历史与理论》(*History and Theory*，1997年，第249－260)中作了批评性评论。[4] 相似的观点也由阿隆·穆斯娄(Alun Munslow)在伦敦大学历史研究所(London University's Institute of Historical Research)的网站上讨论《历史是什么？》时表达出来，网址是 http://ihr.sas.ac.uk。这个网站有一个部分是专门讨论由卡尔所引起的问题的。

最近重新研究这些问题比较多的尝试主要是理查德·J.埃文

---

① *Developments in Modern Historiography*，纽约1993年版。霍奇基(Henry Kozicki，1924－)，历史学家，美国威斯康星大学教授。——译者

② *Marxism and Historical Writing*，伦敦1985年版。保罗·赫斯特(Paul Hirst，1946－2003)，当代著名的思想家。著有 *War and Power in the 21st Century* (2001)、*Globalisation in Question* (1996)、*Associative Democracy* (1994)、*Representative Democracy and its Limits* (1990)、*After Thatcher* (1989)等。——译者

③ *On 'What is History?' From Carr and Elton to Rorty and White*，伦敦1995。基思·詹京斯(Keith Jenkins，1943－)，著名后现代史家。该书中译本的书名为《后现代史学》(江政宽译，台北麦田1999年版)。他的另一本著作 *Re-thinking History* (London: Routledge，1992)也由台北麦田1996年出版：《历史的再思考》(贾士蘅译)。——译者

④ 文章的题目是“Postmodernism versus the Standpoint of Action”。——译者

斯的《捍卫历史》(*In Defence of History*,第二版有新的后记,伦敦2001年版),比汉·麦克库拉格的《历史的真相》[①]以及小罗伯特·伯考弗的《超越伟大的故事》。[②] 彼得·诺威克则在《那高贵的梦想:"客观性问题"和美国历史职业》[③]中以引人入胜的方式、睿智的评论把对卡尔的相对主义观点的研究提升到新的高度。格奥尔格·伊格尔斯《二十世纪史学》[④]则对卡尔生活时代的史学思想发展,主要是英国、法国、德国和美国的史学思想发展作了稳健的、简明的叙述。

附注:

感谢伯明翰大学允许我使用大学图书馆特别藏区所收藏的卡尔文献。也感谢乔纳森·哈斯拉姆(Jonathan Haslam)非常仔细地阅读了本导言的草稿并提供有益的建议。所有观点均由本人负责。

---

① *The Truth of History*,伦敦1998年版。比汉·麦克库拉格(C. Behan McCullagh),澳大利亚 La Trobe University 教授。——译者

② *Beyong the Great Story*,1995. 小罗伯特·伯考弗(Robert F. Berkhofer, Jr.),美国密歇根州大学荣誉退休教授。——译者

③ *That Noble Dream: The 'Objectivity Question' and the American Historical Profession*, Cambridge, Mass., 1988. 彼得·诺威克(Peter Novick, 1934—),美国历史学家。——译者

④ *Historiography in the Twentieth Century*, Hanover, New Hampshire, 1997. 格奥尔格·伊格尔斯(Georg G. Iggers),美国纽约州立大学布法罗分校思想史荣誉教授,美国国际历史科学研究会主席。——译者

[1]参阅 E. H. Carr，'An Autobiography'(1980)，载 Michael Cox 编辑的 *E. H. Carr. A Critical Appraisal*(London，2000)，第 xiii－xxii 页，本书第 xiv 页。

[2] 'E. H. Carr：Chronology of His Life and Work，*1892－1982*'，in ibid.，pp. xv，xx.

[3] Carr，'An Autobiography'，pp. xv，xx.

[4] Ibid.，p. xiv.

[5] E. H. Carr，'Truth in History'，*TLS*，1 September 1950.

[6] E. H. Carr，'Progress in history'，*TLS*，18 July 1952.

[7] E. H. Carr，'Victorian History'，*TLS*，19 June 1953.

[8] E. H. Carr，'History without Bias'，*TLS*，30 December 1960.

[9] Jonathan Haslam，*The Vices of Integrity. E. H.，Carr* 1892－1982 (London，1999)，pp. 192－196.

[10] E. H. Carr，'European Diplomatic History'，*TLS*，26 December 1954.

[11] Michael Ignatieff，*Isaiah Berlin：A Life* (London，1998) esp. Ch. 13.

[12] E. H. Carr，*The Bolshevik Revolution*，vol. I (London，1950) pp. 5－6.

[13] Haslam，*The Vices of Integrity*，p. 146.

[14] 参阅 Isaiah Berlin 对 *The Bolshevik Revolution* 的评论，见 *Sunny Times*，10 December 1950.

[15] Ignatieff，*Isaiah Berlin*，pp. 205－206；Isaiah Berlin，*Historical Inevitability* (London，1954) reprinted in Isaiah Berlin，*The Proper Study of Mankind：An Anthology of Essays*，edited by Henry Hardy and Roger Housheer (London，1997) pp. 119－190，here p. 189；Haslam，*The Vices of Integrity*，pp. 197－198.

[16] E. H. Carr，'History and Morals'，*TLS*，17 December 1954.

[17] Carr to Deutscher，29 March 1960，cited in Haslam，*The Vices of In-*

tegrity, p. 188.

[18] Haslam, *The Vices of Integrity*, pp. 189—192.

[19] Ved Mehta, *Fly and the Fly-Bottle. Encounters with British Intellectuals* (London, 1963) pp. 93—94.

[20] Isaiah Berlin, letters column, *The Listener*, 18 May 1961.

[21] E. H. Carr, letter, *The Listener*, 1 June 1961.

[22] Isaiah Berlin, letter in *The Listener*, 15 June 1961.

[23] Isaiah Berlin, *Karl Marx: His Life and Environment* (London, 1939); E. H. Carr, *Karl Marx: A Study in Fanaticism* (London, 1934).

[24] Carr to Berlin, 27 June 1961, in University of Birmingham Library Special Collections, Box 11. 这份导言中所涉及 Carr 的私人通信都在这份档案中,除非特别指明的例外。

[25] Isaiah Berlin, letter in The Listener, 15 June 1961.

[26] Berlin to Carr, 3 July 1961, and Carr to Berlin, 18 July 1961, both quoted in Haslam, *The Vices of Integrity*, p. 201.

[27] Berlin, 'Mr Carr's Big Battalions', *New Statesman*, 5 January 1962, pp. 15—16.

[28] 'Between Past and Future', *TLS*, 17 November 1961, pp. 813—814。关于把评论者鉴定为 Deutscher,参阅 Haslam 的 *The Vices of Integrity*,第 204—205 页。

[29] Carr to Issac Deutscher, 17 December 1963.

[30] E. H. Carr, *From Napoleon to Stalin* (London, 1980) pp. 262—263.

[31] W. H. Walsh, in *English Historical Review*, July 1964 (clipping in Carr papers, Box 28); see also idem, *An Introduction to Philosophy of History* (3rd edn., London, 1967).

[32] A. J. P. Taylor, 'Moving with the Times', *The Observer*, 22 October 1961.

[33] Geoffrey Barraclough, 'Historical Pessimism', *Guardian*, 20 October 1961.

[34] *What is History*? pp. 100—102.

[35] John Carr, 'Foreword', Cox (ed.), *E. H. Carr*, p. ix.

[36] Woodward to Carr, 9 May 1961.

[37] *What is History*? p. 117.

[38] J. D. Legge (Monash University),这个评论被卡尔剪下夹在文章上。

[39] Isaiah Berlin, 'Mr Carr's Big Battalions'.

[40] H. R. Trevor-Roper, 'E. H. Carr's Success Story', *Encounter*, May 1962, pp. 69—77, esp. pp. 75—76.

[41] Mehta, *Fly and the Fly-Bottle*, p. 117.

[42] April Carter, 'What is History?', in *Peace News*, 8 December 1961, p. 8.

[43] 见 Taylor 的 Moving with the Times。Kulaks 就是所谓的富裕农民,这些人反对斯大林在 20 世纪 30 年代早期实行的农业集体化政策,结果导致苏联政权对他们大量流放、关押、处死。

[44] Mehta, *Fly and the Fly-Bottle*, p. 156—161.

[45] A. J. P. Taylor, 'Moving with the Times'.

[46] Mehta, *Fly and the Fly-Bottle*, p. 158.

[47] 'Between Past and Future'.

[48] Mehta, *Fly and the Fly-Bottle*, p. 158; Haslam, *The Vices of Integrity*, p. 211.

[49] Haslam, *The Vices of Integrity*, pp. 194—196, citing Carr, 'Progress in History'.

[50] Trevelyan to Carr, 15 December 1961.

[51] Carr to Isaac Deutscher, 16 November 1965, quoted in Haslam, *The Vices of Integrity*, p. 207.

[52] *What is History*? pp. 36—37 and 145—147.

[53] Tim Mason, 'What of History?', *The New University* 8 (December, 1961), pp. 13—14.

[54] G. R. Elton, *The Practice of History* (Sydney, 1967, reprinted

London, 2001, with an Afterword by Richard J, Evands), pp. 170—171.

[55] Ibid., pp. 176—181.

[56] 细节,见 Evans, *In Defense of History*, pp. 76—79.

[57] 'Between Past and Future'; *What is History*? pp. 20—21.

[58] Carr to Postan, 3 December 1970.

[59] E. H. Carr, *What is History*? (2nd edition, ed. R. W. Davies, esp. pp. lxxviii—lxxxiii; Carr papers, Box 11: Carr, typescript for an article for the *TLS*, 11 June 1971)(劝说英国历史学家研究马克思)

[60] Moron White, 'Searching for the Archimedean Point', *The New Leader*, 14 May 1962.

[61] Carr to Moshe Lewin, 24 January 1967.

[62] 'New Ways in History', *TLS* 7 April 1966, 28 July 1966, 8 September 1966. See also the criticisms of Carr from the *History Workshop* movement in Tim Mason to R. W. Davies, 20 February 1984.

[63] 比如 Between Past and Future。

[64] Alan Munslow, 'E. H. Carr (1892—1982) *What is History*?', *Reviews in History* (Institute of Historical Research, London, website).

[65] Keith Jenkins, On 'What is History?' *From Carr and Elton to Rorty and White* (London, 1995) p. 61; reprised and in places copied word-for-word in Keith Jenkins, 'Rethinking *What is History*?' in Cox (ed.), E. H. Carr, pp. 304—322.

[66] Anders Stephanson, 'The Lessons of *What is History*?' in Cox (ed.), *E. H. Carr*, pp. 283—303, here p. 300 n. 5.

[67] 参阅 Richard J. Evans, *In Defense of History* (new edition with Afterword, London, 2001).

[68] 参阅 Richard J. Evans, *Lying About Hitler*: *History*, *Holocaust and the David Irving Trial* (New York, 2001).

[69] 因为,基于道德判断之上的历史研究之反证法(*reductio ad absurdum*)是排斥任何种类解释与分析的,可参阅 Michael Burleigh 的 *The Third*

Reich: *A New History*(London,2001)。

[70] Mehta, *Fly and the Fly-Bottle*, pp. 159, 161.

导言注释

卡尔先生为《历史是什么?》第二版收集了大量材料,但是他在 xlvii
1982 年 11 月去世之前仅完成了该书新版的前言。

在卡尔先生去世之后出版的该书新版本就附有这篇序言,并附有新的一章"来自卡尔的档案:关于《历史是什么?》第二版的注释",我在后一篇文章中尽力说明包含卡尔大量简短笔记、草稿和注释中的一些材料和结论。这些都是为了说明第一版没有修订过的版本。

新的章节中镶嵌在方括弧内的词语是我加进去的。我非常感激凯瑟琳·麦里代尔(Catherine Merridale)极其认真地校对了卡尔的参考文献,也感谢乔纳森·哈斯拉姆(Jonathan Haslam)、塔玛拉·多伊彻(Tamara Deutscher)的评论。卡尔先生的《历史是什么?》第二版注释保存在伯明翰大学图书馆的卡尔文献档案之中。

戴维斯(R. W. Davies)

1984 年 11 月

第二版序言

xlix 当我在1960年完成《历史是什么?》六讲的初次手稿时,西方世界仍旧没有摆脱两场世界大战和两次主要革命——苏联人、中国人的革命所带来的打击。维多利亚时代天真的自信和对进步观念的机械信仰已远远落后了。这个世界已经是一个混乱的世界,甚至是有威胁的世界。不过,已经不断出现的迹象表明我们正在逐渐走出这些混乱。一般认为作为战争后果之一的世界性经济危机并没有发生。我们平静地解散了大英帝国,几乎没有特别关注此事。匈牙利危机和苏伊士危机已经解决或者说已经被人遗忘了。苏联的去斯大林化和美国的去麦卡锡化正预示着值得赞美的进步。德国和日本已经很快地从1945年的一片废墟之中恢复过来,正在取得惊人的经济成就。戴高乐领导下的法国也正在恢复元气。在美国,艾森豪威尔时代的萎靡不振正在结束;肯尼迪的希望时代正在降临。事故多发地区——南非、爱尔兰和越南——仍旧处于能够控制之中。世界各地证券交易所的生意蒸蒸日上。

然而,这些情况为我在1961年结束演讲时对未来所表达的乐观主义和信仰提供了肤浅的判断。随后的20年毁灭了这些希望,也毁灭了这种自满。不断持续的冷战加剧了紧张,伴随而来的是
l 核灭绝的威胁。迟延的经济危机开始了疯狂的报复,正在蹂躏工

业国家，把失业这一痼疾传遍整个西方社会。现在几乎没有一个国家能幸免于暴力与恐怖所带来的影响。中东产油国的反抗已经对政治产生了深深的影响，这不利于西方工业国家。“第三世界”在世界事务方面已从被动的因素转变为积极的、令人不安的因素。在这些情况下，任何形式乐观主义的表达似乎是可笑的。伴随这一情况出现了悲哀的预言者。世界末日正在迫近的画面，经过敏感的作家、新闻记者的不断描绘，通过媒体传播已经渗透于日常话语之中。要不了很久，这曾经风行一时的世界行将结束的预言似乎是如此正确。

然而，在这关键处，常识提出两个重要的异议。首先，对未来无希望的诊断，尽管它的主旨建立在无可反驳的事实之上，但仍是一个抽象的理论构建。大多数人并不简单地相信这一说法；人们的行为也明显地证明了这种怀疑。人们带着极大的热情示爱、怀孕、生育和养育小孩。公私两方面都对健康、教育给予巨大的关注以促进下一代的幸福康乐。人们在不断地探索新能源的来源。新发明极大地增加了产品的效用。大量的“小节俭者”投资于国家储蓄公债，投资于建筑资金融资合作社，投资于信托公司。保存建筑、艺术方面国家遗产、保护后代利益的巨大热情业已涌现。可以令人高兴地得出这样的结论：早期那种完全毁灭的信仰只局限于一群心境不佳的知识分子当中，这群人在很大程度上要为时下所宣扬的东西负责。

我的第二个异议涉及这些普遍性灾难预言的地理根源，它发 li
源于——我将倾向于说，仅仅源于——西欧及其海外分支。这并不令人惊奇。五个世纪以来，这些国家一直是这个世界无可争议的主人。他们似乎能够在理地声称自己在野蛮黑暗的外部世界中代表着文明之光。一个不断增加着挑战的时代要摈弃这种说法，必定会增加灾难。同样令人不足为奇的是，人们发现骚乱的震中、最深刻的知识悲观主义的中心位于英国；19 世纪的辉煌和 20 世纪的黯淡之间的鲜明对比、19 世纪的霸权与 20 世纪的卑下之间的鲜明对比，是如此显著、如此令人悲伤，这在任何地方都难以发现。这种心情已经弥漫整个西欧——在较小的程度上——，也弥漫了北美。所有这些国家都积极参加 19 世纪的大扩张。但是，我没有理由猜想世界上别的地方也盛行这种心情。一方面，建立了那种阻碍交流的障碍；另一方面，冷战宣传不断膨胀，这都使得对苏联情形的任何有判断力的评估变得困难。但是，人们几乎不能相信的是——一个国家中大多数人口也必定意识到，不管他们当下抱怨的是什么，可事情总比 25 年前或 50 年前或 100 年前的事情要好——对未来的普遍绝望已根深蒂固了。亚洲的日本与中国都有不同的方法观察未来。在中东和非洲，甚至那些目前还处于混乱状态的地区，新兴的民族国家正不停地向他们相信的未来挺进，虽然是盲目的。

lii 我的结论是，当今的怀疑主义浪潮、绝望浪潮——它把未来当作是毁灭和堕落而不是别的什么东西，视对进步的信仰或对由人类促进的进一步发展的期待为荒谬——是精英政治的一种形式：这是精英社会群体的产物，他们的安全与保障由于危机而非常显著地逐渐销蚀；这是精英国家的产物，这些精英国家曾无可争议地统治着世界其他地区，现在遭遇土崩瓦解。这场运动的主要旗手是知识分子，他们促使统治阶级社会观念的传播（“社会观念是这个社会统治阶级的观念”)。一些知识分子从出身上看属于社会其他群体,这类怀疑是不切题的;因为,在成为知识分子的过程中,他们也自动地同化于知识精英之中。依定义而论,知识分子形成精英群体。

然而,当前环境下更重要的是,社会中的各个群体,无论凝聚到什么程度(并且历史学家在这样处理他们时,经常证明是正当的),都会抛弃一定数量的异想天开者和持异议者。这特别有可能在知识分子中间发生。我并不是指那些知识分子之间的常见争论,这种争论通常以大家都接受的主要假设为基础,我是指那些对这些假设进行挑战的人。在西方民主社会,只要挑战局限在一小部分持异议者那里,挑战就会得到容忍,并且提出这些挑战的人也会找到读者和听众。愤世嫉俗者或许会说他们之所以被容忍,是因为他们的人数既不多,影响又不会大到危险的程度。四十多年以来我一直背着“知识分子”的称号;近年来我越来越视自己,也将视自己为一位知识分子异议者。一种解释可以唾手而得。我肯定是为数不多的仍旧在写作的知识分子之一,不是生长在伟大的维多利亚时代之信仰与乐观顶峰时期,而是生长在这余晖之下,并且 liii
甚至在今天对我来说,困难的问题是以永久的、不能挽回的衰落来考虑这个世界。在随后的叙述里,我将尽量使自己与西方知识分子中盛行的倾向拉开距离,特别是与当今的英国知识分子拉开距离,以表明我认为他们是怎样、是为什么误入迷途的,并提出一种主张,如果不是一种对未来乐观主义的看法的话,无论如何也是对未来明智的、更加和谐的看法。

E. H. 卡尔

来自卡尔的档案：《历史是什么？》第二版注释

R. W. 戴维斯[1]

lv 在卡尔于1982年11月去世之前的最后几年里，他一直在为新版《历史是什么？》做大量的准备工作。他勇敢地面对人类进步所遭受的挫折，这是该书于1961年出版第一版以来二十年间的一个重要特征，卡尔在序言中宣布，新工作的意图是“提出一种主张，如果不是一种对未来乐观主义的看法的话，无论如何也是对未来明智的、更加和谐的看法”。

但卡尔仅仅写完了这篇序言。不过，在他的文献中，有一个大盒子，里面塞满着与1961年版本有关的评论和通信，还包括半打褐色的大页书写纸的文件夹，上面写有这些标题：“历史——概括；因果关系——决定论——进步；文学与艺术；革命理论与暴力；俄国革命；马克思主义与历史；马克思主义的未来。”显然，他打算在完成第二版之前要做更多的工作。文件夹中包括许多著作与文章的题目，他还没有来得及在上面做笔记。但是，它们也包含已经部分地仔细研究过的材料：在杂志抽印本和杂志上撕下来的文章上

---

① 戴维斯(R. W. Davies)曾和卡尔合著《苏俄史》第9、10卷《计划经济之基础》(*Foundations of A Planned Economy*)。——译者

做标志,在各种各样大小不一的碎片纸屑上有众多手写的简略笔记。与艾萨克·多伊彻、以赛亚·伯林、昆廷·斯金纳[①]以及其他人交流关于历史哲学和历史方法论的信件也包含在这些文件夹里,显然有为新版本利用这些材料的意图。那些不时出现的打印笔记和手写笔记显然是各种话语或段落的第一份手稿。我们不能 lvi
得到卡尔打算出新版本的计划,但卡尔在一个简短笔记上写道:

历史的混乱

统计学的威胁

　　心理学

结构主义

　　文学的混乱

　　语言学

乌托邦等

[另一张纸片上写道:

"最后一章

乌托邦

① 昆廷·斯金纳(Quentin Skinner,1940—),剑桥大学近代史钦定讲座教授。著有 *The Foundations of Modern Political Thought*(2 vols, 1978)、*Machiavelli*(1981)、*Meaning and Context*(1988)、*Reason and Rhetoric in the Philosophy of Hobbes*(1996)、*Liberty Before Liberalism*(1998)、*Visions of Politics*(3 vols, 2002)等。——译者

历史的意义”]

显然卡尔打算撰写新的部分或章节来处理那些在第一版中被忽略的话题或没有充分展开的话题，也打算扩展《历史是什么？》中已有的章节来回应批评者，以补充材料来说明他有时也修正他的观点。有时候，一部完全崭新的、关于我们当前不满的、我们要为这个世界奋斗的书似乎正挣扎着从卡尔涉猎广泛的笔记和注释中涌现出来。确定无疑的是，他打算提供最后一章或几章，或许第六讲“扩展中的视野”之完全重写的版本，这讲里表达的是卡尔本人关于历史意义的看法，关于未来的看法，与当前的政治关注更加密切，而不是与卡尔先前任何著作更加密切。

显然看不出有什么原因会让卡尔修改他第一讲、第二讲中的观点，即关于历史学家和历史学家的事实、历史学家与社会[1]的观点。正如经验主义者研究历史方法的错误主张这个事例一样，卡
lvii 尔引用了已故杰出海军史家罗斯基尔[2]的话，罗斯基尔赞扬“现代历史家学派”，他们“把自己的作用认为仅仅是小心翼翼精确地与公正地聚集和整理他们所研究历史时期的事实”。在卡尔看来，假如这类历史学家的行为真像他们所宣称的那样，他们将类似于阿根廷小说家博尔赫斯（Borges，翻译为《博闻强记的富内斯》[Funes

① 应当是“社会与个人”。——译者

② 罗斯基尔（Roskill），指 Stephen Wentworth Roskill（1903－1982），著有 *Naval Policy between the Wars*、*White Ensign: The British Navy at War, 1939－1945*、*Admiral of the Fleet Earl Beatty: The Last Naval Hero: An Intimate Biography*、*The Strategy of Sea Power: Its Development and Application*、*The Navy at War, 1939－1945* 等。——译者

the Memorious])短篇小说中的英雄,富内斯从不会忘记他所看见的、听到的或经历的任何事情,但是也承认所带来的结果是“我的记忆是一个垃圾堆”。富内斯“非常不善于思考”,因为“思考就是要忽略差异、要概括、要抽象”。[1] 卡尔详细说明并摈弃了这种历史和各种社会科学中的经验主义,即“相信所有的问题能够运用某些科学的、价值中立的方法来解决,即有一种客观的、正确的方法和达到这一问题的方式——科学之假设的观念可以转移到社会科学中”。卡尔指出,兰克是经验主义历史学家的护身符,卢卡奇①认为兰克在这种意义上是反历史的:他呈现的是事件、社会和制度的收集品,而不是从一个地方到另一个地方的前进过程;卢卡奇写道,“历史成为异国情调轶事的收集品”。[2]

卡尔的笔记为猛烈抨击这类经验主义提供了非常重要的支持。吉本(Gibbon)相信最好的历史只能由能够从一系列相互关系中辨别出支配这些关系的事实的“历史学家-哲学家”撰写:[3] 他宣称自己从塔西佗那里受益匪浅,把塔西佗当作是“第一位把科学哲学应用到事实研究中的历史学家”。[4] 维柯把 *il certo*(实际上是正确的东西)与 *il vero*(事实)作了区分;*il certo* 是意识(*coscienza*)的可能目的,特别是关于个人的;*il vero* 则是科学(*scienza*)的目的,是有关普通的或一般的。[5] 卡尔把“近来英国政治、历史著作如此轻薄、如此缺乏深度”归结于历史方法上的差异,这种差异“极其不幸地把马克思与英语世界的思想家区分开来”:

---

① 卢卡奇(G. Lukacs,1885—1971),匈牙利哲学家。——译者

> 英语世界的传统是根深蒂固的经验主义。事实自身会说话。
> lviii 一个特别的问题要“依据自身的价值”进行争辩。根据一些没有明确宣布的、或许是无意识的意义标准,主题、情节、时期是孤立于历史研究的……所有这些对于马克思来说似乎是令他厌恶的事。马克思绝不是一位经验主义者。研究部分而没有考虑到全局,研究事实而没有考虑到事实的意义,研究事件而没有考虑到原因或结果,研究特别的危机而没有考虑到一般的情况,这对于马克思来说似乎都是毫无意义的研究。
>
> 差异自有其历史根源。英语世界仍旧保持这样顽固不化的经验主义不是没有原因的。在一个根基非常稳定的社会秩序里,没有谁希望怀疑社会秩序的信用度,经验主义非常有效地履行着修补的任务……19 世纪的英国就为这样的世界提供了一个标准的范本。但是,一旦每一个根基都遭到挑战时——在没有任何指导方针的情况下,我们从一个危机挣扎到另一个危机——经验主义还是不够的。[6]

在任何情况下,所谓经验主义的面纱都适合于隐蔽无意识的筛选原则(Principles of Selection)。卡尔写道,“历史是一种特别的概念,它构成了人类理性:每一位历史学家,不管他是否知道这点,都应该拥有这样一种概念”。在《历史是什么?》中,卡尔特别关注历史环境和社会环境对历史学家选择事实和解释事实所带来的影响,自学生时代以来,人类环境这个问题就一直使卡尔着迷。卡尔为新版准备的笔记则进一步以历史知识的相对性为例说明问题。希罗多德发现了雅典在波斯战争中起着决定性作用的道德理由;

这场战争一方面说明了爱思考的希腊人必定拓展了他们的视野， lix
另一方面也促使希罗多德把他的探询范围扩展到其他民族和地区。[7] 阿拉伯人的历史观就深受同情游牧生活方式这种态度的影响。他们把历史看作是连续或循环的过程，在这个过程中，居住在城镇和绿洲的人被来自沙漠的游牧民族击垮抢夺，抢夺者定居下来，然后反过来又被来自沙漠的另一波更新的游牧民族打垮抢夺；在阿拉伯历史学家看来，定居生活滋长了奢靡，削弱了与野蛮民族关系密切的文明民族。与之形成鲜明对照的是18世纪英格兰的吉本，他并不把历史视为循环的过程，而是当作一个胜利的前进过程:以他著名的话来说就是“每个时代一直在增加着的，并且仍旧在增加着的是真正的财富、幸福、知识或许还有人类的美德”。吉本是从生活在长久建立的、稳定的文明中自信的统治阶级优势角度来看待历史的。他坚信欧洲能免受蛮族侵袭，因为“在蛮族能够征服欧洲之前，他们必定已经不是蛮族了”。卡尔评论说，革命的各个时代会把革命的影响施加到历史研究之中:“没有什么东西可以像革命一样可以在历史中引起这样的兴趣”。18世纪英国历史学家是在1688年“光荣革命”这样的胜利背景下出现的。法国革命破坏了那种“启蒙时代的非历史观，这一观点建立在人性不变这一概念基础之上”。在变化如此快速的时代，历史知识的相对性被广泛接受。当麦考莱(Macaulay)宣称“对1789年革命、1794年革命、1804年革命、1814年革命和1834年革命持有极其相同观点的人，他不是一位受神灵启示的预言家，就是一个固执的傻瓜”时，[8] 他仅仅对他的同辈陈述显而易见的道理。

假定历史知识的相对性，那么在什么情况下可以说客观的历

lx 史是存在的呢？在《历史是什么？》中，卡尔辩论道，虽然没有哪位历史学家能够声称自己的价值具备超越历史的客观性，“客观的”历史学家可以说是“有能力超越他所生活的社会环境、历史环境给他视野带来的局限”，“有能力把他的视野投入到未来，以这样的方法可以使他具有一种更深入、更持久地洞察过去的能力”。一些《历史是什么？》的批评者强烈反对这样看待“客观性”，他们捍卫传统的观点，认为客观的历史学家就是在证据的基础上形成判断，而不管历史学家自己的预见。卡尔并没有把这当作是严肃批评。他的《苏俄史》所表现的传统意义上的“客观性”经常是非常强烈的，这为其他历史学家经常支持与卡尔相左的解释提供了证据。但是，卡尔把这类意识当作是出色历史学家的必要职责，并不意味着历史学家研究证据的方法不受其生活的社会环境、文化环境的影响。

然而，卡尔准备承认——有点小心谨慎地——进步既发生在历史研究中，也发生在社会发展中，历史知识的进步和不断增加的客观性有着联系。在《历史是什么？》中，卡尔承认过去两个世纪里历史取得了很大的进步，称赞我们的视野由过去的精英历史扩展到了整个世界各个民族的历史。以一代代历史学家对俾斯麦成就的评价作为参考，卡尔辩解(或许承认)“20 世纪 20 年代的历史学家比 19 世纪 80 年代的历史学家更接近于客观判断；今天的历史学家比 20 世纪 20 年代的历史学家更接近于客观判断”。但是，卡尔接着又限定了历史学家客观性标准中对绝对因素的这种简单接
lxi 受，坚持说，“历史中的客观性不依靠于也不能依靠于某些固定的、不可转移的当下存在的判断标准，只能依靠将来积累的、随着历史

前进经常进化的那种标准。只有当历史在过去与未来之间建立起一种持续不断的连贯时,才获得意义与客观性。"很显然,当卡尔完成《历史是什么?》之后,历史的客观性问题仍一直在困扰着他。在笔记中,他虽然摈弃"绝对的、永恒的客观性"为"一种不真实的抽象",但仍写道,"根据一些为历史学家所接受的客观性原则或客观性标准,历史要求对过去的事实进行选择和整理,这必定包括解释的因素。没有这种因素,过去会衰减为一堆大量的、孤立的、毫无意义的事件,历史也就根本无从写起"。

在《历史是什么?》中,卡尔也从另外一个角度接近历史客观性这个问题(尽管在上下文中没有使用"客观性"这个词)。他检查了历史和自然科学之间在方法上的相似性与差异性。相似性证明要大于差异性。科学家也不再视自己为从观察的事实中归纳出普遍规律的人,而是通过假设与事实之间相互作用而从事发现的人。历史同自然科学一样,并不像有时有人设想的只关注独特的事件,而是关注独特与一般之间相互的作用。历史学家忠诚于概括,实际上"并不真正对独特性感兴趣,真正感兴趣的是独特性中一般性的东西"。

卡尔为该书新版本收集了大量有关科学方法论的笔记。他的思想倾向出现于他的简短笔记中,我有选择地再现这些思想,尽量不把自己的看法施加到卡尔还没有写就的观点上(我在每一个单独的简短笔记上各自标注了号码):

1. 科学真理的正式标准或逻辑标准;波普尔相信"真正的"科学是与永恒的理性原则相区别的…… lxii

库恩[①]排斥一种单一的科学方法，而赞成连续的、相对的方法……

从静态科学观到动态科学观的转变。从形式到功能（或目的）的转变。

相对论（非单一的“科学方法”）促使费耶阿本德[②]《反对方法》（*Against Method*，1975）对理性主义的彻底排斥。[9]

2. 柏拉图在《美诺篇》（*Meno*）中提出这样的问题，怎么可能把一个我们并不知道的东西当作探询的对象呢（Para 80d）。

“仅在吾人按‘潜藏吾人心中理念之暗示’，浪费无数时间，以杂乱情形收集材料之后，且实在吾人以技术的形态长期间集合材料之后，始使吾人能更明晰认知其理念，以建筑术的形态与理念相合规划一全体，此诚不幸之至”。[③]

康德，《纯粹理性批判》（1781），第 835 页

波普尔的论题是，假设如果是不可能测试的结论，这种假设就没有意义，也不能维持下去（自然选择）。

（参阅）M. Polanyi，*Encounter*，January 1972 从此以下（也是）选自……

爱因斯坦在 1925 年向海森堡[④]评论说，“你能够观察一样事

---

① 库恩（T. Kuhn，1922—1996），美国历史学家、哲学家。——译者

② 费耶阿本德（P. Feyerabend，1923—），当代美国著名科学哲学家，因其观点趋于极端，维护和论证相对主义、非理性主义、反科学主义，提倡认识论无政府主义，所以被认为是当代科学哲学中的最大异端。——译者

③ 译文据蓝公武译康德：《纯粹理性批判》，商务印书馆 1995 年版，第 567 页。——译者

④ 海森堡（Heisenberg），指 Werner Heisenberg（1901 — 1976），德国物理学家。——译者

情,不管你是否依靠或不依靠你所使用的理论。正是理论决定着可以观察到什么”。

3.(卡尔在维斯科普夫[1]的一次演讲上所做的标记)

“我们可以全面理解由地壳的构造活动而引起的这类(山)脉的形成,但是我们不能解释为什么布朗峰(Mt. Blanc)有我们今天 lxiii
看到的这样特殊形状,我们也无法预测在下一次火山爆发中,圣海伦斯火山(Mt. St. Helens)的哪一边会凹陷下去……”

“不可预测事件的发生并不意味着自然规律遭到干扰”。

4. 斯图伊克[2]的《数学简史》(*Concise History of Mathematics*)表明数学的社会根源牢不可破。

5. 那种宇宙以某种随意的大爆炸方式开始的理论,也注定要融入黑洞的理论是这个时代文化悲观主义的反映。随意是一种对无知的崇拜。

6. 只要你相信获得性特性是通过遗传得到的,对遗产占优势的重要性的信仰也是进步的。

当这种信仰被抛弃的时候,对遗传的信仰也就成为反动的了。

参阅罗森伯格[3]著作《没有其他神灵:论科学和美国社会思

---

① 维斯科普夫(W. F. Weisskopf),理论物理学家。——译者

② 斯图伊克(D. Struik,1894—2000),荷兰科学史家。——译者

③ 罗森伯格(C. E. Rosenberg),现为美国哈佛大学教授。著有 *Cholera Years, the United States in 1832, 1849, and 1866*(1987)、*The Trial of the Assassin Guiteau, Psychiatry and Law in the Gilded Age*(1968)、*The Care of Strangers: The Rise of America's Hospital System*(1987)等。——译者

想》(*No Other Gods: On Science and American Social Thought*, 1976,特别是第 10 页)中的论点。

从这些简短的笔记中可以看出,卡尔显然得出结论,科学知识的相对性比他先前曾经表明的要大得多。时间和空间对自然科学家的理论、实践施加了很大影响。自然科学中的假设和具体物质之间的相互影响更加类似于历史中的概括与事实之间的相互作用。有效的科学假设不必拥有精确预言的能力,人们时常把这种能力归结到这种假设上;在一些自然科学中,科学的假设更类似于历史学家的概括。

在《历史是什么?》论"历史中的因果关系"一讲中,卡尔更加仔细地检查了历史概括的本质。历史学家面临着历史事件的大量因果关系,要寻求建立"某种顺序,确定这些原因在这种顺序中的彼此关系"。在为新版本准备的笔记中,卡尔引用了孟德斯鸠和托克维尔的一些段落,这些段落表达了类似的观点。孟德斯鸠写道,因果"变得更少独断性,只要这些因果有着更加一般的效果。因此,
lxiv 我们懂得是什么赋予民族某种特性比懂得是什么赋予个人的特殊精神要多……我们懂得形成那种包含生活方式的社会精神的东西比懂得形成个人特性的东西要多"。[10]关于托克维尔的"古老的、一般的原因"和"特殊的、最近的原因"之间的区别,[11]卡尔评论道,"这是有判断力的;一般的等于是长期的;历史学家主要对长期的事情感兴趣"。

就实践中的历史学家而言,他试图根据长期的、一般的或有意

义的原因解释历史事件,就立即会引起偶然事件在历史中的作用这一问题。在《历史是什么?》中,卡尔承认偶然事件能够改变历史进程,但是辩解说,这些偶然事件不应该进入历史学家的有意义原因的序列之中。列宁早亡这一偶然事件在20世纪20年代的苏联史上起着作用,但并不是那种意义上所发生事情的"真正"原因,在这种意义上,原因便是合理的、有历史意义的解释,能够应用到其他历史情境之中。在《历史是什么?》发表之后,卡尔又进一步发展了这种思想,他在笔记中写道,"事实上,历史从属于十足的规律性,这使得它成为一项严肃的研究,尽管这些规律时不时被一些外在的事件所干扰"。

偶然事件问题特别说明了在处理偶然事件的特殊情况、个人
在历史中的作用是一个棘手的问题。卡尔不停地返回到这个主题 lxv
上,这当然凸显了他本人对斯大林当政时代苏联发展的研究。卡尔的"历史中的个人"这一文档把这一问题置于更广泛的历史背景下加以考察。卡尔暗示对个人的崇拜是"一种精英原则",因为"个人主义仅仅意味着把个人的动因放在客观的大众背景下"。对个体自由绝对权利的极端支持在知识分子中间得到广泛的支持。20世纪20、30年代这种观点最主要的英国支持者是奥尔德斯·赫胥黎,[①]他在其题目诱人的《如你所愿》(*Do As You Will*)中宣称"生活的目的……是我们赋予生活目的。生活的意义,不管你喜欢把

---

① 奥尔德斯·赫胥黎(Aldous Huxley,1894—1963),英国小说家、散文家。著有*Antic Hay*(1923)、*Point Counter Point*(1928)、*Brave New World*(1932)、*Eyelessin Gaza*(1936)、*The Doors of Perception*(1954)等。——译者

它的意义称为什么，……是每个人都有不可剥夺的权利，这就是生活哲学的主要前提”。[12] 在 20 世纪 30 年代，萨特影响巨大的著作《存在与虚无》区别了“自为的”存在(the being ‘for - itself’)——个人的纯粹意识、绝对的自由和责任和“自在的”存在(the being ‘in - itself’)——物质的、客观的、无意识的世界。在这个阶段，萨特是反马克思主义的，带有“无政府主义的特点(萨特思想中从不缺乏这种东西)”。在 20 世纪 60 年代，尽管《辩证理性批判》(*Critique of Dialectical Reason*)声称承认马克思主义为“我们时代的终极哲学”，但事实上，根据卡尔的看法，“萨特的存在主义、彻底自由、个体性和主观性的标签与马克思主义是不相容的”。同样，阿德诺(T. Adorno)虽然受马克思主义影响，但“想把个人从对技术统治论、官僚机构彻底服从这样的世界中拯救出来，从对封闭的哲学体系彻底服从这样的世界中拯救出来(黑格尔的唯心主义、马克思的唯物主义)”。在弗洛伊德看来，个人自由并不是文明的产物；恰恰相反，文明的作用是要限制个人。[13]

lxvi 受到社会约束的个人应该从这些约束中解脱，这种说法在一定程度上与下列这种说法同源，也在一定程度上发生冲突，同样这一看法也是经历很长时间建立起来的，即个人实际上可以不受社会约束而活动，这一看法后来经常以坚持说历史上的伟人有着压倒一切的重要性这一形式出现。安德鲁·马维尔①非常卖力地称克伦威尔所起的这样的作用：

① 安德鲁·马维尔(Andrew Marvell，1621－1678)，英国玄学派诗人、讽刺作家。——译者

他是打破时间契约的力量

并且很快时代的事务又运转了

形成鲜明对照的是,塞缪尔·约翰逊①宣称:

世人所求非常简单

但却操控在法律或帝王手里

但是,约翰逊仅仅是一种"后卫行为",卡尔写道,"反对那种认为帝王和法律可以引起因果或消除邪恶的信仰"。

那些声称个人意志有决定作用的人,认为意志独立于社会或不受社会干扰的,马克思对此加以反对并辩论说,这种"把孤立的人当作是其出发点的"观点是"荒唐的"(*abgeschmackt*)。人"首先以种属的人、群居动物出现","通过历史的过程使自己个体化","自身交换是这种个体化的主要因素"。[14]麦考莱在论述米尔顿(J. Milton)时说,"依照比例而看,当人们知道得越多,思考得越多的时候,他们就越少看重个人,越发看重群体"。[15]并且,托克维尔在1852年对这种概念进行了经典的描述——个体政治家的行为由外在于政治家的力量决定:

在所有开化民族中间,政治科学所创造的,或者至少说所形成的一般概念;从这些一般概念形成了一些问题,而这些问题又是政 lxvii

① 塞缪尔·约翰逊(Samuel Johnson,1709—1784),英国作家。——译者

治家必须尽责对付的问题,他们也同样创造他们想象的法律。政治科学形成一种知识气氛,这种气氛不仅为社会上的统治阶级所呼吸,也为被统治阶级所呼吸,两者在无意之间都从中汲取他们行动的原则。

托尔斯泰(L. Tolstoy)对个人在历史上扮演重要作用的观点始终如一地持有这种极端的表达。他在《战争与和平》结尾部分的草稿中,强硬地陈述"历史上的要人是他们时代的产物,出现于当代事件与先前事件之间的连接上"。[16]他的这种观点到1867年已充分形成:

郡县议会(zemstvo,俄罗斯地方政府)、法庭、战争或没有战争等等,全都是社会组织的表现形式——那种群体的组织(就像蜜蜂一样):任何人都能够表现它,事实上,最好的表现形式是那些并不知道自己在做什么,并不知道为什么要做的人——他们共同劳动的结果总是一种统一的活动,这种情况最符合于动物规律。士兵的、皇帝的、出身名门的元帅或农夫的动物性活动是这类活动中的最低级形式,在这种活动中——唯物主义者是正确的——没有独断专行。[17]

三十年以后,在布尔战争(The Boer War)爆发时,托尔斯泰写道,和"张伯伦们、威廉们"生气是毫无好处的;"所有历史仅仅是全部这些政治家的一系列这类行动"——源于极力获得新市场来增加少数人巨大的财富——"同时,大量民众则被艰辛的劳作消耗殆尽"。[18]

卡尔在很大程度上分享着马克思、托克维尔的方法。他指 lxviii
出,"个人在历史上是有'作用的';在一定意义上,这种作用比个人更加重要"。卡尔评论拉姆齐·麦克唐纳①说,他的"摇摆不定的政策与其说是个人性格之结果(就此而言,性格的重要性对他来说是适合领导角色),不如说是工党代表的所有群体基本处于进退维谷的境地之结果"。在大多数情况下,卡尔主张与其关注评估个体政治家,不如"分析那些铸造人们思想的群体利益和态度"。卡尔写道,个人思想思考的方法"对历史学家来说,并不是最重要的",最好的方法是"较少依据有意识的个人行为来看待历史,而是更多依据下意识的群体环境和态度来看待历史"。卡尔就是在这种意义上挖苦评论一本关于希特勒的书,"以把一切事情都归结到希特勒个性为开始,以谈论魏玛政权的不稳定和无能为结束"。[19]

但是,卡尔并不赞成托尔斯泰的极端立场:作为一位孜孜不倦、笔耕不辍的历史学家,他的辛苦劳动不断迫使他回到"克里奥帕特拉的鼻子"这一问题。评论历史中偶然事件这个问题"仍旧吸引并困惑着我",卡尔在笔记中再次坚持,就像他在《历史是什么?》中所说的,虽然列宁之死应归于与历史无关的原因,但还是影响了历史的进程。卡尔继续补充说,"即使你坚持认为从长远的观点来

① 拉姆齐·麦克唐纳(Ramsay Macdonald,1866—1937),英国政治家,曾任首相(1924、1924—1935)。——译者

看,每一件事情都将证明是极其相同的,但着眼于当前,这对于许多人来说毕竟造成很大的不同”。和《历史是什么?》中对历史偶然事件的讨论相比,这里所强调的重点有很大的转变。这是卡尔在完成《苏俄史》后接受佩里·安德森①采访时对列宁、斯大林作用的惊人评价的序幕。卡尔坚持认为,“列宁,假如他可以再活20年
lxix 和30年,并在他的同事中间发挥充分的影响,将会面临着极其相同的问题”,也将从事大规模的农业机械化运动,也将从事快速工业化运动,控制市场、控制并指导劳动。但是,他将能够“降低和减轻高压政治的因素”:

> 在列宁领导下,历史的进程或许并不会那么完全一帆风顺,但是,它将不和已经发生的事情一样。列宁将不会容忍虚假的记录,而斯大林沉溺于这类事情……列宁领导下的苏联也不会变为,用西里加②的话来说,“充满谎言的土地”。这就是我的推测。[20]

卡尔在这里把偶然事件的重要作用应用于苏联历史的关键时期上。这是一个口头的陈述,而不是一个经过深思熟虑的判断。不过,他在《苏俄史》中的语言就比较适当了,他写道,“斯大林的个性混杂着俄罗斯官僚主义的原始传统与野蛮传统,从高高在上的位置把这种特别野蛮的特性灌输到革命之中”。[21]广义上说,这种“来

① 佩里·安德森(Perry Anderson,1938—),英国社会理论家、历史学家。——译者

② 西里加(Anton Ciliga,1898—1992),共产主义时代,南斯拉夫持不同政见者。——译者

自上面的革命”是由长期的原因所决定,这也是历史学家必须重点思考的问题,但是实施高压政治的程度则是历史中的一个偶然事 lxx
件。

在文件夹各式各样的笔记和信件中,卡尔评估了历史研究的当前状态。他深刻地指出,马克思主义的影响是过去六十年里一个主要的新趋势:

> 自第一次世界大战以来,历史唯物主义的概念对历史著述的影响非常强烈。实际上,或许可以这样说,这一时期写就的所有严肃历史著作都由这种影响铸造而成。这种变化的症状,就一般的看法便是过去作为历史的重要话题的战争、外交纵横、宪法辩论和政治阴谋——最广泛意义上的“政治史”——被研究经济因素、社会状况、人口统计和阶级的兴衰所代替了。社会学不断盛行是同一发展的另一个特点;人们有时试图把历史当作是社会学的一个分支。

在《历史是什么?》中,卡尔已经注意到社会学对历史的积极影响,他评论说“历史学变得越来越社会学化,社会学变得越来越历史学化,这样对两者都有更多的益处”。在为新版本准备的笔记中,他更加坚定地宣称:“社会史是根基。要单独研究根基是不够的;这将变得单调乏味;或许对于年鉴学派来说已经发生过这样的事情。但是你不能够省略掉社会史。”

在认识到这些积极发展的时候,卡尔根据历史学和社会科学一般或正在流行的趋势,坚持认为这些学科也处于危机之中。他指出“使历史学趋向狭隘的专业分化”是肤浅的经验主义行为(他把这贬低为“一种自我毁损的形式”),也指出历史学家隐藏在方法论中的趋势(他评论说,“对‘计量’史学的崇拜,使得统计材料成为全部历史研究的材料来源,或许也把历史唯物主义的概念带到荒谬的意义上去”)。并且,历史本身内部的这种危机也伴随历史迁移到社会科学中去了,卡尔把这当作是保守甚至是反动的趋势:

> 历史充满着变化的基本过程。假如你对这些过程很反感,你
> lxxi 就应该放弃历史,在各种社会科学中寻找隐藏的地方。当今,人类学、社会学等等非常繁荣。历史处于病态。不过,另一方面我们的社会也处于病态。

他也指出,“当然,‘隐藏’也发生在各种社会科学内部——经济学家隐藏在经济计量学中,哲学家隐藏在逻辑学和语言学中,文学批评家隐藏在风格技巧分析中”。塔尔科特·帕森斯(Talcott Parsons)是社会学家在这方面的一个显著例子,他“把抽象概念携带到这么远,以至于失去了与历史的任何联系”。

卡尔对结构主义(或“结构功能主义”)也给予了大量关注。他曾经在一次访谈中评论说,结构主义者至少有着把过去当作整体来研究的优势,避免了过度专业化的缺陷。但是,他相信,从整体上看,结构主义对历史研究施加了有害的影响。他比较结构主义的方法(或“水平的”方法)和历史的方法(“垂直的”)方法,即“总是

以社会各组成部分或方面的功能或结构的内在关系来分析社会"和"依据社会来自哪,它将向哪去来分析社会"。卡尔建议,"每一位有判断力的历史学家都会赞叹这两种方法都是必需的"(潦草地写在一小片纸上的评论则更加直率,"叙述历史和结构历史之间的区别是虚假的"):

> 但是,结构主义制造很多差异,这使它吸引着(历史学家的)兴趣和眼光。毫无疑问,这部分地不仅是因为依靠历史学家的气质,而且部分地是因为依靠历史学家工作的环境。我们生活在把变化主要当作是每况愈下的一个社会,恐惧这种状态并喜欢"水平的"观点,这种观点仅仅要求较小的调整。

卡尔在别的地方也评论"前面那种方法是保守主义的方法,在这个意义上,它观察的是静止的状况,后面这种方法是激进的方法,在 lxxii
这个意义上,它开启了变化":

> 不管 LS(列维-斯特劳斯)会在多大程度上为自己的目的引用马克思……我猜想结构主义是保守时代那种盛行一时的哲学。

卡尔的笔记包括几个条目都论述列维-斯特劳斯,特别是在《世界》(*Le Monde*)的一次访谈中,这次访谈的标题似乎要确认卡尔最坏的猜想:"马克思主义、共产主义、极权主义的意识形态仅仅是历史的一个诡计。"[22]

卡尔对历史研究当前状况的批评可谓影响深远,从总体上来看也是负面的评价,与之相伴随的是凭借历史科学自身资格而获得的这个科学重要性的积极断言。他宣称需要"总体史"(general history),总体史可以把法律、军事、人口、文化和历史其他方面的分支集合在一起,并研究它们之间的内在联系。同样,他也坚持历史不是社会科学纯粹的女仆,一方面为历史自身理论而求助于社会科学,另一方面也为社会科学提供材料:

> 我认为当今许多历史学家毫无生气可言,因为他们缺乏理论。但是,他们缺乏的理论是历史理论,而不是从外部输入的一种理论。需要的是一种双向的沟通……历史学家必须向经济、人口、军事等方面的专家学习。但是,经济学家、人口学家等如果只在只能由"一般"历史学家提供的比较广泛的历史模式内进行研究,他们也将走投无路。困境在于……历史理论天生就是一种变化的理论,而我们生活在这样一个社会:只愿在一种稳定的历史环境中想接受或勉强接受次要的或"特殊"的变化。

lxxiii 不过,卡尔当然相信历史学家的世界观取决于社会环境;他也不指望在 20 世纪 70 年代的英国,自己的建议将会受到哪怕一小部分激进历史学家或持不同政见者历史学家的欢迎:

> 对当前社会环境充满混乱观念的社会是失去了对未来信仰的社会,过去的历史似乎是一堆没有意义的毫不关联的事实。假如

> 我们的社会恢复对当前状况的控制,根据相同的方法,这个社会对未来的看法也将更新它对过去的洞察。

这段话写于1974年,就在英国保守主义学说处于顶峰、对保守主义未来拥有新的信心时期的前几年。自那时以来,自卡尔去世以来,对于未来信心的缺乏、对于与之相伴随的经验主义的信心缺乏已经出现了可供选择的办法,这就是先前在英国历史学家中非常盛行的正统方法。保守主义政治家、历史学家做了极大的努力,通过把爱国主义历史恢复为历史课程的中心地位来鼓励人们对未来的信心。教育部长基思·约瑟夫爵士(Sir Keith Joseph)在休·托马斯勋爵(Lord Hugh Thomas)支持下,要求学校对英国给予更多的关注,而要少关注些世界史。埃尔顿(G. R. Elton)教授在其近代史钦定讲座教授就职演说中谴责社会科学对剑桥大学历史教学带来有害的影响,坚持说英国史研究在剑桥大学历史学学士学位考试中应占主动地位。英国史将表明“这个社会以这样的方法通过不断变化来使自身的权力与秩序文明化”;“为虚假信仰和预言家的不断革新所困扰的一个不确定的时代特别需要知道它的过去”。[23]这些事件在卡尔看 lxxiv
来将是病态社会的一种症候,这种社会在回忆辉煌的过去中寻求安慰,也提供了一个令人惊奇的、内涵丰富的实例,历史学家可借此反省社会中正在盛行的趋势。

卡尔打算出的新版《历史是什么?》将在我们时代更广泛的社会危机和知识危机背景下考虑历史研究的危机。为这个目的,他就文学与艺术问题收集了一个文件夹的资料,这个话题在先前演讲中没有作为单独的话题来讨论。文件夹所包含的笔记不仅有关于文学本身的,而且有关于文学批评和艺术批评的。这项工作还处于一个非常初级的阶段。卡尔的辩论思路就是文学和文学批评就像历史和自然科学、社会科学一样受社会环境的影响和铸造。在卡尔的笔记中有两条对比强烈的引语特别引人注目。当奥威尔①宣称"一切艺术都是宣传活动"时,[24]马克思却在《〈政治经济学批判〉导言》中警告说——马克思本人关于社会对艺术的影响留下了许多笔记——"关于艺术,大家知道,它的一定的繁荣时期绝不同社会的一般发展成比例,因而也绝不同仿佛是社会组织的骨骼的物质基础的一般发展成比例"。[25]

在卡尔的评价中,马克思的异议并不适合主要为悲观主义、怠惰、无望所特征化的20世纪。就卡尔而言,哈代(Hardy)是"无病呻吟的世界性意义上的小说家,基本是背离正道的,不是已经走入歧途或能够被纠正的错误,而是世界性永恒的错误和世界性的永远没有感觉——因此是一个绝对的悲观主义"。豪斯曼(A. E. Housman)评论说,"假如我不是相当沮丧的话,我很少写诗歌",[26]艾略特(T. S. Eliot)则怜悯地评论说"我相信我能够理解那句话"。卡尔则犀利地评论说,"两人都写'病态的'诗歌,没有一人是叛逆
lxxv 者"。卡尔笔记中的一系列引语都生动地说明了艾略特对希望的缺乏和悲观。虽然,莎士比亚的十四行诗第98首是对四月的称

---

① 奥威尔(Orwell),指 George Orwell(1903—1950),英国作家,其极富想象力的小说猛烈攻击极权主义并表示出对社会平等的关注。著有 *Animal Farm*(1945)、*1984*(1949)等。——译者

颂,而艾略特的《荒原》(*The Waste Land*)则视四月为残酷的月份。艾略特在1920年写的《小老头》(*Gerontion*)中抱怨,历史"以野心勃勃的流言蜚语来欺骗我们,以不切实际的东西来引导我们"。[27]《荒原》把穿过伦敦桥的成群工人当作是无趣味的人,而温德曼·刘易斯①笔下的"死气沉沉的人",这些人的消亡不是什么重要的问题。[28]失败的预言者卡夫卡在遗嘱中,慎重其事地命令毁灭他的著作;②卡夫卡曾说,我们的世界是上帝"心情不好"的一个产物;我们世界以外的地方存在"大量的希望——为上帝准备的希望……不是为我们准备的希望"。[29]根据卡尔的说法,甚至奥威尔"像艾略特一样在相同的位置结束,对人类深感绝望,特别以不喜欢下层阶级的形式——一种精英主义的形式"。两部现代经典著作在题目上有着重要的一致性,卡瓦菲③的诗歌"等待野蛮人"(Waiting for the barbarians)和贝克特(Beckett)的"等待戈多"(Waiting for Godot),两者都表现出"无助期待中的无为"。对赫尔曼·黑塞④的崇拜表明卡尔赞扬一位这样的作家,卡尔把他描述为"从他不再相信的世界中逃离出来的以自我为中心的流亡

① 温德曼·刘易斯(Wyndham Lewis,1886—1957),英国作家、画家。——译者

② 卡夫卡在短暂的一生中(1883—1924)写下了大量小说,还有许多书信、日记、随笔、箴言等,但他对作品大多不甚满意。因而在遗嘱中要求挚友马克斯·布洛德(Max Brod)销毁他所有未发表过的手稿并永不再版已发表的作品,但布洛德并没有这样做,而是花了很大的精力将卡夫卡的所有作品整理出版。可惜很多作品在此以前已被他的女友Dora Diamont烧毁了,其余没有烧毁的部分,于1933年纳粹搜索Dora在柏林的公寓时,被盖世太保全部焚毁。——译者

③ 卡瓦菲(Cavafy),指Constantine Cavafy(1863—1933),希腊诗人。——译者

④ 赫尔曼·黑塞(Hermann Hesse,1877—1962),德国小说家、诗人、诺贝尔文学奖得主。——译者

者”。

更进一步的一组笔记讨论的是把20世纪文学批评放在它的社会背景中。利维斯①“复活了马修·阿诺德(Matthew Arnold)关于客观的知识分子是构成社会花朵并处于社会之上的阶级观”。新文学批评“开始于理查兹，②他区分了文学中的客观(科学)因素和主观(感情)因素”；他的继承者“尽力把文学批评家和科学观察者等同起来，把客观的标准应用于文本之中，并忽略派生物或上下文的全部问题”。关于这些发展，卡尔评论说：

> 20世纪30年代、40年代和50年代的形式主义者，20世纪60
> 年代、70年代的结构主义者所寻求的是把文学孤立为“纯粹的”实
> lxxvi 体，这个实体局限于预言的范围内，不为任何其他实体所污染。
>
> 但是，文学批评不能惟一地根植于文学之中，因为批评家本身是外在于文学的，在他身上带有其他领域而来的因素。

至于“语言哲学”(linguistic philosophy，用词不当，因为就像传统所认为的那样，它是从哲学中分溢出来的)，就像“为艺术而艺术”一样，它对任何思想都不承担义务。[30] 它不应用于伦理学或政治学，对历史学也不关注：“甚至那种词语改变自身含义的观念也是缺乏的”。

在卡尔打算写的新版本的最后一些章节，和近年来盛行的悲

---

① 利维斯(F. R. Leavis，1895－1978)，英国文学批评家。——译者
② 理查兹(I. A. Richards，1893－1979)，英国文学批评家。——译者

观主义相反,卡尔再次断言从整体上看人类的过去是一部进步的故事,并宣称他认为未来充满希望。在《历史是什么?》中,卡尔注意到由启蒙时代理性主义者开创的进步史观在英国人的自信和权力达到顶峰的时候,也达到了最大的影响。然而,在 20 世纪,西方文明的危机已经导致许多历史学家和其他知识分子摈弃了这种进步的假设。在为新版本准备的笔记中,卡尔区分了进步时代的三个阶段:世界的扩张,开始于 1490 年;经济的成长,或许开始于 16 世纪;知识的扩张,自 1600 年以来。意识到世界扩张的伊丽莎白时代是第一个辉煌的进步时代。最伟大的辉格派历史学家麦考莱把历史描述为胜利的进步,这种进步在选举法案改革(Reform Bill)中达到顶峰。[31] 卡尔的笔记很清楚地表明,他打算在《历史是什么?》新版中提供进一步的证据,从医学到其他领域的进步主要 lxxvii
取决和源于一代代人获得性技巧的传输。

自第一次世界大战以来,信仰历史为进步的观念已越来越不流行了。绝望下降到这样的深度,有时只是些琐碎的不成熟的看法:"卡尔·克劳斯①以戏剧般的夸张手法庆祝奥匈帝国的崩溃,称之为《人类的末日》(*The Last Days of Mankind*)。"但是,随着 20 世纪的逐渐到来,对于过去进步的怀疑态度,对于未来前途的悲观精神变得越来越强烈了,也越来越肯定了。波普尔在 25 年前曾发表题为"我们时代的历史:一个悲观主义者的看法"的演讲,1979 年他又作了更深一步的演讲,其中评论道,"事情如此发生,

① 卡尔·克劳斯(Karl Kraus,1874—1936),奥地利讽刺作家。该剧作写于 1918—1919 年间。——译者

以至于我不再相信进步”。[32]对于历史学家来说,进步的观念是一个过时的笑话了:理查德·库伯[①]论述勒费弗尔[②]说,“他是一位非常天真的人,相信人类的进步”。[33]

卡尔相信人类在过去的进步,而且“对过去的理解……随之而来的是一种提高了的对未来的洞察”。卡尔因此赞同霍布斯(Hobbes)“我们关于过去的概念构成我们未来的概念”。[34]但是,他补充了重要的评论,“相反的说法将几乎更加真实”:我们对于未来的看法影响我们对过去的洞察。恩斯特·布洛赫[③]在《希望原理》(*Das Prinzip Hoffnung*)里得出的结论是最有说服力的格言:“真正的起源不在开端而在结尾。”[35]

卡尔认为疑惑和绝望对于作为历史学家的他是特别重要的时刻,这时他可以检查和测定自己对当前的理解和未来的看法。在先前的四十多年里,卡尔一直争辩说,乌托邦和现实(reality)是政治科学的两个基本方面,并且“合理的政治思想和合理的政治生活
lxxviii 将发现只能在那里有它们存在的位置”。[36]在这期间,卡尔获得了现实主义者的称号。但是,大约在去世前几年准备的简短自传回忆录中,卡尔评论:“或许世界是在愤世嫉俗者和乌托邦主义者之间划分的,前者在任何事情中都发现不了意义,后者在一些意义重

---

① 理查德·库伯(Richard Cobb,1917—),英国历史学家,擅长法国史,特别是法国大革命史研究。著有 *The Police and the People: French Popular Protest 1789—1820*(1970)、*Reactions to the French Revolution*(1972)等。——译者

② 勒费弗尔(Georges Lefèbvre,1874—1959),法国历史学家,擅长法国大革命史研究。——译者

③ 恩斯特·布洛赫(Ernst Bloch,1885—1977),德国马克思主义哲学家。——译者

大、无法核实的有关未来的假设基础之上理解事物的意义。我喜欢后者。”在卡尔的文件夹中有一个标题为“希望”的简短笔记上，他评论说:“乌托邦的作用在于使白日梦具体化……它将使个人利益与普遍利益调和一致。真正的乌托邦有别于没有价值的(动机不明的)乐观主义。”

在卡尔看来,英国古典资本主义两位最伟大的学者亚当·斯密、卡尔·马克思,他们对社会的洞察与一种重要的乌托邦混合在一起:

> 写过《道德情操论》(*Theory of Moral Sentiments*)[①]的亚当·斯密,在《国富论》中隔绝了“把实物交易和物品交换”当作人类活动主要推动力的倾向。
>
> 这是天才般的洞察力,并不是洞察人类本性这样的东西,而是洞察社会的特性,这种社会特性将在西欧(并且也在美国)得到发展;就其本身而论它促进了那种发展。
>
> 相同的情况也符合马克思对资本主义的洞察,资本主义将在工人拒绝忍受陷入其中的剥削程度的重压下而崩溃。
>
> 但是,斯密的乌托邦世界是一只看不见的手,马克思的乌托邦世界是无产阶级专政,一旦尝试要在实际中实现这两种乌托邦,就会产生一些黑暗面。

早在1933年,卡尔就把马克思当作拥有“一种主张的人,被认为是

① 原文误为 *Theory of Modern Sentiments*。新版《历史是什么?》中有不少排版错误,译者在翻译过程中已逐一改正,除非必要,不再一一说明了。——译者

19 世纪最有观察力的天才,历史上最成功的预言家”。[37] 卡尔关于“马克思主义与历史”、“马克思主义与未来”的文件夹中包含许多
lxxix 来自马克思、恩格斯、列宁及其著名追随者的笔记,这些笔记明显地表明,卡尔打算把自己对当前和未来的评估建立在仔细评价马克思和马克思主义的基础上。卡尔在最近的几篇文章中已经表明,同他的朋友赫伯特·马尔库塞(Herbert Marcuse)一样,他相信“在当今的西方,无产阶级——其含义就像所意味的那个术语,工业中被组织起来的工人——并不是革命的力量,或许甚至是反动的力量”。[38] 卡尔指出,对无产阶级没有能力进行统治的怀疑导致了“托洛茨基最终重新陷入悲观主义的境地”,[39] 对无产阶级的负面评价支撑着马尔库塞的悲观主义:

《理性与革命》(*Reason and Revolution*)。否定的力量具体表现在无产阶级之中。

对个性解放的兴趣来自压抑的社会——弗洛伊德。

(在马尔库塞)的《爱欲与文明》(*Eros and Civilization*)中——对无产阶级将产生一种没有压抑社会这种能力的怀疑。

《苏维埃马克思主义》(*Soviet Marxism*)。苏联历史表明苏联无产阶级在产生非压抑社会方面是失败的——失败是由无产阶级在先进国家中的失败造成。

《单向度的人》(*One - Dimensional Man*)表明,由于无产阶级已经被吞没于工业社会,结果在原则上,社会变得无法改变了。

结果是极端的悲观主义——左派理论脱离了现实:“理论与实

践、思想与行动相会的地方没有根基。”[40] lxxx

总的来看,卡尔接受对马克思这样的批评,但并没有得出这类悲观的结论。在自传回忆录中,他宣称:

事实上,我在任何事情上都不能为西方社会预见什么,像西方社会目前的状况,任何展望都只能是衰落和腐败,或许仅仅不必要以戏剧般崩溃而结束。但是,我相信新的力量和新的运动正在表面之下,在这里或别的地方产生,尽管我们还不能猜测它们的形式。这是我的无法证实的乌托邦……我想应该称之为“社会主义的”,我也是这个意义上的马克思主义者。但是,马克思并没有定义社会主义的内容,只是有一些乌托邦式的词语为例外;因此我也不能够定义。

那么,卡尔本人又如何评价资本主义体系的发展与腐朽呢?他已经察觉出了什么样的“新的力量和新的运动”呢?他的答案部分由笔记中题为“马克思主义与历史”一份粗略的草稿给出,这份手稿大约写于1970年。尽管不是完整答案,在发表之前也肯定会再三深思熟虑,但这也清楚地表明卡尔对当前与未来看法的精神状况:

因此,世界的形式已经从过去五十年里认知的情况中变形出来。西欧列强先前的殖民地——印度、非洲、印度尼西亚——已经宣布彻底独立。拉丁美洲国家中只有墨西哥和古巴采取了革命道路；但是，别的地方经济发展所指引的方向是更加彻底的独立。这一时期最壮观的事件是苏联——先前的俄罗斯帝国的兴起——最近则是中国的兴起，占据了世界强国和世界重要性的位置。由这些变化所造成的不确定的感觉——变化的后果仍旧存在于未来——和19世纪相对平静、安全的世界模式形成了强烈的对比。
lxxxi 正是在这种不确定的、不安全的气氛中，诞生了对新社会的当下观点。

最具重要意义的事实是，俄国革命——以及之后的中国革命和古巴革命——都宣称自己的革命是基于卡尔·马克思学说之上的革命。马克思是19世纪资本主义体系衰亡的最有力的预言家，当马克思进行写作的时候，资本主义处于发展的顶峰。那些寻求挑战这种体系的人为资本主义的衰落而高兴，也将诉诸马克思的权威性，这是自然的事情。这些观点在一定程度必然是乌托邦式的；马克思论述未来的著作是缺乏的，在特征上也属乌托邦式。他的一些预言已经证明是失败的，或者为无效，并且在追随者中间导致了矛盾和混乱。但是，马克思分析的力量是不可否认的；能够描述出来的，虽然带有玄想成分的未来社会的任何画面都必定在很大的程度上包含马克思主义的观念。

马克思是通过使用最发达的技术形式以生产力、工业化为手段过渡到生产力最高形式、工业化最高形式的预言家。自《共产党宣言》以来的马克思著作都充满着对资本主义成就的赞美，资本主义从封建束缚中解放了生产力，通过现代技术的发展、经济的扩张使世界运动起来。但是,马克思相信自己通过描述已经表明资产阶级资本主义(Bourgeois Capitalism)——以个人私有企业为原则基础的——正通过资本主义的成功形成新的约束,这些约束将使进一步的生产扩展停滞下来,将控制资产阶级资本家无法控制的 lxxxii
生产,以工人本身替代一些社会控制形式。只有这样才能够维持并强化生产力的扩张。马克思提供的未来共产主义社会的少有几个画面之一是,在那里"财富之源更将汩汩地流出"。

在一个大多数民众甚至仍旧不能分享现代文明所带来的最基本物质利益的世界里,这些学说将对新社会的普通观点产生强烈的影响,这一点并不令人惊奇。同样也不令人惊奇的是(尽管这与马克思所期待的相反),这些学说将更具令人信服的吸引力,但不是在发达国家——这里的人民分享了过去年代里资产阶级资本主义所取得的伟大成就,而且甚至要让他们相信这种制度的潜力必将耗尽,也是困难的;而是在落后的国家里,这里的资产阶级资本主义已经出现了,根本不是作为一种外来的或压迫的力量的结果,或者作为一种外来的或压迫的力量的结果。俄罗斯革命发轫于一个技术落后的国家,在这里几乎没有开始发生经济和社会向资产阶级资本主义的转变;这场革命的第一个作用,就如列宁所说,是要在这场革命过渡到社会主义革命之前"完成资产阶级革命"。自第二次世界大战以来,这种革命已经传播到资产阶级革命甚至还没有开始的国家。未来社会的景象——正在跨越现在已经过时的资产阶级资本主义革命——将取得经济的工业化和现代化,取得更高的生产力,与之相配的是——通过某种形式对产品进行社会的、计划的控制——它会支配当今西欧国家以外的整个世界。

lxxxiii 卡尔继续补充说，“然而，这种景象之政治的方方面面仍旧是模糊的、难以捉摸的。马克思主义也提供不了什么帮助。为工人所统治的社会概念在俄罗斯证明是没有什么意义的，这里的无产阶级太少了；在不发达的国家则根本没有任何意义，这里并不存在无产阶级”。不过，这些国家的革命有可能使资本主义制度终结，为实现卡尔的“不能证实的乌托邦”提供了可能性：

> 我认为我们必须严肃地考虑这种假设（他在1978年9月宣布），（布尔什维克革命）这种世界性的革命是历史发展极其重要的一个阶段，这场革命将彻底断送资本主义制度，也将证明殖民地人民以反对帝国主义的名义起来反对资本主义。[41]

---

[1] J. L. Borges, *A Personal Anthology* (1972) pp. 32—33.

[2] G. Lukacs, *The Historical Novel* (1962) pp. 176, 182.

[3] Edward Gibbon, *Essai sur l'étude de la literature* (1761).

[4] Gibbon, *Decline and Fall of the Roman Empire*, Bury (ed.), (1909) ch. 9, p. 230.

[5] G. Vico, *Principj di scienza nuovo* (1744) Books I, IX and X, translated as *New Science of G. Vico* (1968), paras. 137, 321.

[6] 这段话语以打印文字的形式出现在卡尔的笔记中，见 Carr 关于 Lukacs

的文章,刊 *From Napoleon to Stalin*(1980),p. 250。

[7] *The Greek Historians*, M. I. Finley (ed.), (1959) Introduction, pp. 4, 6.

[8] G. Macaulay, *Works* (1898) viii, 431 (from an essay on Sir James Mackintosh).

[9] P. Feyerabend, *Against Method: Outline of an Anarchistic Theory of Knowledge* (1975),从"历史提供的丰富材料来看",得出的结论只能是一个适合各种环境和时代的原则:"万物流变", p. 27。

[10] 'An Essay on Causes affecting Minds and Characters', in Montesquieu, *The Spirit of Laws*, ed. D. W. Carruthers (1977) p. 417.

[11] 参阅 A. de Tocqueville, *De l'ancien régime* (trans. S. Gilbert, 1966), II, III, especially p. 160.

[12] A. Huxley, *Do As you Will* (1929), p. 101.

[13] S. Freud, *Civilization and its Discontents* (1975) p. 32;卡尔的另一个笔记中则观察到,"弗洛伊德的下意识是个体的;和荣格的集体无意识是无关的"。

[14] *Grundrisse* (Berlin, 1953) pp. 395—396

[15] *Works* (1898) vii, 6.

[16] L. Tolstoi, *Polnoe sobranie sochinenii*, xv (1955) 279.

[17] Letter to Samarin, 10 January 1867, in *Tolstoy's Letters*, R. F. Christian (ed.), i (1978) 211.

[18] Letter to Volkonsky, 4/16 December 1899, ibid., ii, 585.

[19] 这指 Sebastian Haffner 的 *The Meaning of Hitler*(1979)。

[20] *From Napoleon to Stalin* (1980) pp. 262—263 (interview with Perry Anderson, September 1978).

[21] *A History of Soviet Russia* (1978) xi, 448.

[22] *Le Monte*, 21—22 January 1979.

[23] 见 G. R. Elton 之 *The History of England: Inaugural Lecture delivered 26 January* 1984(Cambridge, 1984),特别是第 9—11、26—29 页;也可参阅他在 *New York Review of Books*(14 June 1984)上对家庭史的攻击。

[24] G. Orwell, *Collected Essays, Journalism and Letters* (1968) I, 448 (originally appeared in Inside the Whale [1940]).

[25] Translated in K. Marx, *The German Ideology*, C. J. Arthur (ed.), (1970) p. 149. 译文见《马克思恩格斯选集》第二卷上册，人民出版社 1972 年版，第 112—113 页。

[26] A. E. Housman, *The Name and Nature of Poetry* (1933) p. 49.

[27] T. S. Eliot, *Collected Poems 1909—1962* (1963) p. 40.

[28] D. B. Wyndham Lewis, *Blasting and Bombardiering* (1937) p. 115.

[29] Max Brod, *Kafka: a Biography* (1947) p. 61.

[30] 参阅 J. Sturrock, *Structuralism and Since* (1979).

[31] *Works* (1898) xi, 456—458 and cf. 489—491；但是，卡尔也问道，"麦考莱关于新西兰人的观点(*Essay on Ranke's History of the Popes*)是与对进步的信仰不可调和的吗？"麦考莱想象一位未来的新西兰人站在伦敦桥破旧的海湾边、写生圣保罗大教堂的废墟情景，几乎在同一个段落里，提到新世界伟大的未来(Macaulay's *Essays*, Selected and introduced by H. Trevor-Roper[1965] p. 276)。

[32] *Encounter*, November 1979, p. 11；然而，在这个演讲中，波普尔仍旧坚称是一位乐观主义者。

[33] *A Second Identity* (1969) p. 100.

[34] Thomas Hobbes on Human Nature, *Works* (1840) iv, 16.

[35] Ernst Bloch, *Das Prinzip Hoffnung* (1956) iii, 489.

[36] *The Twenty Year's Crisis, 1919—1939* (1939).

[37] *Fortnightly Review*, March 1933, p. 319.

[38] *From Napoleon to Stalin* (1980) p. 271.

[39] 参阅 Knei-Paz, *The Social and Political Thought of Leon Trotsky* (1978) p. 423.

[40] H. Marcuse, *One Dimensional Man* (1968) pp. 11—12.

[41] *From Napoleon to Stalin* (1980) p. 275.

第一章　历史学家和历史学家的事实

历史是什么？为了避免让人认为这是一个没有意义的问题或是多余的问题，我打算从《剑桥近代史》第一版和第二版中各自引用两个具体的段落作为我的文本来进行解释。这里是阿克顿在1896年10月给剑桥大学出版社董事会就他本人编辑这部著作的工作报告： 1

> 这是一个千载难逢的好机会，以对绝大多数人最有益的方式记载19世纪要流传后世的知识……依据明智的分工，我们应该是能做到这一点的，会使每一个人都熟悉最新的文献，都熟悉国际研究的最新成果。
>
> 我们这一代人是不能达到终极的历史(Ultimate History)；不过，既然我们可以得到所有的材料，解决每一个问题也已成为可能，在历史研究这条道路上以不同的方式到达我们的目的，因此，我们可以抛弃传统的历史(Conventional History)。[1]

几乎整整六十年之后，乔治·克拉克爵士[①]在《剑桥近代史》第二

---

① 乔治·克拉克爵士(Sir George Clark，1890—1979)，英国历史学家。著有 *The Dutch Alliance and the War against French Trade*(1923)、*The 17th Century*(1929)、*History of the Royal College of Physicians*(2 vols，1964—1966)等。——译者

版总导论中对阿克顿及其合作者的或许有一天会出现的这种“终极的历史”信仰加以评论，并继续写道：

> 晚近历史学家对这种看法并不抱有幻想。他们期待他们的工
> 2 作不断地被超越。他们认为通过一代代心灵流传下来的往昔知识已被他们“加工过”，因此，不可能有任何没有经过改动而保持原样的、与个人感情无关的细微材料……解释似乎是无止境的，一些没有耐心的学者求助于怀疑主义，或者说至少求助于这样一种学说：既然全部历史判断都涉及不同的人和不同的观点，而且此人的观点与彼人的观点又各有千秋，因此，并不存在“客观的”历史事实。[2]

专家们彼此激烈争执的地方，正是需要特别研究的地方。我希望我足够跟得上时代，认为写于 19 世纪 90 年代的任何东西都必定是没有意义的。但我还不会超前到认为写于 20 世纪 50 年代的任何东西都是有意义的。实际上，你可能已经想到，这类探询极易偏移到一些事情上面，这些事情比历史本质这一问题更为广泛。阿克顿和乔治·克拉克爵士之间的冲突反映了这两代人之间的这一段时间之间，我们总的社会观已经发生了变化。阿克顿说出了充满自信的信念，这是晚期维多利亚时代头脑敏锐的自信，而乔治·克拉克爵士言辞则反映了“垮掉的一代”①的困惑及其思绪纷

① “Beat Generation”最早出现于 1948 年美国著名作家克鲁艾克（Jack Kerouac，1922—1969）与小说家约翰·克莱隆·赫尔墨斯的一次谈话中，后者在为《纽约时报》写的一篇文章里采用了《这是垮掉的一代》的标题，自此，“垮掉的一代”说法不胫而走。——译者

乱的怀疑情绪。当我们尝试回答“历史是什么”这类问题的时候，我们的答案在有意无意之间就反映了我们自己在时代中所处的位置，也形成了更广阔问题的一部分答案，即我们以什么样的观点来看待我们生活其中的社会。我并不担心我的研究主题在精心的探究之下似乎显得很不重要。我仅仅担心的是，我是不是很专横地把这一问题扩展到如此宽泛、如此重要的地步。

19世纪是一个注重事实的伟大时代。“我想要的”——《艰难时世》中的葛擂硬先生(Mr. Gradgrind)[①]说——“是事实…… 3
生活中所需要的仅仅是事实”。19世纪的历史学家大体上同意葛擂硬先生的这一说法。19世纪30年代，当兰克(Ranke)合理地反对把历史当作说教时，他认为历史学家的任务是“仅仅如实地说明历史而已”(*wie es eigentlich gewesen*)，这并不怎么深刻的格言却获得了惊人的成功。德国、英国甚至法国的三代历史学家都像念咒语似的吟唱具有魔力般的“如实地说明历史”的词语向历史这一战场进发——这一口号就像大多数咒语一样，编制出来就是为了免除吟唱者独立思考所带来的令人心烦的重负。实证主义者极力宣称历史是一门科学，对这种事实的崇拜施加了极大的影响。实证主义者说，首先确定事实，然后从事实中得出你的结论。在大不列颠，这种历史观正适合那里的经验主义者传统，这一传统是自洛克到伯特兰·罗素[②]的英国哲学主流。

① 狄更斯小说《艰难时世》中的人物。——译者

② 伯特兰·罗素(Bertrand Russell，1872—1970)，英国数学家、哲学家、社会活动家。——译者

经验主义者的知识理论预先假定主体与客体之间是完全分离的。像感觉印象一样，事实从外部世界影响着观察者，事实是独立于观察者意识之外的。接受的过程是被动的：接受了事实之后，然后才可以以事实为依据行事。《简明牛津英语词典》[①]，这是一本有用但又具倾向性的经验主义学派的著作，就把事实定义为“与结论完全不同的经验资料”，这样一来便把这两个过程清晰地区分开来了。这或许可以叫作对历史的一般看法吧。历史由一大堆已经确定的事实构成。历史学家可以在文献、铭刻等等诸如此类的东西那里获得事实，就像在鱼贩子的案板上获得鱼一样。历史学家收集事实，熟知这些事实，然后按照历史学家本人所喜欢的方式进行加工，撰写历史。阿克顿的史学趣味是一丝不苟的，因此在他看来史学应当实事求是。在他给《剑桥近代史》第一版编撰人的指示信中，宣称了这样的要求：“我们笔下的滑铁卢必定要使法国人、英国人满意，同样也要使德国人、
4 荷兰人满意；假如不看撰写者名单的话，就没有人能够分辨出牛津主教是在哪儿停笔的，也不能分辨出是费尔班（Fairbairn）还是噶斯奎（Gasquet），是李伯曼（Liebermann）还是哈里森（Harrison）接着写下去的”。[3] 就乔治·克拉克爵士而言，虽然他批评了阿克顿的观点，但他本人还是把历史中的“事实的硬核”与“裹在外面的、果肉似的、有讨论余地的解释”[4] 进行对比——或许他忘记了果子的果肉部分比硬核部分给人的好处要多得多。首先要弄清

① 原文是 *The Oxford Shorter English Dictionary*，应指的是两卷本 *The Shorter Oxford English Dictionary*，出版于 1933 年。——译者

你的事实，然后冒险投身于解释的流沙之中——这是经验主义的、凭借常识的历史学派的金科玉律。这让人想起伟大的自由主义新闻记者斯科特[1]的名言："事实是神圣的，解释是自由的。"

显然这是行不通的。我也不会就过去知识的性质进行哲学方面的讨论。为了当下的目的，让我们假设恺撒渡过卢比孔河(Rubicon)[2]这一事实和屋子中央有一张桌子这一事实是同类事实，或者说是可以比较的种类，这两件事实以相同的形式或以可以比较的形式进入我们的意识之中，就知道这两个事实的人而论，它们都具有相同的客观性特征。但即使是在大胆的、同时也并非不可信的假设之下，我们的论据也会立即陷入这样的困境：并不是所有关于过去的事实都是历史事实，或者过去的事实也并没有全部被历史学家当作历史事实来处理。区分历史事实与过去其他事实的标准究竟是什么呢？

什么是历史事实？这是一个我们必须更加仔细研究的一个至关紧要的问题。根据通常的看法，有一些基本的事实，这些事实对于所有的历史学家都是相同的，因此，也可以说这些基本事实构成了历史的基本框架——比如黑斯廷斯战役(Battle of Hastings)发生于1066年这一事实。然而这种观点还要从两个角度加以考察。首先，历史学家主要关心的并不是这一类事实。毫无疑问，知道这场 5
伟大的战役发生在1066年而不是1065年或1067年，发生在黑斯廷

[1] 斯科特(C. P. Scott，1846－1932)，英国新闻记者，1872年成为*Manchester Guardian*主编(后来又成为这家报纸的所有者)。——译者

[2] 公元前49年朱利斯·恺撒带领军队渡过此河，从此开始了内战，英语成语pass the Rubicon，意为"破釜沉舟"。——译者

斯而不是发生在伊斯特本①或布赖顿②是很重要的。历史学家千万不能把这些事情弄错。但是当提出这类观点的时候，我想起了豪斯曼③的评论："精确是职责，不是美德。"[5] 赞扬历史学家叙述的精确，就像赞扬建筑师在建筑中适当使用了干燥的木材，合理地运用了混凝土一样。这是进行工作的必要条件，却不是本质功能。历史学家恰好在这一类问题上有权依赖所谓的历史"辅助学科"——考古学、铭文学、钱币学和年代学等等学科。并不要求历史学家具备特殊的才能，可以像相关专家一样能够鉴定陶器或大理石的来源和所属时期，解读让人费解的铭文，或者为确定一个精确的年代而必须进行庞大的、精心的计算。这些对于所有历史学家都一样的所谓基本事实，通常属于历史学家的那类原始材料，而不是历史本身。第二个必须考察的是，构建这些基本事实不是依据这些事实本身的任何特性，而是依据历史学家"先验的"(*a priori*)④决定。不管斯科特的座右铭如何，今天所有的记者都知道左右舆论最有效的方式是对事实

① 伊斯特本(Eastbourne)，英格兰东南部一城市，位于英吉利海峡沿岸，伦敦东南偏南方向，是一个旅游胜地。——译者

② 布赖顿(Brighton)，英国南部海岸避暑胜地，位于伦敦以南英吉利海峡处。1783年威尔士王子(后来的乔治四世)开始保护此地，之后它成为风行的观光胜地。——译者

③ 豪斯曼(Alfred Edward Housman，1859—1936)，英国诗人、学者，其作品收录于*A Shropshire Lad*(1896)、*Last Poems*(1922)。——译者

④ 英国学者柯林武德(R. G. Collingwood，1889—1943)摈弃了实证主义者所宣称的知识的统一性，也摈弃了经验主义那种通过观察的方法就可以得到外部世界知识的天真想法。柯林武德在《形而上学论》(*An Essay on Metaphysics*，1940)中认为，任何特定学科的知识内容在其发展的特别阶段依靠"绝对预想"(absolute presuppositions)，即所谓的"先验的想象力"(a priori)，但是"绝对预想"在每一个学科、每一个时期都是不同的。这种先验的想象力具体到历史学领域，就是历史学家在材料的取舍方面、在解释的意识方面都是自由的。可见卡尔的想法与柯林武德是相同的，或者说后者影响了前者。——译者

进行适当的选择与排列。过去常说，让事实本身说话。当然，这话是不确切的。只有当历史学家要事实说话的时候，事实才会说话：由哪些事实说话、按照什么秩序说话或者在什么样的背景下说话，这一切都是由历史学家决定的。我想，这犹如皮兰德娄①剧中一位人物所说的，事实像一只袋子——假如你不放进一些东西，袋子就不会站起来。我们对 1066 年发生在黑斯廷斯的这场战役之所以感兴趣的惟一原因是因为历史学家把它当作一个重要的历史事件。正是历史学家按照自己的目的来选择恺撒渡过溪流卢比孔作为历史事实，可是此前此后有成千上万的其他人渡过这条溪流，却丝毫 6
没有引起任何人的兴趣。半个小时以前，你步行，或骑自行车，或乘车去这座建筑物，这一事实和恺撒渡过卢比孔河一样是关于过去的事实。但是历史学家或许会忽略这一事实。塔尔科特·帕森斯②教授曾把科学称为“以现实为认知方向的、精心选择的体系”。[6] 或许可以更简练地表达这句话。就历史而言，尤其如此。历史学家当然对事实有所选择。相信历史事实的硬核客观独立于历史学家解释之外的信念是一种可笑的谬论，但这也是一种难以根除的谬论。

让我们看一看仅仅是一件过去事实转变为历史事实的过程。1850 年在斯塔利布里奇·威克斯（Stalybridge Wakes），一位卖假货的小商贩因小事发生争执，结果竟被一群疯狂的暴徒蓄意踢死。

---

① 皮兰德娄（Luigi Pirandello，1867—1936），意大利剧作家、小说家，荒诞戏剧的创始人。曾获 1934 年诺贝尔文学奖。——译者

② 塔尔科特·帕森斯（Talcott Parsons，1902—1978），社会学家，美国现代社会学的奠基人。主要著有：《社会行动的结构》、《社会系统》、《经济与社会》、《关于行动的一般理论》。他的主要理论倾向是建构宏大的社会理论。——译者

这是一件历史事实吗？一年前，我会毫不犹豫地回答，“这不是”。这是一位目击者在一些不知名的回忆录中所做的记载；[7] 不过我从没有看到有哪位历史学家认为这是值得一提的事件。一年前，基特森·克拉克博士①在其牛津大学之福特演讲(Ford Lectures)中引用了这一事件。[8] 这就使这一事件变为历史事实了吗？不，我还不这样认为。我认为这一事件目前的身份是有人推荐它进经过挑选的历史事实俱乐部。现在仍需附议者和保证者。我们或许可以看到在今后的几年间，这一事实首先会出现在有关 19 世纪英格兰文章和著作的注释中，然后又出现在正文中，再经过 20 年或 30 年，这或许会成为一个毫无疑义的历史事实。也可以换一个角度来思考这一问题，或许没有人会注意到这一事件，这样的话，这一
7 事件就会落入关于过去的非历史事实的深渊之中——基特森·克拉克博士极力想从这非历史事实的深渊中拯救出的事件。究竟是什么力量决定了两种情形之中的哪一种情形会发生呢？我认为这将取决于基特森·克拉克博士所引用的这一事件是不是可以说明克拉克的主旨或证明克拉克的解释，而别的历史学家也认为这一引用是有效的、有意义的。作为可做事实的这一事件将呈现出解释的问题。这种解释的因素渗入历史的每一个事实之中。

可否让我提起一件个人记忆中的事情呢？好多年以前，当我在这所大学学习古代史的时候，我曾做过一个专题研究“波斯战争时期的希腊”。在我的书架上有我收集的 15 本或 20 本著作，并理所当然地认为与我研究的主题相关的全部事实都保存在这些著作之

---

① 基特森·克拉克博士(Dr. Kitson Clark，1900—1975)。——译者

中。我们可以假定——这也几乎是完全真实的——这些著作包括了那时所知道的关于这一课题的全部事实，或者当时可能知道的所有事实。不过，我从没有想到去探询是什么样的偶然事件或是什么样的消耗过程记录了这些经过筛选的事实——这是从曾为一些人肯定知道的堆积如山的事实中的筛选，最终幸存为历史事实。我猜想，甚至在今天古代史、中世纪史仍然是令人着迷的一个领域的原因是：它给了我们一种我们已经拥有的全部事实全都可供处理的错觉，在这里，令人心烦的历史事实与关于过去的其他事实之间的界限消失了，因为已知的这些不多的事实全都是历史事实。就像对这两个领域都做过研究的布瑞[①]所说：“古代、中世纪史的文献记载到处是漏洞。”[9] 历史一直被叫作一具缺少许多零配件的、巨大的钢丝锯。但是主要的麻烦并不在于漏洞。我们有关公元前 5 世纪希腊的描述所存在的缺陷主要并不是因为由于偶然因素而丧失了许多细微文献，更多地是由于这幅画面主要关注的是雅典这座城邦中为数不多的一小群人。公元前 5 世纪的雅典在雅典公民看来是怎样的，我们知道得很多；可是在斯巴达人、科林斯人、底比斯人眼中的雅典是怎样的，我们却几乎一无所知——更不用说波斯人，或者说 8
奴隶，或者说那些居住在雅典的非雅典公民是怎样看待雅典的了。我们关于雅典的印象是为我们预先选择好的，预先决定了的，而且与其说是偶然事件决定的，不如说是由人决定的，这些人有意无意

---

① 布瑞(John Bagnell Bury，1861－1927)，爱尔兰古典学家，早年在都柏林三一学院学习，并成为该校近代史教授(1893－1902)、希腊语教授(1899－1902)，后又在剑桥担任近代史教授，其划时代的巨著《晚期罗马帝国史》(*History of the Later Roman Empire*，1899)在 28 岁时完成。——译者

之间地受一种特定观点的影响,而且认为支持这一特定观念的事实是值得保存的。同样,当我读现代人所写的中世纪历史的时候,知道现代人笔下的中世纪人特别沉溺于宗教,我就在揣摩我们是怎样知道的,这是不是真的。我们所知道的作为中世纪史的事实几乎全部是由一代代编年史家为我们选择好的,这些人的职业就是专注于宗教的理论与实践,因此认为宗教是至高无上的,记录一切与之相关的事,而别的东西就显得不重要了。1917 年革命摧毁了俄国农民宗教虔诚信仰的形象。中世纪人虔诚信仰宗教的形象——不管这一形象是否真实——都是摧毁不了的,因为几乎所有关于中世纪人形象的事实都是由相信这一形象也想让别人相信这一形象的人预先为我们选择了的,或许我们可以在大量的其他事实中找到与之相反的证据,不过这些证据已无可挽回地丢失了。昔日一代代历史学家、抄写员和编年史家那不可抹杀的影响已决定了过去的模式,要想翻案,谈何容易。"我们所读的历史,"身为中世纪史专家的巴勒克拉夫教授①写道,"尽管基于事实,但是严格地说,根本不是事实,只是一系列已经接受下来的判断。"[10]

让我们把目光转向近代史家所面临的不同的,但同样严重的困境。古代历史学家或中世纪历史学家或许会感激岁月所带来的巨大的筛选过程,这使得他们可以得心应手地处理那些大量的易于处理的历史事实。就像里顿·斯特拉奇②诙谐地说:"无知是历史学家

① 巴勒克拉夫(Geoffrey Barraclough,1908—1984),英国历史学家。——译者

② 里顿·斯特拉奇(Lytton Strachey,1880—1932),英国传记家、评论家。伦敦布卢姆斯伯里文学团体(Bloomsbury Group,从 1904 年至第二次世界大战期间,以布卢姆斯伯里地区为活动中心的文人团体)重要成员。——译者

的第一要素，无知可以让人简单、明了，也可以让人有所选择和省略。”[11] 当我受诱惑，有时也确实羡慕从事古代史写作或中世纪史写 9
作同事的巨大才能时，我会在这种反思中找到慰藉，这些历史学家之所以能耐如此之大源于他们对研究的主题无知。近代史学家并不欣赏无知自身所蕴涵的优势。他必须为自己培养这种无知的意识——越这样就越接近他自己的时代。他有双重的任务：一方面，要发现少数意义重大的事实并把它们转变为历史事实；另一方面，把许多影响不大的事实当作非历史加以摈弃。这恰好与 19 世纪的异端思想相反，这个异端思想就是认为历史由最大量无可辩驳的、客观的事实编纂而成。任何屈服于这种思想的人要么把历史当作一件不好的工作加以放弃，沉溺于集邮或其他爱好古董的方式，要么积劳成癫，在疯人院终其天年。正是这种异端思想在过去的百年间对近代历史学家产生了如此毁灭性的影响，以至于在德国、大不列颠和美国出版了一大批，而且还在不断增长的大批枯燥无味、满页事实的历史著作和专门至极的论著，也造就了一批未来的历史学家，他们在越来越小的范围内知道的东西越来越多，最终无影无踪地消失在事实的汪洋大海之中。我想正是这种异端思想——而不是那种断言忠于自由主义与忠于天主教教义之间的冲突——使作为历史学家形象的阿克顿遭到了挫败。阿克顿在其早年的一篇文章中谈到他的老师多林格尔①：“没有完全的材料，他是不会写作的，而对他而言，材料永远是不完全的。”[12] 阿克顿在这里肯定为自己预

① 多林格尔（Johann Ignaz von Döllinger，1799－1890），德国神学家、历史学家。——译者

先做了一个判断，也是给一位历史学家的那种奇特现象预先做一个判断，许多人认为这位历史学家是该大学近代史钦定讲座①建立以来最杰出的主讲人——但是，他不写历史。在阿克顿去世后不久出版的《剑桥近代史》第一卷导论注释里，他哀叹着压迫在历史学家身上的要求，“大有迫使他从一位学者变为百科全书编纂者之势”，[13]阿克顿说这话的时候，实际上也在写下自己的墓志铭。一些事情已经出现问题了。这一问题在于信仰历史的基础是不厌其烦地、无止境地积累核心事实，信仰事实自身可以说明问题，我们绝不嫌事实之多，这一信念在当时显得如此千真万确，以致几乎没有历史学家想到还有必要——今天仍旧有一些历史学家认为没有必要——去思考这个问题：历史是什么？

19 世纪对事实的顶礼膜拜由对档案的顶礼膜拜而达到出神入化的地步，并得到合法的证明。档案就是事实圣殿中的约柜。②虔诚的历史学家恭敬地接近这些档案，以敬畏的语调谈论这些档案。只要你在档案中发现是如此，那无疑便是如此。但是，当我们认真研究这些档案的时候，这些档案——这些法令、条约、地租账簿、官方报告、公文、私人信件和日记——究竟会告诉我们什么呢？没有什么档案告诉我们的东西要超出这些档案作者所想的——他想象中的已经发生了的事情，他想象中应该发生或将要发生的事

① 近代史钦定讲座(Regius Chair of Modern History)。阿克顿于 1895 年被 Rosebery 任命为该讲座主讲人，其就职演说同年以 *A Lecture on the Study of History* 之名发表。——译者

② 约柜(Ark of the Covenant)，结约之柜。以色列人在西奈沙漠中所制(可抬动)的木柜，内藏十诫约板、盛玛纳的金罐、亚郎开花的牧杖(希九 4)。此柜象征天主与以色列子民间的盟约(出廿五 10—22)。——译者

情，或者只是他想让别人知道他想象中的事情，甚至只是他自己认为他想了的事情。如果历史学家不研究这一切，不解读这一切，所有这些都是毫无意义的。事实上，不论出自档案与否，在历史学家能够以任何方式使用它之前，则必须由历史学家来加工处理这些事实：假如我的这种说法正确的话，那么历史学家使用这些事实的过程就是一种不断加工利用的过程。

让我举一个碰巧熟稔的例子来生动地说明我打算说的话。当魏玛[1]共和国的外交部长古斯塔夫·斯特雷泽曼[2]于 1929 年去世时，他身后留下大量的——满满 300 箱的——官方、半官方以及私人的文件，这些文件几乎全与他担任六年外交部长的职务有关。
他的朋友和亲属自然会认为应该建立一座石碑来纪念这么伟大的 11
人物。他忠实的秘书伯恩哈特[3]接手了这一任务，三年之内出版了从 300 箱中精选出来的、内容丰富的三卷文件，并冠之以引人注目的书名《斯特雷泽曼的遗产》(*Stresemanns Vermächtnis*)。在通常情况下，文件本身会在某一地窖或阁楼中腐坏掉，从此永远消失；或者，也可能在一百年之后，有那么个有好奇心的学者碰巧遇

① 魏玛，德国中部莱比锡西南的一城市。最早有关它的记载是在 975 年，1547 年成为萨克森-魏玛公爵领地的首府，在 1775 年歌德到达后，它逐渐发展成为德国最重要的文化中心。1918 年，德国国民议会(German National Assembly)在此召开，建立了魏玛共和国(Weimar Republic)，该共和国 1933 年灭亡。——译者

② 古斯塔夫·斯特雷泽曼(Gustav Stresemann，1878－1929)，德国政治家，1923－1929年间担任魏玛共和国外交部长，主要负责第一次世界大战后德国的和解与合作政策，1926 年获诺贝尔和平奖。——译者

③ 伯恩哈特(Henry Bernhard)长久以来一直是斯特雷泽曼的秘书。他在编辑该书时一方面考虑不要泄露事关国家的定级机密，另一方面要考虑不要泄露可能会引起争端的文件。这一编辑方针是后来争论的一个起因。——译者

到了这些文件，并把这些文件与伯恩哈特编辑过的文件加以比照。已发生的情况比这更富有戏剧性。1945年，这些文件落入英国政府和美国政府手中，政府给这些文件拍了照片，并把这些影印胶片存放在伦敦的档案局（Public Record Office）和华盛顿的国家档案馆（National Archives），供那里的学者使用，因此，假如我们有足够的耐心与好奇心，我们是能够发现伯恩哈特究竟做了些什么。他所做的事既不特殊，也不惊人。当斯特雷泽曼去世的时候，他的西方政策似乎已经取得了一系列辉煌的成就——签订了洛迦诺公约[①]、德国加入了国际联盟、道威斯-杨格计划（Dawes and Young Plans）[②]和美国贷款、协约国军队自莱茵河地区的撤退。这似乎就是斯特雷泽曼外交政策中重要的、值得赞扬的部分；伯恩哈特选本过分着重突出这一部分，这是极其自然的事了。另一方面，斯特雷泽曼的东方政策，他跟苏联的关系似乎并没有在任何地方产生特别的效果；既然谈判只产生一些微不足道的结果，那么有关谈判的大量档案就不太吸引人的注意力，况且这些档案并不能增加斯特雷泽曼的声望，因此选择的过程是更加苛刻的。事实上，斯特雷泽曼更加不断地、也更加焦虑地投入精力关注与苏联的关系，从总体

---

① 洛迦诺（Locarno），瑞士南部一镇，位于马焦雷湖（Lake Maggiore）北端。749年文献首次提到该地，1340年被转让给米兰公国并于1512年被瑞士占领。1925年10月16日德国和其他欧洲国家在此签订《洛迦诺公约》，以此来促进和平并维持现存领土边界。今天该城是一著名游览胜地。——译者

② 道威斯（Charles Gates Dawes，1865－1951）在美国第30任总统柯立芝（1923－1929）当政时任副总统（1925－1929），因提议减少德国一战赔款问题的道威斯计划而获得了1925年诺贝尔和平奖。杨格（Owen D. Young，1874－1962），美国银行家。——译者

上来看，德苏之间的关系在其外交政策中扮演着极其重要的作用，这种重要性超出了伯恩哈特选本的读者的想象。但是我想，伯恩哈特所编辑的这几卷文件，跟坊间出版的、为一般历史学家所盲目 12
信赖的许多档案选集相比较起来，还是较好的。

我的叙述并没有结束。伯恩哈特的选本出版后不久，希特勒便上台了。在德国，斯特雷泽曼这个名字陷入被遗忘的状态，这几册书也就淡出了流通领域：一些版本或许是绝大多数版本想必已经销毁了。今天，《斯特雷泽曼的遗产》一书是极其少见的书籍。但是，斯特雷泽曼在西方世界的声望还是很高的。1935 年，一位英国出版商出版了伯恩哈特著作的节译本——伯恩哈特选集的选集；大约省略了原书的三分之一。一位著名德国译者萨顿非常出色地完成了这一任务。[①] 译者在该书英译本前言中解释说，“略做压缩，而且仅是省略一些对英国读者或学生来说意义不大……或者不太有趣的东西”。[14] 这也是可以理解的。但是，在伯恩哈特选本中本来表现不多的斯特雷泽曼的东方政策，在读者眼前就更加退居次要地位了，苏联在萨顿的选本中只是作为一个偶尔出现且不受欢迎的、闯入斯特雷泽曼大占优势的西方外交政策的不速之客罢了。不过，这样说肯定没有问题：除少数专家外，都认为是萨顿而不是伯恩哈特——更不是那些档案本身——向西方世界表达了斯特雷泽曼的真实想法。假如这些档案毁于 1945 年的大轰炸，假如剩下的伯恩哈特的选本不出现，人们会从不怀疑萨顿的真实

---

① 该书名为 *Gustav Stresemann: His Diaries, Letters, and Papers*，伦敦 Macmillan 出版社，1935－1940 版。译者为著名的翻译家埃里克·萨顿（Eric Sutton）。——译者

性和权威性。由于缺乏原件，历史学家心怀感激地接受印刷本档案选集，而这些选本并不比上述那个选本更加可靠。

不过，我还是想更深入一步讲述这个故事。让我们暂且把
13 伯恩哈特、萨顿放在一边，我们还要感激的是，假如我们愿意的话，我们可以查阅这位参与过当代欧洲历史中一些重大事件的重要领导人的真实档案。档案究竟告诉我们些什么呢？特别重要的是，其中包括斯特雷泽曼与苏联驻柏林大使的几百次谈话以及与契切林①的二十来次谈话记录。这些档案有一个共同点。它们表明斯特雷泽曼在这些谈话中处于重要地位，而他的发言毫无例外地提得又好又切中肯綮，而他的对话者的发言在绝大多数情况下则是空泛的、混乱的、毫无说服力的。这些档案并没有告诉我们发生了什么，只是告诉我们斯特雷泽曼心里所想的已经发生的事情，或者是他想要别人想象，甚至他自己想象已经发生了的事情。不是萨顿，也不是伯恩哈特，恰恰是斯特雷泽曼本人开始了这一选择过程。比方说，如果我们拥有契切林关于这些同一会谈的记录，我们从这些记录中所获知的也只是契切林想象中的事情，真正发生的事情仍旧有待于历史学家用心去建构。当然，对于历史学家而言，事实与档案是本质的东西。但是不能盲目崇拜事实与档案。就其实质来说，事实与档案并不构建历史；它们本身也不为“历史是什么”这个烦人的问题提供现成的答案。

---

① 契切林（Georgi Vasilievich Chicherin，1872－1936），苏联政治家、外交官。——译者

就这一层面而言，我愿就为什么19世纪历史学家对历史哲学不感兴趣这一问题发表一些看法。历史哲学这一术语由伏尔泰创造，人们自那以后在不同的意义上使用这一术语；假如我使用这一术语，我便认为它的意义就是回答“历史是什么？”这一问题。对于西欧知识分子来说，19世纪是一个散发着自信与乐观的、令人轻松自在的世纪。从整体上看，事实符合人们的要求；对这些事实提出疑难问题，并回答这些疑难问题的倾向相对来说也比较薄弱。兰克虔诚地相信只要他管理好事实，神圣的天意就会管理好历史的意义；略带现代犬儒主义味道的布克哈特(Burckhardt)则说道： 14
“不会有人向我们传授永恒智慧的意图。”巴特菲尔德①教授迟至1931年显然非常满意地指出：“历史学家很少反思事物的本质，甚至很少反思其自身研究主题的本质。”[15]但是，在我之前担任这个讲座的罗斯②博士的批判则较为公允，就温斯顿·丘吉尔(Winston Churchill)爵士的《世界危机》(*World Crisis*)加以评论——这是丘吉尔关于第一次世界大战的一本书——该书在人物个性、生动活泼、感染震撼方面绝不逊色于托洛茨基的《俄国革命史》(*History of the Russian Revolution*)，但有一个方面稍逊一筹：丘吉尔的书缺乏“历史哲学”。[16]英国历史学家不愿意总结意义，不是因为他们相信历史不存在意义，而是因为他们相信历史的意义是

① 巴特菲尔德(Herbert Butterfield，1900—1979)，英国历史学家、宗教思想家，他的“历史的辉格解释”观念影响极大。代表作 *The Whig Interpretation of History* (1931)。——译者

② 罗斯(Alfred Leslie Rowse，1903—1997)，英国历史学家，擅长英国史研究。著有 *Tudor Cornwall*(1941)、*The Use of History*(1946)、*The England of Elizabeth* (1950)等。——译者

含蓄的、不言自明的。19 世纪的历史观是自由主义的历史观,这与自由竞争的经济政策有着密切的关系——这也是一种沉着的、自信的世界观的产物。每人恪守其职,那只看不见的神秘之手就会管理着整个世界的和谐。历史事实本身就是至高无上事实的明证,这就是亲切地、仁慈地朝向更高境界永无止境地迈进。这是天真的时代,历史学家行走于伊甸园之中,没有哲学这块布来遮身,赤裸且大方地站在历史这座神祇面前。自那时以来,我们知道了什么是罪恶(Sin),也体验到堕落(Fall);今天,那些佯称要摈弃历史哲学的历史学家就像一群裸体主义者一样仅仅在尽力但徒劳且忸怩地在郊区花园里重建伊甸园。今天已经没有人能够逃避这一棘手的问题了。

在过去的五十年期间,人们已就"历史是什么?"这一问题做了大量的、严肃的研究。是德国做了大量研究工作从而颠覆了 19 世纪自由主义一统天下的安逸局面,是德国在 19 世纪 80 年代和 90 年代首先向历史事实处于首位、历史事实处于自主的原则发起了挑战。现今,人们仅记得为数不多的提出挑战的哲学家名字:狄尔泰(Dilthey)是其中的一位,最近在大不列颠得到了认可,虽然略显迟晚。进入 20 世纪之前,仍旧极度繁荣且信心十足的大不列颠没有注意到那些攻击事实崇拜的异教徒。但是,到了 20 世纪早期,当这把攻击事实崇拜的火炬传到意大利时,这里的克罗齐开始陈述一种历史哲学,显而易见,这种历史哲学深受德国大师们的影响。克罗齐宣称,一切历史都是"当代史",[17]这意味着历史的本质在于以当下的眼光看待过去、根据当前的问题看待过去,历史学家的主要任务不在于记录,而在于评价;因为,假如历史学家不评价的话,他又如何知道哪些东西值得记录呢? 1910 年,美国历史学家卡尔·贝克[①]故意以挑衅的语言论说:"对于任何历史学家而言,在他创造历史事实之前,历史事实并不存在。"[18]这些挑战在当时并没有引起人们的关注。只是在到 1920 年之后,克罗齐的思想才开始在法国和英国取得很大影响。造成这一现象的原因或许并不是克罗齐的思想比他的德国先驱更深刻、更有文采,而是因为,自第一次世界大战之后,事实在我们眼中再也不如 1914 年之前那些年间可爱了,我们也因此更加愿意接受一种有意贬低事实威望的哲学了。克罗齐对牛津大学哲学家、历史学家柯林武德有着重要的影响,而后者是本世 16
纪对历史哲学做出重大贡献的、惟一的英国思想家。柯林武德身前没有完成其计划中要写的系统论著;但是,他关于这一主题已出版的和未出版的论文在其去世之后被收集成为一卷,名之为《历史的观念》(*The Idea of History*),该书出版于 1945 年。

柯林武德的观点可以概括如下。历史哲学所关注的既不是"过去本身",也不是"历史学家对过去的思考这一本身",而是"这两者之间的相互关系"(这一警句反映了"历史"这一术语当下的两种含义——历史学家所进行的探究以及历史学家所探究的过去的一系列事件)。"历史学家所研究的过去不是死气沉沉的过去,而是在一定程度上仍旧活跃于现实生活中的过去。"不过,假如历史学家不能理解一个过去行为背后所隐藏的思想,那么这个过去的行为是无生命的,也就是说,对历史学家而言是没有意义的。因

① 卡尔·贝克(Carl Becker,1873—1945),美国历史学家。——译者

此，“一切历史是思想史”，“历史就是一个对这种思想的历史进行研究的历史学家，以自己的观念重新加以组织的过程”。历史学家以自己的思考重新构建过去的过程取决于经验证据。但这本身也并不是一个经验的过程，也不能仅仅只是陈述事实而已。恰恰相反，这种重构的过程支配着事实的选择与解释：实际上，这就是所谓的使事实成为历史事实的过程。奥克肖特①教授说，“历史是历史学家的经验”，这种看法接近柯林武德的观点。“历史不是别人恰恰是历史学家‘制造’出来的：编撰历史是制造历史的惟一方法”。[19]

这类敏锐的批评，尽管也要保留一些严肃的思考，但它毕竟还是揭示了某些曾为人所忽略的真理。

首先，我们所接触到的历史事实从来不是“纯粹的历史事实”，因为历史事实不以也不能以纯粹的形式存在：历史事实总是通过记录者的头脑折射出来的。依据这一说法，当我们研究一本历史
17 著作时，我们首先要关心的不是这本书所包含的事实，而是这本历史著作的作者。让我以伟大的历史学家为例，这些系列讲座就是为了纪念他而以他为名建立的。特里威廉②，就像他在其自传中

① 奥克肖特(Michael Joseph Oakeshott，1901—1990)，英国政治哲学家。——译者

② 特里威廉(George Macaulay Trevelyan，1876—1962)，主要著有 *England under Queen Anne*(3 vol.，1930—1934)、*History of England*(1926)、*British History in the Nineteenth Century*(1922)、*England under the Stuarts*(1907)、*The English Revolution，1688—1689*(1938)、*English Social History*(1942；1949—1952年间出版了该书4卷插图本)、*An Autobiography and Other Essays*(1949)等。还著有 John Bright (1913)、Lord Charles Grey(1920)、Lord Grey of Fallodon(1937)以及其父 Sir George Otto Trevelyan(1932)的传记。——译者

告诉我们的，"在富有相当浓厚辉格传统的家庭中长大"；[20]假如我把特里威廉描述为最后的、重要的、具有辉格传统的、伟大的英国自由主义历史学家，我希望他不会拒绝这一头衔。特里威廉追溯自己的家系，从伟大的辉格派历史学家乔治·奥托·特里威廉①到辉格派历史学家中无可比拟的伟大人物麦考莱（Macaulay），是有一定道理的。特里威廉博士最出色、最成熟的著作《安妮女王统治下的英格兰》（*England under Queen Anne*）就是以此为背景撰写的，也只有当读者以此背景来阅读这部著作的时候，这部著作才会呈现出其全部的意义与价值。实际上，作者使得读者没有理由不如此行事。如果以读侦探小说高手的技巧，一上来便读《安妮女王统治下的英格兰》的最后篇章，你就会发现该书第三卷最后几页已对我们现在所称的历史的辉格解释做了在我看来是最好的概括；你也会看到特里威廉是在尽力探究辉格传统的起源与发展，这种传统在它的建立者威廉三世（William III）②去世之后的年代里，大行其道、深入人心。尽管这也许并不是安妮女王治下所发生事件的惟一可能的解释，然而却是有根据的解释，通过特里威廉的手法更成为一种有效的解释。不过，要想理解该书的全部价值，你还必须明白历史学家在干什么。就像柯林武德所说，如果历史学家必须在自己的思想中重构其**主人公**（*dramatis personae*）所曾想过

① 乔治·奥托·特里威廉（George Otto Trevelyan，1838－1928），英国历史学家、政治家。著有 *Early History of Charles James Fox*（1880）、*American Revolution*（4 vol.，1899－1907）、*George the Third and Charles Fox*（1912）等。——译者

② 威廉三世（William III，1650－1702），不列颠国王（1689－1702），与妻子 Mary II 联合执政。以 William of Orange 著称，1690 年在 Boyne 战役中击败前国王 James II 后登基。——译者

的东西,反过来说,读者也必须重构历史学家所曾想过的东西。开始研究事实之前,你必须先研究历史学家。这毕竟不是什么非常玄妙费解的。有一位很聪明的大学生就这样去做了,当有人向他推荐阅读圣裘德学院的伟大学者琼斯(Jones of St. Jude)的著作
18 时,这位学生就到圣裘德学院的一位朋友处询问,琼斯是个什么样的人,他的思想、观点又是什么样的。当你读一部历史著作时,应倾听出弦外之音。假如你不能辨别出弦外之音,不是你耳朵重听,就是那位历史学家愚笨之至。事实的确不像鱼贩子案板上的鱼。事实就像在浩瀚的,有时也是深不可测的海洋中游泳的鱼;历史学家钓到什么样的事实,部分取决于运气,但主要还是取决于历史学家喜欢在海岸的什么位置钓鱼,取决于他喜欢用什么样的钓鱼用具钓鱼——当然,这两个因素是由历史学家想捕捉什么样的鱼来决定的。总体上来看,历史学家可以得到他想得到的事实。历史意味着解释。实际上,如果我把乔治·克拉克爵士的话颠倒一下,我将把历史称之为"坚实的解释硬核外面裹着可引起争议的事实的果肉",毫无疑问,我这样的陈述也是片面的、易引起误解的,不过我敢说,和原来的那句格言相比,这种片面性、误导性并不大。

第二点更加为人们所熟知,即历史学家需要一种富于想象的理解力(imaginative understanding),以透视正在其研究视野中人物的内心世界,把握其行为之后的思想状态:我使用"想象的理解力"一词,而不是使用"同感"(sympathy)一词,以免别人把同感误解为同意(agreement)。19 世纪不重视中世纪历史的研究,因为这个时代非常厌恶中世纪的那些迷信及其带来的野蛮行为,因而不愿意以想象的理解力来看待中世纪人。我们以布克哈特

(Burckhardt)对三十年战争(Thirty Years War)的苛评为例:"认
为得救高于民族完整的信念,不管这是天主教的教义还是新教的
教义,都令人震惊。"[21]一个19世纪的自由主义历史学家所接受的
教育使其相信,为保卫祖国而厮杀是正确的、值得歌颂的,为捍卫
信仰而厮杀是邪恶的、执迷不悟的,要想使这样一个人步入三十年
战争中厮杀人的内心世界,简直是不可能的事。这种困难在我眼
下研究的领域尤为突出。过去十年间,英语世界关于苏联的记载,
苏联关于英语世界的大多数记载,由于彼此之间甚至不能以一种 19
最基本的想象理解力来看待对方,因此,彼此的言行总是表现出诋
毁、愚蠢、虚伪的样子。如果历史学家不能以适当的方式接近其正
在研究的人物的内心世界,也就不能撰写出适当的历史。

第三点是我们只有以当下的眼光看待过去,才能理解过去。历史时代中的历史学家,同时也受该时代人类状况的约束。他使用的所有术语——像民族、帝国、战争、革命等——其含义都与现实有关,他无法脱离这一语境而使用这些术语。古典学家一直喜欢使用诸如城邦(*polis*)、平民(*plebs*)之类的固有术语,只是表明他们没有掉入这个陷阱。然而,这并不能帮历史学家很大的忙。现实生活中的历史学家也不能靠使用生僻或业已废弃的术语来造成自己生活在过去的幻觉,就像他们即使是穿上古希腊男子所着的那种短斗篷(chlamys)或古罗马男性公民所着的宽松长袍(toga)来讲学,也不能使他们成为好于那个时代的希腊、罗马历史学家一样。一代代法国历史学家使用这些词语来描述法国大革命中起着重要作用的巴黎民众——极端共和主义者(les sans-culottes)、下层群众(le peuple)、暴民(lacanaille)、光胳膊汉(les

bras-nus)——对于那些熟悉游戏规则的人,所有这些词语都是对政治依附关系和独特解释的说明。然而历史学家必须做出选择:词语的使用不容许他采取中立的态度。而且,这不仅仅是词语的事。过去一百年来,欧洲权力均势的变化已经扭转了英国历史学家对腓特烈大帝①的看法。基督教会内部天主教与新教之间权力均势的变化已深深改变了彼此之间对一些人物的看法,比如对罗
20 耀拉、路德、克伦威尔的看法。只需对过去四十年间法国历史学家关于法国大革命的著作作些粗浅的了解,就会认识到 1917 年俄国革命对法国大革命研究带来多么深远的影响。历史学家不属于过去,而属于现在。特雷弗-罗伯②教授告诉我们,历史学家"应该热爱过去"。[22]这是一个含糊的训谕。热爱过去或许很容易地被表达为对逝者和昔日社会怀旧的浪漫感情,或是丧失信仰的一种征候,或是对现在或未来感兴趣的一种征候。[23]如果以陈词滥调来代替陈词滥调,我倒宁愿喜欢使自己从"过去事件永久性的影响"中解脱出来的老生常谈。历史学家的作用既不是热爱过去,也不是使自己从过去中解脱出来,而是作为理解现在的关键来把握过去、体验过去。

---

① 腓特烈大帝(Frederick the Great,1712—1786),腓特烈一世的儿子与继承者,普鲁士国王(1740—1786)。——译者

② 特雷弗-罗伯(Trevor-Roper,1914—2003),英国历史学家,牛津大学近代史教授(1957—1980),尤擅 17 世纪、20 世纪史研究。1983 年曾成为一个精心设计骗局的牺牲品,被欺骗来鉴定伪造的希特勒日记。著有 *The Last Days of Hitler*(1947)、*The Gentry, 1540—1640*(1953)、*The Rise of Christian Europe*(1965)、*The European Witch-Craze of the 16th and 17th Centuries*(1970)、*The Goebbels Diaries*(1978)、*Catholics, Anglicans and Puritans*(1988)、*Renaissance Essays*(1989)、*From Counter-Reformation to Glorious Revolution*(1992)等。——译者

不过，假如以上所述是我心目中柯林武德历史观的某些睿智之见，那么现在则是考虑其中一些危险的时候了。对强调历史学家在历史编纂中所起作用这一趋势——假如历史学家这一作用对历史编纂的逻辑结论带来很大影响的话——其结果会从根本上排除历史的客观性：历史是历史学家制造的。实际上，柯林武德似乎有段时间已达到这一结论，柯林武德著作的编辑者在一条没有发表的注释中引用了这一看法：

圣奥古斯丁从早期基督教的观点看待历史；提勒孟(Tillamont)会以 17 世纪法国人的角度看待历史；蒙森以 19 世纪德国人的角度看待历史。询问哪一种看待历史观是正确的，这毫无意义。任何一种历史观对于采纳某种历史观的人而言，是惟一的可能的历史观。[24]

这等于是纯粹的怀疑主义，就像弗劳德①认为的，历史是“孩 21
子的字母盒，只要我们愿意，就可以拼出任何单词”。[25]柯林武德反对“剪刀加糨糊的历史”，反对把历史仅仅当作是编辑事实的观点所带来的后果是很危险地走向另一个极端：把历史当作是人脑中编织出来的东西，这又走回到我先前引用的乔治·克拉克爵士段落中的结论：“不存在‘客观的’历史真理。”以这种理论

① 弗劳德(James Anthony Froude，1818－1894)，英国历史学家，深受英国教会牛津运动的影响。其 12 卷巨著 *History of England from the Fall of Wolsey to the Defeat of the Spanish Armada*(1856－1870)是关于维多利亚女王时代的经典之作。——译者

来代替历史没有意义的理论，我们在这里得到的便是历史有无数意义的理论，而且其中的任何一种意义并不比另一种意义更正确——所有的意义在大体上都是相同的。实际上，第二种理论和第一种理论同样站不住脚。不能因为从不同的角度去看，山会呈现出不同的形状，就推论说山在客观上根本没有形状或有许多形状。并不能因为解释在建构历史事实中起着必要的作用，也不能因为现有的解释不是完全客观的，就推论说这一解释同另一解释一样好，就推论说历史事实在原则上并没有服从客观解释的义务。在后文的叙述中我将要思考历史的客观性究竟意味着什么。

但是在柯林武德的假设中还潜伏着一个更大的危险。假如历史学家必须以当下的眼光来看待其研究的历史时期，必须以其研究的过去问题当作是眼前问题的关键，那么他是否会陷入以实用主义观点来看待事实的窠臼，是否会坚持正确解释的标准是这一标准与某些眼前目的的适当性？在这种假设基础之上，历史事实是没有任何价值的，解释是极其重要的。尼采已经阐明了这一原理：“我们无需对虚假的观点做任何反对……问题是虚假的观点在多大程度上可以助长生命、保持生命、保存物种，或许是创造物
22 种。”[26]美国实用主义者尽管不是那么明显地、一心一意地，但使用的还是同一路数。知识都是有一定目的的知识。知识的合法性取决于目的的合法性。不过，即使是在那些没有公开承认这类理论的地方，实际的实践还是令人非常担心的。就我自己的研究领域而言，那种不顾事实、随意夸张解释而又没有意识到这种危害的现实性例子，我见得太多了。熟读历史学之苏维埃派和反苏维埃派

的一些极端著作，有时便会对 19 世纪所抱有的那种纯事实历史的幻想境界产生某种思念之感，这一点也不奇怪。

那么，到了 20 世纪中叶，我们又是如何定义历史学家对事实所应承担的职责呢？我相信我近几年来已花费了大量时间来收集、研读档案，把事实以注释方式适当地插入我的历史叙述之中，以免背上轻率处理事实与档案的恶名。历史学家尊重事实的义务不会因为他也应当知道事实精确程度这一义务而山穷水尽。他必须尽其所能地以各种手法把那些与他所研究的主题，与他所提出解释的全部已知事实或可知事实生动地描述出来。假如他想把维多利亚时代的英国人描述为有道德、有理性的人，他必定不会忘记 1850 年斯塔利布里奇·威克斯所发生的一切。但反过来说，这并不意味着他可以排斥解释——解释是历史的生命血液。门外汉——我是说，不是学术界的朋友或来自其他学科的朋友——有时问我历史学家编撰历史是如何着手的。最常见的想法似乎是，历史学家把他的工作明显地分为可以辨认的两个阶段或两个时期。首先，在初期，他要花费很长时间来研读他的材料，并在笔记本上记载大量的事实；然后，当这个阶段结束时，历史学家就把材料放在一边，只是利用笔记就一气呵成地撰写历史著作了。在我看来，这一说法既不令人信服，也没有什么道理。就我自己而言，只要我一研究那些我认为重要的材料，就有一种强烈的渴望，并想 23
动手写作——不一定是在开始的时候，而是在某一阶段，任何时候都可以动手写作。自那以后，读与写几乎是同时进行的。阅读的过程，同时也是增补、重组、删略的过程。阅读是受写作引导的、涵化的，因而也产生了丰富的成果：我写得越多，就越知道自己正在寻找什么，也就更好地理解自己所发现材料的重要性及其彼此间的关联性。有些历史学家或许没有使用笔、纸、打字机，而只是在其头脑中从事这种初步写作，就像一些人在头脑中下棋，并不要棋盘和棋子一样：这是一种令我羡慕的才能，但我无法模仿。不过我相信，在任何不愧于历史学家这一头衔的人看来，经济学家所称之为“投入”与“产出”的两个过程是同时进行的，实际上也是一个单一过程的组成部分。假如你想把这两个过程分开，或者想此一过程优越于彼一过程，你就会陷入两种异端中的一种。你所写的不是没有意义、毫不重要的剪刀加糨糊的历史，就是宣传材料或历史小说，仅仅使用了过去的事实来点缀你的文体而已，而这种文体与历史毫无关系。

检查了历史学家与历史事实之间的关系之后，我们也因此发现自己处于非常明显的危险境地，谨慎地航行在锡拉巨岩与卡律布迪斯旋涡之间。[1] 这块巨岩就是那种客观的编辑事实、事实应无条件优越于解释的站不住脚的历史理论，卡律布迪斯旋涡也是一种站不住脚的历史理论，这种理论把历史当作是历史学家头脑中的主观产物，他安排历史事实并通过解释的过程来控制历史事实，谨慎地航行于以过去为重心的历史观和以现在为重心的历史观之间。但是我们的情形和这相比似乎不那么危险。在这一系列讲座之中我们还会遇到以其他形式出现的把事实与解释分开的两
24 分法——特殊的与一般的、经验的与理论的、客观的与主观的。历

① 卡律布迪斯旋涡(Charybdis)是西西里海岸附近的一个旋涡，位于锡拉巨岩(Scylla)对面，被拟人化为一个吞噬船只的海怪。——译者

史学家的困境就是人性的反映。人除了最早的幼儿阶段和很老的晚年阶段外，一般不完全受囿于生活环境，也不是无条件地顺从于这一环境。另一方面，他也从不是完全独立于生活环境，并成为环境的绝对控制者。人与环境的关系就是历史学家与研究主题的关系。历史学家在事实面前既不是卑微的奴隶，也不是专制的暴君。历史学家与历史事实之间的关系是一种平等的、互动的关系。就像任何正在从事研究的历史学家知道的一样，当他在思考和写作时，假如他停下来想想他正从事的一切，就会意识到历史学家从事的工作是一个不断地让事实适合解释，让解释适合事实的过程。让一方处于比另一方更重要的地位，这是不可能的。

历史学家在开始选择事实时具有临时的性质，因而，根据这种选择——不仅别人的选择也是自己的选择——的解释也具有临时的性质。随着研究的进展，事实的解释、事实的选择、事实的秩序通过彼此之间相互作用经历着微妙的，也许部分是没有意识到的变化。并且这种相互作用由于历史学家是现在的一部分，而事实属于过去的这一情况而使现在与过去之间发生互动作用。历史学家与历史事实之间彼此互为依存。没有事实的历史学家是无本之木，没有前途；没有历史学家的事实是死水一潭，毫无意义。因此，我对于"历史是什么？"这一问题的第一个答案就是，历史是历史学家与历史事实之间连续不断的、互为作用的过程，就是现在与过去之间永无休止的对话。

---

[1] *The Cambridge Modern History: Its Origin, Authorship and Produc-*

tion (1907), pp. 10—12.

[2] *The New Cambridge Modern History*, i (1957), pp. xxiv—xxv.

[3] Acton, *Lectures on Modern History* (1906), p. 318.

[4] 引语见 *The Listener*, June 19, 1952, p. 992.

[5] M. Manilii, *Astronomicon: Liber Primus* (2nd ed., 1937), p. 37.

[6] T. Parsons and E. Shils, *Towards a General Theory of Action* (3rd ed., 1954), p. 167.

[7] Lord George Sanger, *Seventy Years a Showman* (2nd ed., 1926), pp. 188—189.

[8] 该演讲不久将以《维多利亚时代英格兰之形成》(*The Making of Victorian England*)之名出版。

[9] J. B. Bury, *Selected Essays* (1930), p. 52.

[10] G. Barraclough, *History in a Changing World* (1955), p. 14.

[11] Lytton Strachey, Preface to *Eminent Victorians*.

[12] 引语见 G. P. Gooch, *History and Historians in the Nineteenth Century*,第 385 页(译者查找原文,并没有在卡尔所说的地方找到该引文);后来,阿克顿又评论多林格尔:"他的历史哲学是以人类可能得到的最大程度的归纳推理为基础的",见 *History of Freedom and other Essay*(1907),p. 435。

[13] *The Cambridge Modern History*, i (1902), 4.

[14] *Gustav Stresemann, His Diaries, Letters and Papers*, i (1935), Editor's Note.

[15] H. Butterfield, *The Whig Interpretation of History* (1931), p. 67.

[16] A. L. Rowse, *The End of an Epoch* (1947), pp. 282—283.

[17] 这一著名格言的文本背景是这样的:"任何历史判断的基础都取决于实际需要,这一事实就赋予了一切历史具有'当代史'的特性,因为,从时间的角度来看,不管所记录事件看起来是多么遥远,而实际上,历史涉及的是当前的需求和当前的局势,所有的历史事件都在这一需求与局势的磁场中震荡。"见 B. Croce, *History as the Story of Liberty*(Engl. Transl., 1941),p. 19。

[18] *Atlantic Monthly*, October 1910, p. 528.

[19] M. Oakeshott, *Experience and Its Modes* (1933), p. 99.

[20] G. M. Trevelyan, *An Autobiography* (1949), p. 11.

[21] J. Burckhardt, *Judgments on History and Historians* (1959), p. 179.

[22] Introduction to J. Burckhardt, *Judgments on History and Historians* (1959), p. 17.

[23] 可以与尼采的历史观做一比较:"回顾过去、算算老账的任何人,在昔日记忆之中、历史文化之中寻求安慰的任何人,都属于老年人了。"(*Thoughts Out of Season* [Engl. Transl., 1909], ii, 65—66).

[24] R. Collingwood, *The Idea of History* (1946), p. xii.

[25] A. Froude, *Short Studies on Great Subjects*, i (1894), 21.

[26] *Beyond Good and Evil*, ch. i.

第二章 社会与个人

25 先有社会还是先有个人的问题如同先有鸡还是先有蛋这样的问题。无论你是把它当作一个逻辑问题还是当作一个历史问题，从哪一方面你都不能做出一个完美的陈述，一个陈述必定会被一个相反的、同样也是片面的结论所修正。社会与个人是水乳相融的；它们之间互为需要、互为补充，并不对立。用多恩[①]的著名言论来说，“没人是一座自全的孤岛，人人都是大陆的一分子、整体的一部分”。[1] 这是真理的一个方面。另一方面，我们可以以典型的个人主义者穆勒[②]的格言为例：“把人召集在一起并不能变成另一种物质。”[2] 这当然是不可能的。不过，这种说法的错误之处就在于，它假定人在被“召集”之前就已存在，或者是有某种物质的。当我们出生的时候，这个世界就开始对我们产生影响，并把我们从纯粹的生物单位转变为社会单位。历史每个阶段或者史前时期的人来到一个社会，从其早年时代就被那个社会所铸造。他所说的语言并不是一种个人的天赋，而是他从其生活群体中的获得物。语

---

① 多恩(John Donne，1572－1631)，英国玄学诗派诗人，以情诗、宗教十四行诗和布道见称，内容多为与生、死及爱情等有关的永恒的题材。死后出版第一部诗集，长期受人争议，直到20世纪才被公认为大师。——译者

② 穆勒(J. S. Mill，1806－1873)，英国哲学家、经济学家。——译者

言和环境都有助于决定他的思想特征；他的最早的观念来自于别人。脱离了社会的个人既不会说话，也不会思想，这句话说得好极了。鲁滨逊·克鲁索神话经久不衰的魅力就在于它企图想象出一 26
个独立于社会的个人。这种尝试失败了。鲁滨逊不是一位抽象的个体，而是来自约克镇[1]的英国人；他随身携带着《圣经》，并向他的种族所敬奉的上帝祈祷。这个神话很快地又赋予了他的忠实仆人星期五；[2]于是一个新社会的构建便开始了。另一个相关的神话是陀思妥耶夫斯基《群魔》(*Devils*)中的基里洛夫(Kirillov)，他以自杀来表明自己的绝对自由。自杀是任何个人都可以任意采取的惟一的绝对自由行为；任何其他行为都会以各种方式涉及他作为社会中的一个成员的资格。[3]

人类学家通常认为，原始人和文明人相比个人化的特性更少，更彻底地为其社会所铸造。这种说法是有些道理的。在这种意义上，比较简单的社会更加划一，这些简单的社会和那些较复杂的、高级的社会相比所要求的、所提供的机会也不是更加复杂的个人技巧和职业。就此意义而言，不断增长的个人化是现代先进社会的必然产物，并且这种个人化充斥着社会活动的各个方面。但是要在个人化的这种过程与不断增长的社会力量与凝聚之间设立对立面，这是极端的错误。社会的发展与个人的发展是齐头并进互

① 约克(York)，英格兰北部一自治市，位于乌斯河(Ouse)河畔、利兹东北偏东，起初为凯尔特人的据点，后为罗马人、盎格鲁人、丹麦人和诺曼人占领，中世纪该城是繁荣的羊毛市场和教育中心，其大主教地位仅次于坎特伯雷大主教。——译者

② 忠实仆人星期五(Man Friday)，《鲁滨逊漂流记》中一个忠于鲁滨逊的仆人的名字。——译者

为条件的。实际上，在我们所理解的复杂社会或高级社会中，个人之间的相互依赖关系已呈现出高级的、复杂的形式。假定现代民族社会塑造其社会各个成员思想与性格的力量，在这些成员当中产生一定程度的一致性与划一性的力量，都不如原始部落社会，这是危险的假定。那种基于生物学差异之上的民族特性的陈旧概念
27 长久以来就已被抛弃；但是由于不同民族背景下的社会、教育而造成的民族性格差异却难以否认。“人性”这一难以琢磨的实体，从一个国家到另一个国家，从一个世纪到另一个世纪，经历了起伏跌宕的变化，我们不得不把这当作是由占优势地位的社会状况与社会习俗所铸造的一种历史现象。比方说，美国人、俄国人和印度人之间就存在许多差异。但是一些差异，或许是最重要的一些差异是以对个体之间的社会关系采取不同的态度这一形式出现的，或者换句话说就是以不同的态度对待构成社会的方法，因此，从宏观上研究美国人、俄国人和印度人之间的差异往往也证明是研究美国人、俄国人、印度人不同个体之间差异的最好方法。像原始人一样，文明人也是由社会铸造的，其效果就像个人影响了社会一样。你不能只要鸡蛋而不要母鸡，同样，你也不能只要母鸡而不要鸡蛋。

如果不是这些真理已被正在源自西方世界那引人注目的、与众不同的历史时期所遮蔽而不为我们所见的话，那么思考这些显而易见的真理将是毫无必要的。对个人主义的崇拜是最深入人心的现代历史神话之一。根据布克哈特《意大利文艺复兴时期的文化》中众人皆知的叙述——该书第二部分的副标题就是“个人的发展”——个人崇拜开始于文艺复兴，直到那时，人一直“认为自己仅

仅是种族、民族、集团、家族或团体中的一员”，到了文艺复兴时代，人最终“成为一个精神的精灵，并认为自己就是这类精灵”。随后，这种崇拜与资本主义的兴起相关联，与新教教义相关联，与工业革命的开端相联系，与自由放任的学说相联系。法国革命所宣称的人权和市民权是个人的权利。个人主义是19世纪伟大的功利主义哲学之基础。莫利[1]的论文《论妥协》，这份具有维多利亚时代 28
自由主义特色的文献把个人主义和功利主义称之为“人类幸福和安宁的宗教”。“命运多舛的个人主义”是人类进步中的基调。这或许是对一个特殊历史时代的意识形态所作的十分完美而又有效的分析。但是我想清楚表达的是，伴随近代世界兴起而成长的个人化现象是不断进步的文明的正常进程。一场社会革命会使一群新社会群体拥有权力之柄。社会革命总是通过个人而起作用，革命也为个人的发展提供新的发展机会；因为在资本主义早期阶段，生产单位和分配单位主要掌握在单个人手中，新社会秩序的意识形态也特别强调个人在新社会秩序中的能动作用。不过，这整个过程都是一种社会过程，它代表着历史发展中的一个特殊阶段，不能根据个人反抗社会或个人解脱于社会约束来解释这一全部过程。

许多迹象表明，甚至在这一发展的重镇、这一意识形态的中心地带——西方世界，这一历史时期已经走到了尽头：我在这里不必

---

① 指的是约翰·莫利（John Morley，1838－1923），英国自由主义政治家、传记作家，曾任爱尔兰大使馆秘书（1886、1892－1895）和印度大使馆秘书（1905－1910），著有《伏尔泰》（1872）、《奥利弗·克伦威尔》（1900）。《论妥协》（*On Compromise*）出版于1874年。——译者

坚持人们所说的大众民主的兴起，或者也不必坚持占优势地位的个人经济生产形式和经济组织形式正逐渐由占优势地位的集体经济生产形式和经济组织形式所代替。不过，由这一漫长的、丰富的时代所孕育的这种意识形态在西欧乃至整个英语世界仍旧是一种主导力量。当我们以抽象的术语谈论自由与公平之间的张力时，或者谈论个人自由与社会正义之间的张力时，我们易于忘记的是：斗争并不发生在抽象的术语之间。个人本身和社会本身之间并不存在斗争，但是社会中的个人群体之间却存在斗争，每一个群体都竭力促成对自身群体有利的社会政策，都竭力挫败对自身群体不
29 利的社会政策。个人主义不再意味着一场伟大的社会运动，而是意味着个人和社会之间的人为的对立，当今，这样的个人主义已成为有利益关系群体的口号了，而且由于个人主义本身就有争议的特征，所以这已成为我们理解这个世界上事物情况的障碍了。对以个人崇拜来反对那种以个人为手段、以社会或国家为主旨的颠倒是非的说法，我是不会说什么的。但是，如果我们脱离社会来尝试运用抽象的个人概念，我们就不能真正地理解过去，也不能真正地理解现在。

讲了这么多琐碎枝节之后，终于使我回到主题了。通常的历史观认为历史就是个人撰写的有关个人的一些事情。这种观点的确为 19 世纪自由主义历史学家所接受，并加以鼓励，这一观点在本质上也并没有什么错误。不过，现在看起来似乎过于简单，考虑得也不充分，因此，我们更需要深思熟虑。历史学家所拥有的知识并不是其个人独有的私人财产：是人，或许是世世代代的、许多不同国家的人共同参与了这一知识的积累过程。历史学家所研究的人物行

为不是真空中的与世隔绝的个体行为:他们的行为是过去社会背景下的行为,是过去社会推动下的行为。在上一次演讲中,我把历史描述为现在的历史学家与过去事实之间相互作用的一种进程、一种对话。我现在想要探究的是等式两边的个人因素和社会因素所占的相对比重。历史学家在多大程度上是单独的个人,又在多大程度上是其所生活的社会、时代的产物?在多大程度上历史事实的事实是关于个人的事实,又是在多大程度上是关于社会事实的事实?

历史学家毕竟是单个的人。像其他单个的人一样,历史学家也是一种社会现象,他不仅是其所属社会的产物,而且也是那个社会的自觉的或不自觉的代言人;他就是以这种身份来接触过去历史的事实。我们有时把历史进程喻为"在游行的队伍"。假如这个 30
比喻并没有怂恿历史学家把自己想象为一只老鹰,独立峭壁,眺望历史,或者把自己想象为一位达官显要,高居检阅台,纵览历史,这就是相当确切的了。历史学家仅仅是在队伍的其他部分蹒跚行走的另一位不起眼的人物而已。当队伍蜿蜒前进时,时而向右转,时而向左转,有时又快速后退,队伍各个部分的相对位置在不断发生变化,因此或许这样说是非常合理的,比如我们现在比一个世纪之前我们的曾祖父更理解中世纪,比但丁时代更加理解恺撒时代。伴随这支队伍以及这支队伍中的历史学家前进时,不断地出现新景物、新视野。历史学家是历史的组成部分。历史学家在队伍中的位置就决定了他看待过去所采取的视角。

当历史学家所研究的时代离其生活时代非常遥远时,这种真实性也是显而易见的。当我研究古代史时,关于这一学科的经典之作——或许仍旧是——格罗特的《希腊史》和蒙森的《罗马史》。格罗特是一位在 19 世纪 40 年代进行写作的开明的、激进的银行家,他以一幅理想化了的雅典民主政治画面具体表现了正在兴起的、政治上进步的英国中产阶级的愿望,在这幅画面中,伯里克利以边沁式功利主义改革家形象出现,由于格罗特那一时带有情感的笔端使雅典获得了帝国的称号。有人说格罗特忽略了雅典的奴隶制问题反映了他所属的那个阶层也没有能够正视新的英国工厂中的工人阶级问题,看来这并非是空穴来风。蒙森是德国自由主义者,1848—1849 年间德国革命的混乱与屈辱熄灭了他的理想。19 世纪 50 年代——蒙森写作的这十年期间正好是**权力政治**(*Realpolitik*)这一名称、概念诞生的年代——蒙森内心渗透着一种强烈的愿望:需要一位强人来收拾德国人民未能实现其政治愿望而
31 留下的残局;假如我们不能认识到蒙森笔下恺撒这一著名的理想化人物肖像是蒙森渴望的那种强人拯救德国于危亡的产物,假如我们不能认识到法学家、政治家西塞罗,这位缺乏艺术感的喋喋不休者、狡猾的拖延者是 1848 年法兰克福的保罗教堂那些辩论中直接走出的人物,我们就永远也不能认识到蒙森笔下历史的真正价值所在。假如有人要说格罗特的《希腊史》肯定会告诉生活在今天的我们,这其中许多关于公元前 5 世纪雅典民主政治的事情,同样也有许多关于 19 世纪 40 年代英国激进主义哲学思想的东西,或者说有人想知道德国自由主义者在 1848 年革命中的遭遇,就应该把蒙森的《罗马史》当作他的一本教科书,这类说法一点也不是自相矛盾的。这类说法也并不降低这两部史学名著的地位。我不能容忍的是布瑞在其就职演说中所定下的基调:他声称蒙森的伟大

不在于他的《罗马史》，而在于铭文集成和关于罗马宪法的著作。这就等于把历史降低到编辑史料的水平了。只有当历史学家对于过去的看法由对当下问题的洞察力得到生动的说明时，才能写出恰如其分的伟大历史。时常令人感到惊奇的是，为什么蒙森没有把历史写到罗马共和国衰亡以后的时代里去。他并不是没有时间，也不是没有时机和学问。只是，当蒙森撰写他的历史时，在德国还没有出现那样的强人。在蒙森创作生涯高峰时期，一旦那样的强人攫取了权力，从而将发生什么样的事，只能由大家去想象了。没有什么事情可以激发蒙森的灵感，使他把这个问题反映到罗马风云中去；因此，他罗马帝国的历史没有着笔。

要想在现代历史学家身上列举大量的这类事例轻而易举。在上次演讲中，我对特里威廉博士《安妮女王统治下的英格兰》一书极力推崇，认为该书是生活在辉格传统的作者所写的关于这一传统的一座丰碑。现在让我们研究一下我们许多人心目中第一次世界大战以来英国最伟大的历史学家之一的刘易斯·纳米尔爵士，[1]他富有影响，成就显赫。纳米尔是一位纯粹的保守主义者， 32
不是那种典型意义上的英国保守主义者——但只要揭开外表就显现出其本质是自由主义者的保守主义者——而是一百多年来我们在英国历史学中间没有看到过的那种保守主义者。自 19 世纪中叶到 1914 年期间，对于英国历史学家而言，让他们设想出历史的变化，几乎是不可能的事，除非这种变化是朝好的一面变化。到了 20 世纪 20 年代，我们进入这样一个时期，变化开始与对未来的忧

① 纳米尔(Sir Lewis Namier，1888－1960)，英国历史学家。——译者

虑联系在一起，变化也可以想象为朝坏的方面的变化——这是保守主义思想复兴的时期。像阿克顿的自由主义一样，纳米尔的保守主义由于扎根于欧洲大陆背景而获得了力量与深度。[4] 和费歇尔①或汤因比不同的是，纳米尔的根并不是扎在 19 世纪自由主义之中，他也没有为此而感到怀旧式的遗憾。第一次世界大战与和平失败已经揭示了自由主义的破产，所带来的反应将只能是这两种形式中的一种——社会主义或保守主义。纳米尔是以保守面孔出现的历史学家。他在两个精心选择过的领域从事研究，所选的两者都很重要。在英国史研究方面，他回溯了上一时期，那时统治阶级在一个秩序井然的、基本静止的社会里能够理性地追求权力、地位。有人指责纳米尔，他把思想从历史中抽出了。[5] 或许这并不是一个非常恰当的说法，但人们可以从中看出批评者想尽力表达的主旨。乔治三世②登基时代的政治还没有受到盲目崇拜各种理
33 想这一潮流的影响，还没有受到对进步观念充满激情信仰的影响，这类影响伴随着法国大革命而突然问世，而且引导了自由主义胜利的世纪。没有理想、没有革命、没有自由主义：纳米尔宁愿为我们描述还没有受到这些危险影响时代之辉煌景象——尽管不受威胁的日子并不长久了。

并且，纳米尔所选择的第二个研究主题也有同样重要的意义。

---

① 费歇尔（H. A. L. Fisher，1865－1940），英国政治家、历史学家。著有《中世纪帝国》（*The Medieval Empire*，1898）、《英格兰政治史》（*The Political History of England*，1906）、《辉格历史学家》（*The Whig Historians*，1928）以及 3 卷本《欧洲史》（*A History of Europe*，1935）等。——译者

② 乔治三世（George III，1738－1820），大不列颠和爱尔兰国王（1760－1820），他的统治政策导致北美殖民地的不满，引发了 1776 年革命的爆发。——译者

纳米尔绕过那些伟大的近代革命：英国革命、法国革命和俄国革命——关于这些革命，他没有写过任何实质性的东西——而是决定赋予我们一个有关1848年欧洲革命的敏锐研究——这是一场失败的革命，这场革命挫败了全欧洲对自由主义不断增长的希望，它生动地说明了各种理想在面临武装力量时之空泛，也生动地说明了民主党人遭遇军人时之柔弱。理想浸入政治这一严肃的事业是无益的，也是危险的：纳米尔称这屈辱的失败为“知识分子的革命”以不断重申这种教训。我们的结论也仅仅是一种推测而已；因为，尽管纳米尔没有写过系统的东西来论述历史哲学，但他在几年前发表的一篇文章里以其固有的简洁、犀利的文风阐明了自己的看法。他写道：“因此，一个人越少以政治学说和政治信条来阻碍其心灵之自由思考，就越有利于他思考。”在提到有人指责他从历史中抽掉了思想之后，他并没有反驳，而是继续写道：

“一些政治哲学家抱怨‘令人厌倦的寂静’，抱怨目前国内缺乏对一般政治问题的争论；人们在寻求解决实际问题的切实可行的办法，两党人士则把纲领和理想置于九霄云外。但对我来说，这种态度似乎预示着更伟大的民族成熟性，而我则仅仅希望这种情形可以长久持续下去而不受政治哲学作用的干扰。”[6]

我目前不想就这一观点进行辩论：我打算保留在以后的演讲中去谈。我在这里的目的仅仅想说明两个重要的事实：第一，假如你没 34
有首先掌握历史学家本人从事历史研究的立场，你就不能完全理解或鉴赏历史学家的著作；第二，历史学家的立场，其本身是根植于一个社会与历史背景之中的。正如马克思曾经所说的,不要忘记的是,教育者本人也必须接受教育;以现在的行话来说便是:洗脑筋的人,自己的脑筋也被洗过了。历史学家在开始撰写历史之前就是历史的产物。

我刚刚谈到的历史学家——格罗特、蒙森、特里威廉和纳米尔——可以说他们每一个人都是单一的社会模式、政治模式铸造出来的人物;这些人物早期的著作和晚期的著作在观点上没有发生明显的变化。但是一些生活在激烈变化时期的历史学家在其著作中所反映的并不是一种社会和一种社会秩序,而是一系列连续的不同社会秩序。就我所知,这方面最好的例子是伟大的德国历史学家迈纳克,[①]他的生命和创作时间都特别长,涵盖了其祖国命运中的一系列革命性的、灾难性的变化。实际上,我们在这里遇到了三个不同的迈纳克,每一个迈纳克都是不同历史时期的代言人,每一个迈纳克都是通过其三部主要著作中的一部来表达观点的。迈纳克的《大同世界与民族国家》(*Weltbürgerthum und National-staaat*)出版于1907年,信心十足地看到了德国民族主义理想在俾斯麦[②]统治时期的实现——像

① 迈纳克(Friedrich Meinecke,1862—1954),德国知识分子,1914年任柏林大学教授,并于1893—1935年间指导《历史杂志》(*Historische Zeitschrift*)。1948年任柏林自由大学校长。纳粹统治期间,他的人文主义观点遭到迫害,被迫离开教学活动。一生致力于政治史、知识史的综合写作。著有《大同世界与民族国家》(*Cosmopolitanism and the National State*,1907)、《马基雅维利主义》(*Machiavellism*,1924)、《历史主义的起源》(*Historicism*,1936)、《德国的浩劫》(*The German Catastrophe*,1946)等。——译者

② 俾斯麦(Otto von Bismarck,1815—1898),德国政治家,德意志帝国第一任首相。——译者

自马志尼以来 19 世纪许多思想家一样——把普遍主义(univer-
salism)的最高形式等同于民族主义:这就是继俾斯麦时代之后
令人目眩的威廉①时代之产物。迈纳克的《国家至上之观念》出
版于 1925 年,②所表达的是魏玛共和国那种三心二意以及困惑
的境地:政治世界已成为国家至上(raison d'état)与道德规范之
间未决胜负的竞技场所,道德原则是政治的外表,不可能把这种
原则作为最后的手段来蹂躏国家的生命与安全。最后,迈纳克
的《历史主义的起源》(*Die Entstehung des Historismus*)发表于 35
1936 年,这时迈纳克由于纳粹暴政而丢失了学术荣誉,发出绝
望的呼声,摈弃了那种似乎承认凡是存在的就是正确的历史主
义,也不安地摇摆于历史相对论与超理性绝对论之间。最终,当
迈纳克垂垂老矣的时候,又看见他的祖国遭受了比 1918 年更大
的军事失败而屈服时,在 1946 年出版的《德国的浩劫》(*Die
Deutsche Katastrophe*)中又绝望地陷入先前的信仰:历史是受冷
酷的、无情的偶然性来摆布的。[7] 心理学家和传记作家在这里会
对作为个体的迈纳克的发展感兴趣,然而使历史学家感兴趣的
却是迈纳克把三个——或者四个——连续的、对比明显的现代
时期真实地反映到过去的历史之中。

---

① 这里的威廉(Wihelmine)指的是威廉二世(William II,1859—1941),1888—1918 年间为德国皇帝和普鲁士国王。他是个野心勃勃的人物,掌权后迫使俾斯麦下台,大力扩张殖民地,建设强大的海军,争夺世界霸权,推行所谓的"世界政策"。——译者

② 《国家至上之观念》(*Die Idee der Staatsräson*),该书全称为 *Die Idee der Staatsräson in der neueren Geschichte*,出版日期应是 1924 年,英译本出版于 1957 年,叫《马基雅维利主义》(*Machiavellism*)。——译者

或者让我们举身边一个更加熟悉的例子。在 20 世纪 30 年代那打破旧习的时代,当自由党刚刚作为英国政治领域有影响的力量被扼杀的时候,巴特菲尔德教授写了一本名叫《历史的辉格解释》(*The Whig Interpretation of History*)的书,这本书获得了极大的、也是应该得到的成功。从许多方面来看,这都是一本非凡的著作——尽管书中用了大约一百三十多页的篇幅来谴责辉格派解释,该书并不是因为这点而非凡,更重要的原因是我在没有借助索引的帮助下,除找到福克斯①外,没有发现一个辉格党人的名字,而福克斯又不是历史学家,或者除了找到阿克顿之外,没有发现一位历史学家,而阿克顿又不是辉格党人。[8] 但是该书所缺乏的细节与精确为其熠熠生辉的责骂而弥补。读者会肯定地感觉到辉格解释是一种坏东西;对辉格解释责难的借口之一便是:"以当下的眼光研究过去。"巴特菲尔德教授在这点上是直接明了、极为严厉的:

> 36 比方说,以关注当下的眼光来研究过去是历史中一切罪恶和诡辩的源泉……这就是我们说的"非历史"(unhistorical)一词的本质所在。[9]

十二年过去了,打破旧习的潮流也不再盛行了。巴特菲尔德教授的祖国在进行一场战争,这就是人们时常说的,在一位伟大领袖领

① 福克斯(Fox),指的是 Charles James Fox(1749—1806),辉格党政治家、演说家,反对向北美殖民地征税,提倡议会改革、废除奴隶制。——译者

导下的、为捍卫宪法自由而进行的战争，这些自由都具体地体现在辉格传统之中，这位伟大人物时常“比方说，以关注当下的眼光”来祈求过去。在 1944 年出版的《英国人及其历史》(*The Englishman and his History*)的一本小书中，巴特菲尔德教授不仅谈及历史的辉格解释就是“英国人”的解释，而且热情地谈及“英国人与英国人历史之间的联合”，以及“现在与过去之间的结合”。[10]提醒大家注意到这些观点上的反复，并不是一种不友好的批评。我的目的也不是以第二个巴特菲尔德来反驳第一个巴特菲尔德，也不是让清醒的巴特菲尔德对质酒醉的巴特菲尔德。我清醒地认识到，假如有人不嫌麻烦，细读我战前、战中和战后所写的东西，他就可以轻而易举地指责我自相矛盾、前后不一，至少像我在别人那里找到的东西同样引人注目。实际上，我肯定不会羡慕这样一种历史学家，在经历了过去五十年所发生的惊天动地的事件之后，仍能够直率地宣称他的观点没有些许激进的修正。我的目的仅仅是想表明历史学家的著作是多么密切地反映他所研究的这个社会。不仅事件在不断变化，历史学家本人也在不断变化。当你拿起一本历史著作的时候，只看扉页上作者的名字是不够的，还要看出版的日期或写作的日期——有时这更能说明问题。假如哲学家告诉我们的，我们不能两次踏进同一条河流是正确的话，由于同样的原因， 37
这或许也是正确的，同一位历史学家不能够写出两本完全一样的历史著作。

如果我们暂时把目光从作为个体的历史学家身上转移到所谓的历史写作中的广泛倾向，那么，历史学家在多大程度上是其所生活的产物就变得更加清晰了。19 世纪的英国历史学家很少没有不把历史的进程当作是进步原则的范例：他们表达的社会意识形态是进步相当快的情况下的一种意识形态。只要历史似乎还在按照我们的方式前进，对于英国历史学家而言，历史还是充满意义的；既然历史已经误入歧途，再相信历史有意义就成为异端邪说了。第一次世界大战后，汤因比极力尝试以循环理论来代替线性历史观——这是没落社会特有的思维方式。[11] 自汤因比失败以来，大多数英国历史学家自愿认输，宣称历史之中根本没有普遍的模式。费歇尔(Fisher)这样一句平凡的评论，几乎与上个世纪兰克的箴言享有同样的盛誉。[12] 假如有人告诉我，在过去三十年间，由于英国历史学家深刻的个人反思、在各自的阁楼里夜以继日地研究历史，他们的内心都经历了这种变化，我认为没有必要与这种事实进行争辩。但我还将继续把所有这一切个人反思和夜以继日的研究当作是一种社会现象，当作是自1914年以来我们社会特性和外观起了根本变化的产物与表现。依据这个社会特性所写出的历史，或没有写出的历史，便是这个社会特性的标志，没有比这个更有意义的标志了。荷兰历史学家盖尔①在那本引人入胜的专论
38 中——该书英译后的标题是《拿破仑：赞成者与反对者》(*Napoleon: For and Against*)——表明了19世纪法国历史学家对拿破仑的一系列判断是怎样反映了这个世纪中法国政治生活和政治思想

① 盖尔(Pieter Geyl，1887—1966)，享有国际声誉的荷兰历史学家，伦敦大学荷兰研究第一任教授(1919—1936)。对历史学家任务的本质有着自己一套看法，反对汤因比和Jan Marius Romein(1893—1962)的观点。著有《荷兰人民史》(*History of the Dutch People*，1930—1937)、《分裂的荷兰》(*The Netherlands Divided*，1936)、《拿破仑：赞成者与反对者》(*Napoleon: For and Against*，1949)以及《历史中的遭遇》(*Encounters in History*，1962)等。——译者

处于不断变化、不断冲突的模式之中。就像其他人类的思想一样，历史学家的思想是由时间环境、空间环境塑造的。完全认识到这一真理的阿克顿从历史本身来寻求逃避环境的方法：

历史（阿克顿写道）应当是我们的救星，它不仅使我们免于其他时代的不当影响，而且使我们免于自己时代的不当影响，免于环境的决定性影响，免于我们进行研究时外在环境所带来的压力。[13]

这听起来或许是对历史作用的较乐观的一种评估。但是我将冒昧地相信，最能意识到自身环境的历史学家也是比较超越这个环境的历史学家，和自信地宣称本人是个体现象而非社会现象的历史学家相比，那些更能体会到自己的社会、观点与其他时代、其他国家的社会、观点不同的历史学家，就更能理解这些差异的基本特性。人能超越社会环境和历史环境的能力似乎是由他认识自己陷入这种环境程度的敏感性而决定的。

我在第一讲中说过，在研究历史之前，要研究历史学家。现在我还要补充说：在研究历史学家之前，要研究历史学家的历史环境与社会环境。历史学家是个体，同时也是历史的产物、社会的产物；研究历史的人必须学会从这一双重的角度来看待历史学家。

现在，让我们撇开历史学家，根据相同的问题考虑这一综合体的另一面——历史事实。历史学家所进行的研究，这一客观事实

究竟是个人的行为还是社会力量的作用?我在这里又步入到人们
39 常用的方法。几年前,当以赛亚·伯林发表那篇才华横溢、广受欢迎的名为《历史必然性》(*Historical Inevitability*)的文章的时候——关于这篇文章的主旨,我还会在以后演讲中提到——题首有一句选自艾略特先生(Mr. T. S. Eliot)著作的格言:“巨大的、非个人的力量”;伯林在通篇文章中嘲笑那些相信历史决定因素是“巨大的、非个人的力量”而非个人力量的人。我愿把这称为约翰式的坏国王历史理论[1]——这种理论认为历史中起决定作用的是个人的行为与性格——其谱系源远流长。这种主张个人天才是历史决定性力量的愿望,是历史意识处于初始阶段的特性。古代希腊人喜欢把过去的成就归到名祖式的英雄人物身上,假定这些成就是他们的功劳,他们把他们的史诗归功于叫荷马的游吟诗人,他们把他们的法律和宪政归功于一位叫莱库古[2]或梭伦的人。同样的倾向再现于文艺复兴时期,那时作为传记作家、道德论说家的普卢塔克(Plutarch),其风行程度和影响力要比古代时期作为历史学家的普卢塔克大得多。特别是在我们英国,比方说,在我们呱呱待哺的时候,就全学会了这种理论;今天我们也许应该认识到这种理论有点幼稚,或至少有点孩子气。当社会比较简单,并且这个社会的公共事务由一小帮著名人物来治理的时候,这种理论会有一些讲得通的地方。很显然,这种理论并不适合我们现时代更为复杂的社会;19 世纪所产生的社会学这一新学科就是应对这种复杂

① 约翰式的坏国王(Bad King John),参考莎士比亚剧本。——译者

② 莱库古(Lycurgus),传说中的斯巴达立法者。——译者

性不断增长的产物。然而，旧有传统难以根除。在20世纪初期，“历史是伟人的传记”仍旧是一句受人景仰的格言。只是十年以前，一位著名的美国历史学家[①]指责他的同事，或许并不是太认真，说他们把历史人物当作“社会力量和经济力量的傀儡”，这是对“历史人物的集体屠杀”。[14]现在的一种倾向是以沉溺于这种理论为不齿；但是，经过一番收罗之后，我在韦奇伍德[②]女士的一本书 40
的导论里发现了一段当代关于这个理论的杰出评论：

就我而言，作为个体的人类行为（她写道）比作为群体或阶级的人类行为更加吸引我。人们可以以这样或那样的偏见来撰写历史；这不会更多地误导读者，也不会更少地误导读者……该书……要尝试理解的是这些人是怎样感觉的，而且按照他们自己的意志，为什么要那样行动。[15]

---

① 指的是美国著名历史学家莫里森（Samuel Eliot Morison，1887－1976），所指文章是莫里森的《历史学家信仰》（Faith of a Historian，刊《美国历史评论》）。他以研究美国史、航海史而著称。因哥伦布的传记 *Admiral of the Ocean Sea*（1942）及 *John Paul Jones*（1959）而获普利策奖。著有 *The European Discovery of America*（1971）、*The Growth of the American Republic*（1930，与 Henry Steele Commager 合作）、*History of U. S. Naval Operations in World War II*（1947－1962，15卷）等。——译者

② 韦奇伍德（Miss Wedgwood），指英国历史学家 Dame Cicely Veronica Wedgwood（1910－1997），擅长英国、欧洲早期近代史研究。从1955年出版的 *The King's Peace* 开始，她的英国内战史的系列研究，随后出版了 *The King's War*（1958）、*The Trial of Charles I*（1964；在美国出版时名为 *A Coffin for King Charles*）。另著有 *Thomas Wentworth: A Revaluation*（1961）、*Velvet Studies*（1946）、*Truth and Opinion*（1960）、*Poetry and Politics*（1960）、*The World of Rubens*（1967）、*Milton and His World*（1970）和 *The Political Career of Peter Paul Rubens*（1975）等。——译者

这是一种简洁的陈述；并且因为韦奇伍德女士是一位深受欢迎的作家，我敢说有许多人会有她这样的想法。比如，罗斯（Dr. Rowse）博士告诉我们，伊丽莎白时代制度的瓦解是因为詹姆斯一世（James I）不理解这个制度，17 世纪英国革命是由于斯图亚特王朝前两位国王的愚蠢而造成的“偶然”事件。[16]甚至詹姆士·尼尔爵士（Sir James Neale），一位比罗斯更加严谨的历史学家，有时似乎更加渴望表达他对伊丽莎白女王的仰慕，这种仰慕要比他解释都铎王朝①代表着什么大得多；以赛亚·伯林爵士在我刚刚引用的文章里，对一些历史学家不把成吉思汗、希特勒斥责为坏人的迹象表示极大的忧虑。[17]当我们越接近现时代的时候，这种约翰式的坏国王（Bad King John）和贝丝式的好女王（Good Queen Bess）②的理论就越盛行。把共产主义称之为“卡尔·马克思脑力劳动之产物”（我是从新近的股票经纪人的函件中摘录了这句妙语的）是比分析共产主义的起源与特性容易得多；把布尔什维克革命归咎于尼古拉二世（Nicholas II）的愚蠢或归咎于德国的金本位制是比研究这场革命的深层社会原因容易得多；把这个世纪的两次世界
41 大战视为威廉二世（Wilheim II）和希特勒个人邪恶行径的结果要比分析国际关系体系中一些深层的衰落迹象容易得多。

也就是说，韦奇伍德女士的陈述把两个陈述综合在一起了。首先，作为个体的人的行为不同于作为群体成员和阶级成员的行为，历史学家可以合法地选择详细论述这种行为或那种行为；其

---

① 都铎王朝（1485－1603）诸王包括亨利七世及其后代亨利八世、爱德华六世、玛丽一世和伊丽莎白一世。——译者

② 对伊丽莎白一世的爱称。Bess 为 Elizabeth 的昵称。——译者

次,对作为个体人行为的研究要结合研究这些个体人行为的有意动机。

在我已经说了上述这些话之后,我不想在第一点上劳神了。把人当作个体的观点并不比把人当作群体一员的观点会或多或少地误导人们;而是截然把这两者分开的企图会误导人们。依定义来看,个人是社会中的一员,或者也许不仅仅是一个社会中的一员——也可以称之为群体、阶级、部落、民族中的一员,只要你愿意,随便怎样称呼都行。早期生物学家满足于把鸟、禽、鱼加以分类,装入笼里、盛在盆里、陈列橱里,而不用心研究活的生物与其生活环境之间的关系。今日的社会科学或许还没有完全从那种原始的阶段中摆脱出来。一些人已经把作为研究个人科学的心理学与作为研究社会科学的社会学分开来了;"心理主义"(psychologism)这一名称已经表明这样一种观点,所有社会问题归根结底都要分析个人的行为。但是不能研究个体之社会环境的心理学家将不会取得非常突出的成就。[18]在把人当作个体来处理的传记和把人当作整体一部分来处理的历史之间作一区别,而且提出好的传 42
记形成坏的历史,这样做很诱惑人。阿克顿曾经写道:"就人们的历史观而言,没有什么比因个别人物所激发的兴趣而带来更多的错误和不公了。"[19]不过,这一区别也是不真实的。杨①在其所著《维多利亚时代的英格兰》(*Victorian England*)一书的扉页上写

① 杨(G. M. Young),即 George Malcolm Young(1882—1959),英国历史学家,擅长历史小品评论。著有 *Life of Gibbon*,1932、*Early Victorian England*(1934,2 卷)、*Charles I and Cromwell*(1935)、*Victorian England*(1936)、*Daylight and Champaign*(1937)、*Today and Yesterday*(1948)、*Stanley Baldwin*(1952)等。——译者

有维多利亚时代的谚语："仆人们谈论事，贵族们谈论人"，[20]我倒并不想以这句谚语来做掩护。有些传记对历史有着重大的贡献：就我的研究领域而言，艾萨克·多伊彻的斯大林传记、托洛茨基传记就是非常突出的例子。还有一些别的像历史小说之类则属于文学。特雷弗-罗伯(Trevor-Roper)教授写道，"对于利顿·斯特雷奇①来讲，历史上的问题从来都是，也仅仅是个人行为问题和个人怪僻问题……历史上的问题，有关政治的问题和社会的问题，他从没有用心去回答过，甚至也没有问过"。[21]没有人非写历史，或非读历史不可；能够以过去为题材来创作的杰出著作也并不都是历史著作。但是，我认为传统赋予我们——就像我在这些演讲中打算做的——的职责是保存"历史"这个词语，其目的就是探究往昔社会中人之发展历程。

第二点，也就是历史与探询个人为什么"按照他们自己的意志，为什么要那样行动"相关联，这乍看起来似乎是极其古怪的问题；我怀疑韦奇伍德女士像其他一些明智的人一样并没有像她鼓吹的一样去做。假如她这样做了，她会写出一些奇怪的历史。当今，每个人都知道人并不总是，或许甚至并不习惯地，依据他们完
43 全意识到的目的来行事，或者依据他们愿意承认的动机来行事；每个人也都知道，那些规避无意识的动机和未加承认的动机的人，肯定是有意闭上一只眼，只关注自己工作的人。然而，根据一些人的看法，这正是历史学家应该做的事情。这就是问题之所在。只要

① 利顿·斯特雷奇(Lytton Strachey，1890－1932)，英国传记作家、批评家。——译者

你说约翰王的坏，是因为他贪婪、愚蠢或玩弄暴政的野心所构成的，就等于你在根据个人的品行来说明一个人的行为，这是一种非常幼稚的历史理解水平。不过，你一旦说约翰王是各种反对封建贵族权力兴起之既得利益共同体的不自觉的工具，那么，你不仅就约翰王劣根性提出了一个更加复杂、更加练达的看法，而且你似乎也表明，历史事件不是个人的有意行为决定的，而是由一些外在的、全能的力量在指导着个人的下意识而决定的。当然，这也是一种废话。就我而言，我不相信神圣天意（Divine Providence）、世界精神（World Spirit）、天定命运（Manifest Destiny）、至高无上的历史，也不相信有时被认为是引导事件进程的任何其他抽象概念；我无条件地服膺于马克思的评论：

> 历史属于无为，它既不拥有巨大的财富，也不进行战争。是人，拥有财富、进行战争的真正活人无所不为。[22]

我必须就这个问题发表两点看法，这跟任何抽象的历史观毫无关系，是纯粹依据经验观察为基础的。

第一，历史在很大程度上是数目的问题。卡莱尔①是要为“历史是伟人的传记”这一不合宜的说法负责的。但是我们也应听听他在其最雄辩的、最伟大的历史著作中的说法：

---

① 卡莱尔（Thomas Carlyle，1795－1881），苏格兰历史学家、社会批评家。著有 *French Revolution*（1837）、*Chartism*（1839）、*On Heroes, Hero Worship, and the Heroic in History*（1840）、*Past and Present*（1843）、*The History of Friedrich II of Prussia*（1858－1865）等。——译者

> 食不果腹，衣不蔽体，视为当然的压迫沉重地压在2500万颗
> 44 心灵上：这是法国革命的推动力，并不是那些哲学鼓动家、富有商人、乡村显贵受伤的虚荣心、遭到反对的哲学引起了法国革命；而这也将是一切国家里全部此类革命的动力。[23]

或者，就像列宁说的，“政治要从群众做起，而不是从几千人那里做起，只有从千百万的群众做起，才会有庄严的政治发生”。[24]卡莱尔和列宁所说的千百万正是千百万人：关于这些数字，不存在非个人的力量的事情。对这一问题的讨论有时会混淆无名氏(anonymity)与非人格性(impersonality)。并不是因为我们不知道这些人的名字，人民就不是人民了，或者个人就不是个人了。艾略特先生所说的“巨大的、非个人的力量”，正是那位更大胆、更直率的保守党人克拉伦登①所说的“没有姓名的、肮脏的人民”[25]的那些个人。正是这些成千上万无名无姓的个人，或多或少不自觉地形成一种合力，并构成了社会的力量。在通常情况下，历史学家可以不注意单个农民的不满，可以不注意单个村庄的不满。但是成百万农民的不满、成千村庄的不满就不是哪一位历史学家可以忽略的因素了。妨碍琼斯(Jones)不能结婚的原因吸引不了历史学家，假如也是同样的原因妨碍了成千的琼斯同辈其他人不能结婚，还导致了

---

① 克拉伦登(Clarendon)，指英国历史学家、政治家克拉伦登(Edward Hyde Clarendon，1609—1674)，被错判叛国罪并流放(1667)，在法国期间写出其重要的历史著作《英国内战和叛乱史》。著名的克拉伦登出版社(Clarendon Press)，就是在克拉伦登著作基金的基础上建立的。——译者

结婚率的显著下降：如果情况是这样的话，这些原因就很有重大历史意义了。我们也不要为运动是由少数人发起的这种陈词滥调而心烦意乱。所有富有成效的运动都是有少数领导和大量追随者参与的；但这并不意味着大量的追随者对于运动的成功不重要。历史中的数目是有重要作用的。

我的第二个观察甚至得到更好的证实。许多不同思想流派的作家都一致注意到，个别人的行动常常达到的效果，并不是由采取 45
行动的这些人甚至也不是任何其他个人所打算达到或渴望到达的。基督徒认为，个人是上帝意志中不自觉的执行者，如果有意为自己而行动时常是自私的目的。曼德维尔①的"私人的恶德——公众的利益"是这种发现早期的、深思熟虑的、似是而非的表达。亚当·斯密的"无形的手"（hidden hand）和黑格尔的"理性的狡黠"（cunning of reason）都促使个人为它工作，满足它的目的，尽管个人认为他们自己在实现他们本人的愿望，大家很熟悉这点，不必加以引用了。马克思在《〈政治经济学批判〉导言》中写道："人们在自己生活的社会生产中发生一定的、必然的、不以他们的意志为转移的关系。"②托尔斯泰在《战争与和平》中与亚当·斯密有着共鸣之处，"人在有意识地为自己活着，但是，人在无意之中又是达到人类历史性的、有普遍意义目的的工具"。[26]到这里，我们应该以巴

---

① 曼德维尔（Bernard Mandeville，1670—1733），荷兰裔英国医生、哲学家和讽刺作家，主要著作《蜜蜂寓言》（*The Fable of the Bees*，1714），记述了为利己主义所驱动而做出的所有活动。该书又称"Private Vices—Public Benefits"。——译者

② 译文见《马克思恩格斯选集》（人民出版社 1972 年版），第 83 页。后半句话是"即同他们的物质生产力的一定发展阶段相适合的生产关系"。——译者

特菲尔德教授来结束这种已经够长的引文了："历史事件本质之中存在一些事情，它可以意想不到地改变历史的进程，使它走向人们不曾打算过的那个方向。"[27] 自 1914 年以来，我们已经经历了两次大规模的世界战争——而此前的一百多年间只有一些小规模的局部地方战争。如果说与 19 世纪的后 75 年相比，20 世纪上半期有更多人要战争、不要和平，这是对这一现象似是而非的解释。任何人都愿意或渴望 20 世纪 30 年代的经济大萧条，这是难以令人置信的。毫无疑问的是，各个个人的行为导致了这一结果，尽管每一个人都在有意地追求着一些完全不同的目的。个人意图和行为结果之间存在差异，而诊断这种差异并非总是要等待日后的历史学家去追溯。1917 年 3 月，洛奇[①]是这样描述伍德罗·威尔逊(Woodrow Wilson)的："他并不想进行战争，但是我认为各种事件
46 可以左右他。"[28] 有人挑战全部这些证据，说历史可以在"依据人有意的解释"[29] 的基础上撰写，或者在行动者本人对自己动机解释的基础上撰写的，或者在为什么"依据他们自己的意志，要那样行动"的基础上撰写。实际上，历史事实就是关于个人的事实，不过，不是关于孤立状态下的个人行为，不是关于一些真实的或想象的动机，个人依据这样的动机想象自己曾经采取的行动。历史事实是关于社会之中个人之间彼此关系的事实，是关于个人活动结果所产生的那些社会力量的事实，这些结果跟那些个人自己所打算的

① 洛奇(Lodge)，指 Henry Cabot Lodge(1850—1924)，美国政治家，强烈批判威尔逊的政策。曾担任参议院多数党领袖(1918—1924)和对外关系委员会主任(1918—1924)。由于他的反对，美国未能参加国际联盟。作者在这里使用"Lodge of Woodrow Wilson"一语，表示两者之间难以言状的关系。——译者

结果时常不一致，有时恰恰相反。

柯林武德历史观严重错误之一是——我在上次演讲讨论过——假定要求历史学家去研究行动背后的思想，也就是要研究个人行动者的思想。这是个错误设想。要历史学家去研究是行动背后的实质所在；个人行动者的有意思想或有意动机或许根本与这个实质毫无关系。

我在这里也应说说历史上的叛乱者或持不同政见者的作用。要树立一个深受欢迎的、反抗社会的个人形象就是再次提出社会与个人之间对立的错误观念。没有什么社会是完全同类的。每一个社会都是社会冲突的场所，那些起身反抗现存权威的人和那些维护现存权威的人一样，都是社会的产物与反映。理查二世（Richard II）和叶卡捷琳娜二世（Catherine the Great）代表着14世纪英格兰和18世纪俄国的强大社会力量：瓦特·泰勒（Wat Tyler）、普加乔夫（Pugachev）这样的伟大农奴起义首领也同样如 47
此。君主与反叛者同样都是他们所生活时代、国家特定条件下的产物。把瓦特·泰勒、普加乔夫描述为反抗社会的个人是一种误导人们的简单化做法。如果他们只是那样的人的话，历史学家根本就不会理睬他们。他们在历史上的作用要归功于他们那些大量的追随者，作为社会现象，这是非常有意义的，否则便毫无意义而言。让我们举一个更加成熟水平上的杰出的反叛者和个人主义者的例子。很少有人比尼采更加猛烈地、更加激进地反抗他们那个时代、那个国家了。然而，尼采是欧洲社会的直接产物，更是德国社会的特殊产物——不可能是在中国或秘鲁产生的一种社会现象。和尼采这代人相比变得更加明显的是尼采去世后的一代人，尼采个人所表达出的这股欧洲的特别是德国的社会力量是多么强大；尼采便成为对后人比对同时代人更有重要意义的人物了。

历史上反叛人物的作用和伟人的作用有一些类似之处。历史的伟人理论——一个特别的例子就是好女王贝丝派的观点——虽然，近年来已不再盛行了，但时而还暴露出其不良的影响。第二次世界大战后开始出版的一套通俗历史课本的编辑邀请该套丛书的作者“用编写伟人传记的方法来开创一个意义重大的历史主题”；尽管泰勒①先生在其严肃的作品中没有从事这类鲁莽的计划，但他在一篇文章里告诉我们，“近代欧洲史可以根据三位巨头来写：拿破仑、俾斯麦和列宁”。[30]伟人在历史上所起的作用究竟是什么？伟人是个人，一个特别杰出的个人，也是一个特别重要的社会现
48 象。吉本写道，“这是一个显而易见的真理，时势造英雄，克伦威尔或雷斯②这样的天才人物在今天或许会默默无闻而终其一生”。[31]马克思在《路易·波拿巴的雾月十八日》分析了这种相反的现象：“法国的阶级斗争创造了一些环境和条件，这使得一个粗俗平庸的人物神气活现地扮演了英雄的角色。”假如出生在18世纪——一个荒谬的假设——因此他也就不成其为俾斯麦了——他将不会统

---

① 泰勒(Mr. A. J. P. Taylor)，指 Alan John Percivale Taylor(1906－1990)，历史学家、新闻记者，特别擅长外交史、中欧史、两次世界大战的研究。影响最大的著作是《第二次世界大战的起源》(*The Origins of the Second World War*，1961)。另著有 *The Struggle for Mastery in Europe, 1848－1918*(1954)、*Bismarck, the Man and the Statesman*(1955)、*The Russian Revolution of* 1917(1958)、*English History 1914－1945*(1965)等。——译者

② 雷斯(Retz，1614－1679)，枢机主教，法国政治家、高级教士、作家，是投石党运动的活跃分子。——译者

一德国，也许根本就不是一位伟大的人物。但是，我认为人们也不必像托尔斯泰一样，把伟人贬损为仅仅是“为事件贴上名称的标签”而已。当然，对伟人的崇拜有时有一些不祥的含义。尼采的超人是令人厌恶的人物。我不必重提希特勒这一事例，或重提苏联治下“个人崇拜”所带来的可怕后果。但是，我降低伟人重要性的目的并不是赞成这样的观点：“伟人几乎都是坏人。”我希望打消的一种观点是：把伟人置于历史之外，认为这些伟人是依据他们的伟大使自身影响着历史，就像“玩具盒里玩偶，奇迹般地从不为人所知的地方跳了出来，打断历史发展的真实序列”。[32]即使在今天，我还不知道我们有谁可以超越黑格尔的经典描述：

时代的伟人是能把这个时代意志表达出来的人，告诉这个时代什么是这个时代的意志，并实现这个意志。他所做的一切是这个时代的核心与本质；他把这个时代现实化了。[33]

利维斯博士①所说的伟大作家“就他们所促进的人类意识，是意义重大的”，[34]涵括了类似的意思。伟人不是现存力量的代表，就是
以向现存权威挑战，并协同创造那股力量的代表。更高程度的创 49
造性或许应该赋予克伦威尔或列宁之类协助铸造历史从而也使自己伟大的伟人，而不应该赋予拿破仑或俾斯麦这样的人，他们是依靠现存的力量而获得伟大的人。我们也不应该忘记这些伟人：他

① 利维斯(Dr. Leavis)，指 Frank Raymond Leavis(1895－1978)，英国文学批评家、编辑。——译者

们的言行远远地超越了他那个时代，只是后人才认识他们的伟大。就我而言，重要的似乎是要认识到伟人是一个杰出的个人，他既是历史进程的产物，也是历史进程的推动者，他既是社会力量的代表，也是社会力量的创造者，这些社会力量改变了世界的面貌，也改变了人类的思想。

就历史一词两个方面的意义而言——一方面意味着历史学家所进行的研究行为，另一方面意味着历史学家所研究的历史事实——都是一种社会进程，个人在这个进程中是作为社会人而从事研究的；社会与个人之间那种想象的对立，只不过是以不相干的东西转移我们的注意力来扰乱我们的思想而已。历史学家与历史事实之间相互作用的进程——我曾经将之称为现在与过去之间的对话——不是一场抽象的、孤立的个人之间的对话，而是今日社会与昨日社会之间的对话。用布克哈特的话来说，历史是“在另一个时代发现的一个时代的值得记录的东西”。[35]我们只有根据现在，才能理解过去；我们也只有借助于过去，才能理解现在。使人能够理解过去的社会，使人能够增加把握当今社会的力量，便是历史的双重功能。

---

[1] *Devotions upon Emergent Occasions*, No. xvii.

[2] J. S. Mill, *A System of Logic*, vii, 1.

[3] 涂尔干(Durkheim)在其著名的自杀研究著作中杜撰 anomie 这一词语，以表示与社会隔绝的个人状态——这是一种特别容易引起情绪波动和自杀的状态；但是，涂尔干也表明自杀绝不是与社会状况无关的。

[4] 两次世界大战之间惟一的另一位相当保守的英国作家艾略特(Mr. T. S. Eliot[1888－1965，出生于美国的英国批评家、作家，获 1948 年诺贝尔文学奖。——译者])，或许是值得加以评论的，他也分享了非英国背景所带来的益处；1914 年之前在大不列颠长大的人是没有谁可以能完全不受自由主义传统所带来的约束性影响的。

[5] 这种批评源自 1953 年 8 月 28 日《泰晤士文学增刊》(*The Times Literary Supplement*)一篇未署名文章《纳米尔的历史观》(*The Namier View of History*)，论述如下："有人指责达尔文把精神从宇宙抽出；刘易斯爵士便是政治史中的达尔文——从许多意义上来看都是如此。"

[6] L. Namier, *Personalities and Powers* (1955), pp. 5, 7.

[7] 我这里要感谢斯塔克博士(Dr. W. Stark)在《国家至上之观念》(*Die Idee der Staatsräson*)英译本导论中对迈纳克思想发展所作的精辟分析，该译本于 1957 年以《马基雅维利主义》(*Machiavellism*)为名出版；斯塔克博士或许对迈纳克第三个时期的超理性因素过于夸大。

[8] H. Butterfield, *The Whig Interpretation of History* (1931)；在该书第 67 页上，作者坦率承认"不具体的论证"是"一种健全的怀疑"。

[9] H. Butterfield, *The Whig Interpretation of History* (1931), pp. 11, 31－32.

[10] H. Butterfield, *The Englishman and his History* (1944), pp. 2, 4－5.

[11] 马可·奥勒留(Marcus Aurelius[121－180，斯多噶派哲学家，罗马皇帝，161－180 在位。——译者])在罗马帝国衰落的时候这样反思来安慰自己："现今一切事情是怎样正在发生的，过去已经发生了，将来还要发生"(*To Himself*, x, 27)；汤因比从 Spengler 之 *Decline of the West* 中汲取了这种思想是众所周知的。

[12] Preface, dated December 4, 1934, to *A History of Europe*.

[13] Acton, *Lectures on Modern History* (1906), p. 33.

[14] *American Historian Review*, lvi, No. 1 (January 1951), p. 270.

[15] C. V. Wedgwood, *The King's Peace* (1955), p. 17.

[16] A. L. Rowse, *The England of Elizabeth* (1950), pp. 261—262, 382. 应该公平地指出,罗斯早年的一篇论文谴责"那些历史学家认为,1870 年之后,法国的波旁党人没有能够重建君主政治,只是由于亨利五世(Henry V)喜爱一面小白旗所致",见 *The End of an Epoch*(1949),p. 275;罗斯博士或许在英国史方面也保持这种个性化的解释。

[17] I. Berlin, *Historical Inevitability* (1954), p. 42.

[18] 近代心理学家仍旧犯这样的错误:"作为职业群体的心理学家并没有把个人当作是一整套相互作用的社会体系中的一个单位,而是把个人当作一个具体的人,并把这个人想象为正在进行社会体系的建构。因而,心理学家没有充分考虑抽象的范畴这一特殊的意义。"参阅 Professor Talcott Parsons in the introduction to Max Weber, *The Theory of Social and Economic Organization* [1947], p. 27;也可参阅对 Freud 的评论,后文第 133 页。

[19] *Home and Foreign Review*, January 1863, p. 219.

[20] Herbert Spencer 在其所著 *The Study of Sociology*(第 2 章)中以极其严肃的风格详细论述了这一观念:"假如你想大概估算一下一个人的智力,你使用的最好方法便是观察其言谈中一般与个别之间的比率——即简单的事实在多大程度上由从无数的关于人与事的经验中概括出的事实所代替。当你以这种方法观察了许多人之后,你会发现,绝大多数人看待人类事务时所采取的观点不外乎是传记的观点。"

[21] H. R. Trevor-Roper, *Historical Essays* (1957), p. 281.

[22] *Marx-Engels*: *Gesamtausgabe*, I, iii, 625.

[23] *History of the French Revolution*, III, iii, ch. 1.

[24] Lenin, *Selected Works*, vii, 295.

[25] Clarendon, *A Brief View & Survey of the Dangerous & Pernicious Errors to Church & State in Mr. Hobbes' Book entitled Leviathan* (1676), p. 320.

[26] L. Tolstoy, *War and Peace*, ix, ch. 1.

[27] H. Butterfield, *The Englishman and His History* (1944), p. 103.

[28] 引语见 B. W. Tuchman，*The Zimmermann Telegram*（N. Y.，1958），p. 180.

[29] 该语引自 I. Berlin，*Historical Inevitability*（1954），第 7 页，伯林在这里似乎赞允以这种方法撰写历史。

[30] A. J. P. Taylor，*From Napoleon to Stalin*（1950），p. 74.

[31] Gibbon，*Decline and Fall of the Roman Empire*，ch. lxx.

[32] V . G. Childe，*History*（1947），p. 43.

[33] *Philosophy of Rights*（English transl.，1942），p. 295.

[34] F. R. Leavis，*The Great Tradition*（1948），p. 2.

[35] J. Burckhardt，*Judgments on History and on Historians*（1959），p. 158.

第三章　历史、科学与道德

50 当我非常年轻的时候，我就印象比较深刻地知道，虽然鲸鱼外观像鱼，但并不是鱼。今天，这些分类问题已很少让我激动了；当有人断然告诉我，历史不是科学时，我也不会过分忧伤。这种术语问题是英语中的一个奇怪现象。在欧洲其他诸种语言中，与“科学”同义的词是肯定包括历史这个词语的。但是在英语的世界里，这一问题的背后还有很长的历史，由此所产生的问题正是一份可以做关于历史方法问题的简明导论。

到18世纪末，当科学已为人类关于世界的知识、关于人类自己身体特征的知识做出了极大贡献时，人们开始询问科学是不是也可以促进人类关于社会的知识。社会科学的概念，尤其是这其中历史的概念是在19世纪逐渐发展起来的；科学研究自然界所使用的方法被用来研究人类事务。19世纪上半期，盛行的是牛顿的传统。社会也像自然界一样被看作是一种机械装置；赫伯特·斯宾塞（Herbert Spencer）于1851年出版《社会静力学》（*Social Statics*），人们至今仍旧记得这部作品的名称。在这种环境中长大的伯特兰·罗素后来回忆有一个时期，他希望早晚会有“一种像机
51 械数学一样的人类行为数学”。[1] 那时，达尔文引发了另一次革命；社会科学家从生物学那里得到启示，开始把社会当作是一个有机

组织。但是，达尔文革命的真正重要性在于——完善了莱尔①在地质学中已经开始的研究——把历史带入科学领域。科学所涉及的不再是一种静止的、与时间无关的东西，[2] 而是涉及变化、发展的进程。科学上的进化观念确定了、完备了历史中的进步观念。不过，并没有发生什么事情可以改变我在第一讲中所描述过的史学方法中的归纳观点：首先收集事实，然后解释事实。毫无疑问，可以想象出这也是科学研究的方法。很明显，伯瑞(Bury)也有这种想法，他在1903年1月的就职演说作结语时，把历史描述为"一种科学，一种不折不扣的科学"。伯瑞就职演说后的五十年见证了一股强硬的反对这种历史观的潮流。这期间的柯林武德，他在20世纪30年代特别急切地想在科学探究的对象自然世界与历史世界之间划出一条泾渭分明的界限来；这期间，人们很少引用伯瑞的格言，只在嘲弄时是例外。但是，这时的历史学家没有注意到的是：科学本身也经历了一场深刻的革命，这场革命使得伯瑞的观念似乎比我们曾想象的要正确得多，尽管正确的理由是错误的。莱尔对地质学带来的影响，达尔文对生物学带来的影响，现在又轮到天文学有这种影响了，天文学已经变为一门研究宇宙是如何演变成今天这个样子的科学了；现代物理学家经常告诉我们，他们研究的不是事实，而是事件。当今的历史学家有了一些借口，和一百多

---

① 莱尔(Lyell)，指 Charles Lyell(1797—1875)，现代地质学之父，对达尔文产生影响。他反对"灾变论"，坚持"均变论"，即主张影响和决定地质构造的规律古今都是一致的，因此研究现在的各种地质作用及其后果就可了解过去的地质状况——"现在是过去的钥匙"。代表作《地质学原理》(*Principles of Geology*，1830—1833)。——译者

年前的历史学家相比可以心安理得地置身于科学世界。

首先,让我们考察一下规律(Laws)这个概念。整个18世纪、
52 19世纪,科学家们认为自然界的各种规律——牛顿的运动律、万有引力定律、波义耳定律(Boyle's Law)、进化论等等——都已发现,并明确建立,科学家的任务就是从这些已经观察的事实中以归纳的方法发现和建立更多此类规律。"规律"一词带有从伽利略、牛顿身上得到的光环而流传下来。研究社会的专家们在有意无意之间渴望维护其研究的科学地位,采纳同样的语言,也相信自己在遵循同样的程序。政治经济学家似乎首先在这一领域获得了格雷欣法则、①亚当·斯密的市场法则。伯克②求诸于"商业法则,这是自然法则,从而也是上帝法则"。[3] 马尔萨斯提出了人口理论;拉萨尔(Lassalle)提出了工资铁律;马克思在《资本论》序言中声称已经发现"现代社会运动的经济规律"。巴克尔③在他的《文明史》(*History of Civilization*)结束语中表达了这样的信念:人类事务的进程中"渗透着一条辉煌的原则,这是一条普遍的、不会迷失方向的原则"。今天,这一术语听起来既显得不合时宜,也显得自以为是;而且对于自然科学家和社会科学家都几乎同样是不合时宜的。在伯瑞发表就职演说的前一年,法国数学家亨利·彭加勒

① 格雷欣法则(Gresham Law),即劣币驱逐良币的规律。在金属货币流通条件下,如果在同一地区同时流通两种货币,则价值相对低的劣币会把价值相对高的良币排挤出流通。——译者

② 伯克(Burke),指 Edmund Burke(1729—1797)。——译者

③ 巴克尔(H. Buckle),指 Henry Thomas Buckle(1821—1862),英国历史学家,几乎没有接受过正规教育,终身孤独,所著《文明史》第一卷出版于1857年,第二卷出版于1861年,因英年早逝而没有全部完成。——译者

(Henri Poincaré)出版了一本《科学与假设》(*La Science et l'hypothèse*)的小册子,该书在科学思想界掀起了一场革命。彭加勒的主要论点是,科学家所提出的一般命题,假如不只是一些定义,不只是玩弄语言的伎俩,那么这些一般命题就是一些假设,是科学家设计出来的以便组织进一步思考,并使这种思考具体化;这些一般命题就是有待于证实、修正和反驳的主题。今天,所有这一
切都已成为常识。牛顿所夸耀的“我不作虚假的假说”(Hypothe- 53
ses non fingo),今天听起来已显得不诚恳;尽管科学家,甚至社会科学家仍旧不时地提到规律,比方说,为了记得过去还提到规律,但是他们也不像18世纪和19世纪的科学家们那样普遍相信规律的存在了。人们认识到,科学家所获得的发现,所得到的新知识,不是靠建立精确且全面的规律得到的,而是靠提出假设得到的,这种假设为新的探索开辟了道路。两位美国哲学家撰写的关于科学方法的标准教科书,就把科学方法描述为“在本质上是循环的”:

我们通过求诸于经验材料,求诸于通常所谓的“事实”而获得原则的证据;我们依据原则来选择、分析和解释经验材料。[4]

“相互的”一词(reciprocal)或许比“循环的”(circular)一词要好;因为结果并不返回到原来的地方,通过这种原则与事实、理论与实践之间的相互作用就把结果向新的发现推进了。一切思想都要接受以观察为基础的某些假定,这些假定使科学的思想成为可能,而这些假定又应该依据某个思想进行修改。这些假设在一些场合为了一些目的或许是有效的,尽管也可以证明在别的场合是无效的。

在任何情况下,这些检验都是经验性的检验,而不管它们实际上在促进我们新的洞察力和增加我们的知识方面是否真正有效。卢瑟福[①]的一位最杰出的学生和同事最近描述了卢瑟福的方法:

> 他急切地想知道核子现象是怎样变化的,就像一个人会说他
> 54 知道厨房里所发生的一些事情。我不相信他依据古典理论的方法,利用某些基本规律来寻求解释;他只要知道正在发生什么事情,他就满足了。[5]

这一描述同样适合历史学家,他们放弃了对历史规律的寻求,满足于研究事务是如何起作用的。

历史学家研究过程中所使用假设的地位与科学家所使用假设的地位似乎极其相似。以马克斯·韦伯对新教伦理与资本主义之间关系的著名分析为例。今天不会有人把这称为规律,尽管先前有人欢呼,称之为规律。这是一种假设,尽管由它激发出来的研究会在一定程度上修正这种假设,但肯定无疑的是它将扩展我们对这两场运动的理解。或者再举马克思的叙述为例:“手工磨产生的是封建主为首的社会;机器磨产生以资本家为首的社会。”[②][6] 以现代术语的眼光来看,这不是一条规律,尽管马克思可能把这称为规律,但却是一种富有成效的假设,指出了进一步研究和重新理解的

---

① 卢瑟福(Rutherford),指 Ernest Rutherford(1871－1937),英国物理学家,把射线划分成 α、β 和 γ 三种类型并发现了原子核。获 1908 年诺贝尔化学奖。——译者

② 译文见马克思:《贫困的哲学》,刊《马克思恩格斯全集》,第 4 卷,人民出版社 1958 年版,第 143－144 页。——译者

道路。这类假设是不可缺少的思想工具。20世纪初期著名的德国经济学家韦尔纳·桑巴特①坦白地承认那些因放弃马克思主义而突然带来的“忧虑之情”：

> 当我们失去了那种在复杂的生活中至今还是我们的指南的、令人安慰的原则时……我们感到就像淹没在事实的汪洋大海之中，直到我们找到新的立足点或学会游泳为止。[7]

关于历史分期的争执也属于这一范畴。把历史划分为不同的时期，这不是事实，却是一种必要的假设或思想的工具，只要这种划分仍旧能 55
够说明问题便为正当，而它的正当性是建立在解释之上的。中世纪究竟结束于何时？对这一问题有歧见的历史学家就在于他们对某些事件有不同的解释。这个问题并不是事实的问题；而且也并不是一个毫无意义的问题。同样，把历史划分地理区域也不是事实，只是一种假设而已：在一些场合，提出欧洲史这一说法或许是一种有效的、有益的假设，但在另一些场合却会起误导作用、有害作用。大多数历史学家肯定俄国是欧洲的一部分，一些历史学家情绪激动地否认这一说法。可以从历史学家所采纳的假设判断出他的偏见来。关于社会科学的方法，我必须引用一段概括的声明，因为这段话语来自一位伟大的社会科学家，他曾接受过自然科学家的训练。乔治·索列尔②在四十来

① 韦尔纳·桑巴特(Werner Sombart，1863—1941)，德国经济学家。他非常精确地界定了经济学：“政治经济学应该是一门科学而不是救世学，是科学而不是艺术学说，是科学而不是自然科学”。——译者

② 乔治·索列尔(Georges Sorel，1847—1922)，法国哲学家、社会理论家。——译者

岁开始撰写有关社会问题的文章之前是一位开业的工程师，他强调有必要在一种境遇下把一些特殊的因素排除在外，甚至冒着过分简单化的危险也是如此：

一个人应该不断地摸索前进；他应当严密检测可能的、部分的假设，也应满足暂时的近似答案，以便总是为不断地纠正过程敞开大门。[8]

这与19世纪有很大的差异，那时的科学家和像阿克顿一样的历史学家都渴望通过积累那些充分证实的事实，以冀在将来建立一套全面系统的知识体系，以一劳永逸地解决所有争端。当今的科学家和历史学家怀着一种比较谨慎的希望在不断地前进，从一个不完整的假设到另一个不完整的假设，通过解释的手段分离出事实，再通过事实检验他们的解释；在我看来，科学家和历史学家研究问题所采取的方法没有什么本质的不同。我在第一次演讲中引用过巴勒克拉夫教授的评论，历史“根本不是事实，只是一系列已经接
56 受下来的判断”。当我在准备这些演讲的时候，来自这所大学的一位物理学家在英国广播公司里把科学真理定义为“专家们公开承认的一种陈述”。[9] 这两种方案都不完全令人满意——当我谈论客观性这一问题的时候，会讲到这种不满的理由。但是我惊异地发现，一位历史学家、一位物理学家以几乎完全相同的词语，各自独立简洁地阐明了同一问题。

然而，对于粗心大意的人来说，类似是一个众人皆知的陷阱：我想认真地考虑一下相信下述论述的意见：尽管在数学和自然科学之

间，或者这类范畴内的科学之间存在着巨大的差异，然而总可以在这些科学与历史之间划出一个基本的分界线，这一划分使得用科学的名义称呼历史——也许还有其他所谓的社会科学——产生误导。这些异议——其中一些要比一些更有说服力——概括如下：(1)历史只研究特殊，科学则研究一般；(2)历史不传授教训；(3)历史不能够做预言；(4)历史必然是主观的，因为人在观察自身；(5)和科学不一样的是，历史涉及宗教、道德的问题。我将依次研究这些论点。

首先，有人断言历史研究的是特殊的事物、独特的事物，而科学研究的则是一般的事物、普遍的事物。据说，这种观点始于亚里士多德，他宣称诗歌比历史"更富有哲理"、"更严肃"，因为诗歌与普遍真理有关，而历史则与特殊真理有关。[10]包括柯林武德[11]在内大量的后世作家都在科学与历史之间作了类似的区分。这种观点似乎以误解为基础而产生。霍布斯的著名格言仍旧合情合理："这 57
个世界上，除了名目之外，没有任何事情是普遍的，因为有了名目的东西中的每一件东西都是单个的、独特的"。[12]这肯定也符合自然科学：没有两个地质层组、没有两个相同种类的动物、没有两个原子是同一的。同样，也没有两个历史事件是同一的。但是，坚持历史事件的独特性就像摩尔①从巴特勒主教②那里接受下来的陈词滥调一样会有麻痹的作用。曾有一段时间语言哲学家特别钟爱

① 摩尔(Moore)，指英国哲学家George Edward Moore(1873－1958)，他在代表作《伦理学原理》(*Principia Ethica*，1903)里引用了这句话。——译者

② 巴特勒主教(Bishop Butler)，指Joseph Butler(1692－1752)，英国主教、神学家，反对自然神论。著有*Analogy of Religion*(1736)等。——译者

这句话："每一件事情就是这件事情，而不是别的什么事情"。一旦你踏上这种途径，不久就会达到某种哲学上的超脱，在此情况下，不能对任何事情进行实质性的言说。

正是语言的用途迫使历史学家像科学家一样进行概括。伯罗奔尼撒战争和第二次世界大战是完全不同的战争，两者各有其独特性。但是，历史学家都把它们叫做战争，只有学究才会提出抗议。当吉本把君士坦丁确立基督教的建立和伊斯兰的兴起当作革命性的事件来撰写时，[13]他是在概括这两个独特的事件。当现代历史学家撰写英国革命、法国革命、俄国革命和中国革命时，他们使用同样的手法。历史学家并不真正对独特性感兴趣，他们真正感兴趣的是独特性中概括出来的一般性。20 世纪 20 年代，历史学家对 1914 年爆发的第一次世界大战起因的讨论，通常是在这种假设基础上进行的：战争的爆发是由于外交官的处置失当——秘密工作、不受舆论监督造成的，或者是由于世界不幸地被分为地域性的主权国家造成的。到了 30 年代，讨论则是在这样的假设基础上进行的：战争源于帝国主义列强之间的竞争，而竞争是由衰落中的资本主义列强瓜分世界这一压力而造成的。这些讨论都涉及战
58 争起因的概括，或者至少是 20 世纪条件下战争起因的概括。历史学家不断地使用概括来验证他的证据。假如理查①是否在伦敦塔

① 理查(Richard)，指英格兰国王理查三世(Richard III，1452－1485)。相传，伦敦塔由征服者威廉于 1066 年称王后不久建造。伦敦塔不仅是皇室居所、军械库和宝库，更以囚禁君王仇敌闻名。许多人在此遭受酷刑、斩首。1483 年，爱德华四世去世，其两名幼子被叔父(后来的理查三世)关入塔中(Princes in the Tower)后神秘失踪。理查也于该年继承王位。1674 年才在附近发现了两具少年遗骸。——译者

里谋杀了那几位王子的证据还不明了，历史学家就会自我设问——或许是下意识而不是有意识地——这一时期的统治者是否有一种把王位的潜在竞争对手杀死的习惯；历史学家的判断理所当然地受到这种概括的影响。

历史的阅读者以及撰写者都是积习成癖的概括者，总是把历史学家的观察应用到他所熟悉的其他历史现象上去——或者，也许应用到他自己的时代上去。当我读卡莱尔的《法国革命》(*French Revolution*)时，我发现自己一再概括他的意见，并把这些意见应用到我自己特别感兴趣的领域俄国革命中。以下面论述恐怖的话语为例：

> 在知道司法公平的国家里，认为恐怖是不自然的——而从不知道司法公平的国家则认为恐怖是自然的。

或者，下面这段话更有意义：

> 一般以歇斯底里的情调撰写这一时期的历史，尽管很自然，但很不幸。富有夸张，充满诅咒、悲叹；总的来说，一片黑暗。[14]

还有另外一段，摘自布克哈特论述16世纪近代国家成长的文章：

> 政权离起始越近，就越不容易保持稳定——首先，因为建立这些政权的人已经习惯于快速的深入运动，又因为他们本质上就是革新者，也愿意保持这种本质；其次，他们所激发的或压抑的力量

> 只有通过进一步的暴力行为才能加以运用。[15]

说历史与概括无关,这是废话,历史因概括而繁荣昌盛。就像埃尔顿先生(Mr. Elton)在一册新版《剑桥近代史》中简洁说的“历史学
59 家与历史事实收集者之间的区别就在于概括”;[16]他或许也应该补充同样一句话,自然科学家与博物学家或标本收集者之间的区别就在于概括。但不要以为,概括允许我们构造出一些庞大的历史计划,让一些特殊的事件也必须符合这些计划。由于马克思是时常准备或相信这样一类计划的人之一,我打算引用马克思的一封信来概括这段内容,而这段引文能正确地反映这一问题:

> 极为相似的事情,但在不同的历史环境中出现就引起了完全不同的效果。如果把这些发展过程中的每一个现象都分别加以研究,然后再把它们加以比较,我们就会很容易地找到理解这种现象的钥匙;但是使用一般历史哲学理论这一把万能钥匙那是永远达不到这种目的的,这种历史哲学的最大长处就在于它是超历史的。[17]

历史所涉及的是独特与普遍之间的关系。作为一名历史学家,你既不能把两者分开,也不能抬高一方压低另一方,正如你不能把事实与解释分开一样。

这里简单地谈论一下历史学与社会学之间的关系或许是比较恰当的。当今,社会学面临着两个对立着的危险——成为极端理论的危险和成为极端经验的危险。第一个危险就是使社会学自身消失在对一般社会进行抽象、无意义的概括之中。大写 S 的社会

和大写 H 的历史同样是使人误入歧途的错误。这种危险由于那些分配给社会学的惟一任务就是对历史记载的独特事件加以概括的人而越来越紧迫了：甚至有人指出社会学与历史学的区别就在 60
于社会学有"规律"。[18]另一个危险是几乎一代之前的卡尔·曼海姆①所预测到的，而这一危险在当今更为迫切，这就是把社会学"分裂为一系列互不相干的、重新调整社会的技术性问题"。[19]社会学涉及历史上的各个社会，而每一个社会都是独特的，都是由特定的历史前提、特定的历史条件所铸造的。但是，把自己局限于所谓的列举与分析这类"技术"问题而企图避免概括和解释，结果只是会成为停滞社会之不自觉的辩护者。假如社会学要成为一个有成效的研究领域，就必须像历史学一样，使自身和特殊与一般之间的关系联系起来。而且社会学也必须成为一种动力——不是研究静止社会的动力（因为并不存在这类社会），而是研究社会变化和发展的动力。至于其他方面，我只想说，历史学变得越来越社会学化，社会学变得越来越历史学化，这样对两者都有更多的益处。让社会学、历史学之间的边界保持更加广阔的开放态势，以便双向沟通。

概括的问题与我的第二个问题紧密相关：与历史的教训紧密相关。概括的真正意义是，通过概括，我们试图从历史中学到什

① 卡尔·曼海姆（Karl Mannheim，1893－1947），德国社会学家、历史学家。著有 *Ideology and Utopia*（1929）、*Man and society in the age of social reconstruction*（1940）、*Diagnosis of our time*（1943）、*Freedom, power, and democratic planning*（1951）、*Essays on the sociology of knowledge*（1952）、*Essays on sociology and social psychology*（1953）、*Essays on the sociology of culture*（1956）等。——译者

么，把从一整套事件中归纳出的教训应用到另一整套事件中去：当我们在概括的时候，我们在有意或无意之间尝试这样做。那些摈
61 弃概括、坚持历史仅仅与特殊关联的人，在逻辑上肯定是那些否认能够从历史中学到任何东西的人。他们关于不能从历史中学到任何东西的断言有悖于大量的、可见的事实。没有什么经验再比这条经验更为寻常了。1919 年，我作为英国代表团一名年轻成员出席巴黎和会。代表团中的每一位成员都相信我们可以从维也纳会议①中——一百年以前欧洲最后一次、最大的和平会议——汲取教训。一位名叫韦伯斯特的上尉，那时受雇于战争委员会，现在则是查尔斯·韦伯斯特爵士②——一位著名的历史学家，写了一篇文章，告诉我们这些教训是什么。在我的记忆深处一直保留着其中的两条教训。一条教训是，当重新划分欧洲地图时，忽略自决的原则是危险的。另一条教训是，把秘密文件丢在废纸篓里是危险的，废纸上的内容肯定会被其他代表团的谍报人员收买。这些历史教训被当作千真万确的真理接受下来，并且影响着我们的行为。这个例子是最近的，而且有些琐细。但是，在比较遥远的历史中，也很容易追溯更远时期的教训所带来的影响。大家都知道古代希

① 维也纳会议（Vienna Congress），欧洲各国在拿破仑战争结束前夕（1814—1815）举行的一次重新划分欧洲版图的国际会议，这是世界近代史上一次规模空前的国际会议。会议使欧洲形成新的均势格局，封建势力暂时稳住了阵脚。但是，会议按照“正统主义原则”恢复旧的王朝制度和按照“补偿原则”瓜分小国领土的行径，遭到各国人民的反对。会后，俄、普、奥、英等国为防止欧洲各国民族革命运动的爆发，建立了“神圣同盟”和“四国同盟”。——译者

② 查尔斯·韦伯斯特爵士（Sir Charles Webster），指 Charles Kingsley Webster（1886—1961），英国历史学家、外交官。——译者

腊给罗马带来的影响。但是，我不能肯定的是，是否有历史学家已
在尝试对罗马人来自希腊历史的教训，或者对罗马人自认为曾从
希腊历史中汲取的教训作精确的分析。对17、18、19世纪西欧从
《旧约圣经》历史中得到的教训作一研究，或许会产生一些有价值
的结果。没有这一分析，就不能充分地理解英国清教革命；选民的
概念是近代民族主义兴起的一个重要因素。古典教育的烙印深深
地刻在19世纪大不列颠的新统治阶级身上。正像我已提到的格
罗特，他把雅典指喻为新民主的榜样；我也愿意看到，有人会对罗 62
马帝国的历史在有意无意之间给予大英帝国缔造者所带来的广泛
且深刻的教训进行研究。就我自己特别的研究领域而言，俄国革
命的缔造者深深地打下了——法国革命、1848年革命、1871年巴
黎公社教训的烙印——有人或许应该这么说，被这些教训所缠住。
但是，我在这里将再次提醒人们注意由历史的双重特性所施加的
条件。向历史学习从不仅仅是一种单向过程。根据过去研究现在
也意味着根据现在理解过去。历史的功能就在于通过过去与现在
之间的相互关系来促进对这两者的进一步理解。

我要讲的第三点是预言在历史中的作用：据说从历史中得不到任何教训，因为和科学不同的是，历史不能够预测未来。这个问题涉及一整套误解。就我们视野所及范围而言，科学家不再像过去那样热衷于谈论自然规律了。所谓影响我们日常生活的科学规律实际上是对一种可能性的陈述，在其他各点都相同的情况下或者在实验室环境下会发生这种陈述所产生的东西。他们并不声称预言在具体的情况下会发生些什么。万有引力定律并不证明哪一特定苹果将会落在地上：

或许有人会用篮子接着它。光线循直线照射的光学定律并不能够证明一种特定光线因某些障碍物，就不会折射或扩散。不过，这并不意味着这些规律毫无价值，或者在本质上是无效的。我们知道，近代物理学所涉及的仅仅是事件发生的可能性。当今，科学更加倾向于牢记的是，从逻辑上讲，归纳仅能导致可能性或合理的信念，而且科学更迫切地想把它的宣告当作是一般的规则或指南，这些规则或指南的有效
63 性只在特定行动中才能得以检验。"正如孔德所说，'从科学中产生预见，从预见中产生行动'"。[20]历史中预言这一问题的关键情节就在于一般与特殊之间的区分，在于普遍与独特之间的区分。就像我们已经知道的，历史学家肯定要概括；并且在这样做的同时，会为未来的行动提供一般的指导，尽管这些指导不是一些特殊的预言，但却是有效的、有用的。但是历史学家不能预言特殊的事件，因为特殊的事件是独特的，而且因为偶然的因素会进入其中。这种使哲学家焦虑的区分在普通人看来，是非常清晰的。假如学校里的两三位小朋友得了麻疹，你会得出结论说，这种病将传播开来；这种预言——如果你愿意这样称呼的话——是根据从过去经验中得出的概括而来的，并且也是有效的、有用的行动指南。但是你不能做出特殊的预言，说查理和玛丽将得这种病。历史学家以同样的方式行事。人们并不期待历史学家会预言下个月在鲁里坦尼亚①将爆发革命。历史学家经探询将要得出

---

① 鲁里坦尼亚(Ruritania)是想象中的欧洲中部一国家。该词为英国小说家安东尼·霍普(Anthony Hope，1863－1933)所创，首次出现于他1894年发表的小说《古堡藏龙》(*The Prisoner of Zenda*，又译《桑达囚犯》)中。该词源于拉丁语 *rus*，*ruris*(country之意)，加上古罗马一行省Lusitania(大致相当于现今葡萄牙的大部和西班牙西部的一部分)的名字，复合而成。故事的舞台就在一个名为鲁里坦尼亚的国家，地理位置就设定在德国东南地带。后引申为"冒险国"、"阴谋国"、"浪漫国"之意。——译者

的那类结论——部分是源自有关鲁里坦尼亚事务的专细知识，部分建立在历史研究基础之上——便是，假如有人挑动这场革命，而政府方面没有人采取措施来阻止这场革命，鲁里坦尼亚将会陷入这类革命的处境。此外，这种结论也许与各类评估相伴随——部分地建立在与其他革命相类推的基础上，建立在人口的各个阶层对革命所持态度的类似分析基础之上。如果可以把这称之为预言的话，那么预言最好通过特殊事件来得以实现，而特殊事件本身又是不能够预测的。但这并不意味着自历史中得出的关于未来的各种推论毫无价值，也不意味着这些推论不具备特定环境下的有效性，这种有效性既可以作为我们的行动指南，也可以作为我们理解事件发生的关键要素。我并不希望表明社会科学家的推论或历史学家的推论在精确性方面可比拟于自然科学家的推论，也不希望表明社会科学家或历史学家在精确性方面的缺 64
陷(inferiority)仅仅是因为社会科学极其特殊的回溯性所造成。就我们所知，无论从哪一角度看，人类都是最复杂的自然实体(Natural entity)，因此，研究人类行为或许会涉及一些困难，而这些困难又不同于自然科学家所面临的那类困难。我希望证实的是，社会科学家与自然科学家的主旨与方法完全不同。

我第四点要讨论的是，为了在包括历史在内的社会科学与自然科学之间划分出一条泾渭分明的界限，来提供一种更加令人信服的论点。这种论点便是，就社会科学而言，主体和客体属于同一范畴，并且彼此之间互为作用。人类不仅是最复杂的自然实体，且极具变化性，而且人类必须由其他人类来研究，而不是由其他物种中的独立观察者来研究的。因此，人类不再像研究生物学一样，仅仅满足于研究人类自身的体质构造和生理反应。社会学家、经济学家或者历史学家需要深究人类行为的各种形式，这其中意志是最为活跃的；需要确定他的研究对象的人，为什么会像他行动的那样去有意识地行动。这就在观察者和被观察事物之间建立了一种关系，而这种关系则是历史学和社会科学所特有的属性。历史学家的观念便不可避免地成为每一个观察物的组成部分；历史浑身上下都渗透着相对性。用卡尔·曼海姆的话来说，“甚至把各种经验归类、整理、排列而得出的诸范畴也依据观察者的社会地位而发生变化”。[21]不仅社会科学家的偏见会成为其观察物的一个组成部分，这是事实；而且，观察过程影响和修正着正在被观察的事物，这也是事实。并且，这可以以两种完全不同的方式发生。人类的行
65 为构成了分析的对象，也构成了预言的对象，人类事先就受到不为其欢迎的预言警告，在这预言诱使之下修正他们的行为，然而无论如何多么虔诚地以计行事，预言的结果还是证明，这是一种自我挫败。历史很少重复发生的一个原因是，有历史意识的人是那位在第二次演出中已经意识到第一次演出结局(*dénouement*)的主人公(*dramatis personae*)，主人公的行为受囿于这类知识。[22]布尔什维克知道法国大革命以出现一位拿破仑而告终，他们害怕他们自己的革命或许也以这种方式而告终。因此，他们不相信托洛茨基，这人在布尔什维克领袖当中最像拿破仑，而相信斯大林，斯大林看起来最不像拿破仑。但是这一过程或许导致了一个相反的方向。经济学家依据现存的经济状况进行科学分析，预言一个即将出现的繁荣或萧条，假如他富有权威，并且论断切中肯綮，但就他的预言这一事实本身而言，就对所预言的这一现象的产生做出了贡献。

政治学家凭借历史观察的力量抱有一种暴政转瞬即逝的信念，也对暴君的覆亡做出了贡献。每个人都熟悉候选人在选举时的行为，候选人为了有意识的目的而宣扬自己的胜利，这个目的就是使预言更加像预言得以履行；人们怀疑经济学家、政治学家和历史学家，当他们斗胆做出预言时，有时也受促进预言实现这一无意识的希望鼓动。关于这些错综复杂的关系，人们可以高枕无忧说的是：观察者和被观察事物之间的互动、社会科学家和其资料之间的互动、历史学家和其事实之间的互动是持续不断，而且也是不断发生变化的；这似乎是历史学的一个显著特征，也是社会科学的一个显著特征。

我或许应该在这里指出的是，近年来有一些物理学家在使用
一些术语谈论他们的科学，这些术语似乎表明物质世界与历史学 66
家的世界有着更显著的类似。首先，据说他们的结果都涉及不确定原理(A Principle of Uncertainty)或不确实原理(A Principle of Indeterminacy)。我将会在下一讲中论述所谓历史决定论的本质与范围。但是现代物理学的不确定原理是否存在于宇宙本质之中，或不确定原理仅仅表明我们自己到目前为止对宇宙的理解还不够全面(这种观点至今仍在争议之中)，我对以我们的能力在物理学之中发现对于历史预言来说是极其重要的类似性表现出同样的怀疑态度。几年之前，一些热心者不断尝试在历史学之中发现宇宙中自由意志起作用的证据。其次，有人告诉我们，要衡量空间的距离、时间的流逝，取决于“观察者”的运动。在现代物理学中，由于不能确定“观察者”和观察目标之间的恒久关系，因而所有测量都依从于各种内在的变化；“观察者”和观察目标之间——主体

和客体之间——构成了最终观察结果的组成部分。但是，当人们把这些描述稍加改动就应用到历史学家与其观察目标之间的关系上来，我并不满足于这些关系的抽象，并不满足于这些应用到历史学家与其观察目标的抽象关系在任何真正情况下都可比拟于物理学家与其宇宙关系的性质；尽管我大体上打算减少而不是增加差异，这些差异区别了历史学家的研究方法与物理学家的研究方法，但如果仅仅依赖不能令人信服的类似性试图来迅速而神秘地消除这些差异，也是于事无补的。

但是，社会科学家或历史学家被卷进研究客体是不同于物理学家的，而且由主体和客体之间关系而引起的各类问题也更加极其复杂。当我认为这种说法公允的时候，问题也并没有就此得到解决。盛行于17、18、19世纪的古典知识理论都在认知主体（The Knowing Subject）和被知客体（The Object Known）之间，采取一
67 种严格的两分法。不管怎样，哲学家想象的过程，构建的模式都表明主体与客体、人与外在世界是割裂的、分离的。这是科学诞生与发展的伟大时代；各种知识理论都深受科学先驱观点的强烈影响。人类与外界被绝对地对立起来。人类与外界搏斗，就像与倔强的、有潜在敌意的一些事情搏斗一样——之所以倔强，是因为难以理解；之所以有潜在敌意，是因为难以驾驭。随着近代科学的凯旋前进，这种观点也得到了急剧的修正。当今的科学家似乎很少把自然力量视为战斗的对象，而是当作可以与之合作的事情，利用并使之符合自己的目的。各种古典知识理论不再适合更新的科学，尤其不符合物理学了。在过去的五十年间，哲学家开始怀疑这些理论，并且认识到知识的过程远非是把主体和客体绝对地分开来，而

是蕴涵于主客体之间相互关联、相互依赖的程度。因此，这对于社会科学来说是极其重要的。我在第一讲里已经表明，历史研究难以与传统的、经验主义者的知识理论相调和。我现在想要证明的是，既然社会科学涉及作为主体的人和作为客体的人，涉及研究者和被研究物，因此，从整体上看，社会科学不见容于宣称主客体之间有严格界限的任何知识理论。社会学在努力把自身建设成为一整套完善理论体系时，也明智地发展出一门分支，名叫知识社会学(Sociology of Knowledge)。然而，在这方面还没有取得很大的成绩——我猜想，主要是因为它还满足于在传统知识理论的窠臼里上下探索。假如首先受近代物理学影响、现在又受近代社会科学影响的哲学家正开始突破这种窠臼，构建出比旧有的、以材料来冲 68
击被动知觉的那种台球模式更加新颖的某种模式，这对于社会科学特别是历史学而言是一个好的征兆。将来当我要讨论我们所说的历史客观性时，我还要回过头来研究这一相当重要的观点。

我在最后必须讨论、但同样重要的观点是，由于历史与宗教、道德问题紧密联系，因此，历史与一般科学，或许甚至与其他社会科学是截然不同的。关于历史与宗教之间的关系，我只要略作说明就必然会清楚地表明我自己的态度。作为一位严肃的天文学家与信仰创造宇宙、统治宇宙的上帝，可以并行不悖。但相信存在一位天文学家可以随意干涉以改变一颗行星的运行，随意推迟日食或月食，随意改变宇宙运行规则，这就不行了。同样，人们有时联想，作为一位严肃的历史学家或许也可以信仰控制作为整体的历史进程并赋予意义，尽管他可能并不相信《旧约圣经》中记载的干涉并要屠杀亚玛力人①的上帝，或篡改日历以延长日照时间来照顾约书亚(Joshua)军队的上帝。历史学家也不能乞求上帝为特殊历史事件进行解释。达西神父(M. C. D'Arcy)在新近出版的一本书中尝试说明这一区别：

> 研究者以这是上帝之手来回答历史中的每一个问题，这是不合适的。只有当我们已经尽最大力气整理了世俗事件和人类事业之后，我才可以允许援引更广泛的思考。[23]

69 这种观点的棘手之处就在于，它似乎把宗教当作是一副牌中的大王，以备急需，当任何其他办法都不能解决问题时，可以把握真正重要的得分机会。当路德派神学家卡尔·巴特(Karl Barth)宣称把神圣历史和世俗历史截然分开，并把后者移送给世俗研究者时，他的做法比较恰当。假如我理解巴特菲尔德的话，当他谈到"专门"史('Technical' History)时，有着同样的意思。专门史是你或我一直愿意写的惟一的那类历史，也是他本人已经写的那类历史。不过，由于巴特菲尔德使用了这一不同寻常的形容词而表明，他保留相信一种奥秘的或天启的历史，而这是我们这些人不必关注的。像别尔迪耶夫②、尼布尔③、马里丹④这类作家都声称要保持历史的

---

① 亚玛力人(Amalekites)，古代游牧民族，住在西奈半岛和迦南南部，以背信弃义而声名狼藉，经常劫掠以色列，后被扫罗、大卫击败。据《圣经》(*Gen* 36.12、16)记载，亚玛力人是以扫(Esau)的后代。——译者

② 别尔迪耶夫(N. Berdyaev，1874—1948)，俄罗斯哲学家、神学家。——译者

③ 尼布尔(R. Niebuhr，1892—1971)，美国神学家。——译者

④ 马里丹(J. Maritain，1882—1973)，法国天主教思想家。——译者

独立性地位，但是也坚持历史的主旨或历史的目标存在于历史之外。就我个人而言，我发现我很难把历史的完整性（The Intigrety of History）跟服膺某些超历史力量之类的信仰调和起来，而历史的意义与重要性都要依赖这类信仰——不管这种力量是选民的上帝、基督徒的上帝、自然神论者的神秘之手（The Hidden Hand of the Deist），还是黑格尔的上帝精神。就我这些演讲的主旨而言，我认为历史学家不应借助外在神灵（*deus ex machina*）来解决自己的问题，比方说，历史就是一场纸牌游戏，而这副纸牌里却没有大王。

历史与道德的关系则更加复杂，过去对这一问题的讨论已使这一关系越加含糊不清。毋庸置疑，当今已不要求历史学家对其笔下人物进行道德的审判。历史学家的立场与道德学家的立场不必一致。亨利八世[1]或许是一位坏丈夫，却是一位好国王。只有当前一种品质对历史事件产生影响时，历史学家才会对他的这一性格感兴趣。假如他的道德过失就像亨利二世（Henry II）一样对公共事务并没有产生多大的明显影响，历史学家则不需要关注这类问题。不仅恶行如此，而且美德也是如此。巴斯德（Pasteur）和爱因斯坦在私生活方面是人们的榜样，甚至是完美的榜样。但是， 70
假设他们是不忠的丈夫、狠心的父亲、寡廉鲜耻的同事，那么会削弱他们的历史成就吗？历史学家脑中先入为主的正是这类东西。据说，斯大林对他的第二任妻子暴戾且无情；但作为研究苏联事务的历史学家，我并不觉得我本人过度关注这类事情。这并不意味

① 亨利八世（Henry VIII，1491—1547），英格兰国王（1509—1547）。——译者

着私德不重要，或者也不意味着道德史不是历史的合法组成部分。历史学家不必偏离主题对其叙述人物的私生活进行道德的针砭。他还有其他的事情要做。

对公共行为进行道德判断的问题引起了更加模糊的问题。历史学家有义务对其主人公(*dramatis personae*)进行道德判断，这种信念历史悠久。没有哪个时代比 19 世纪英格兰更加盛行这一观念了，那时的道德趣味和不受抑制的个人主义崇拜都加强了这一观念。罗斯伯里①评论说，英国人想知道有关拿破仑的是，他是不是“一位好人”。[24]阿克顿在致克雷顿②的信件中宣称，“道德准则的恒久性是历史之所以威严、神圣、有用的秘密所在”，并且宣称要使历史成为“矛盾的仲裁者、彷徨的指导者以及世俗力量和宗教力量自身不断倾向施加影响的道德规范的维护者”[25]——这一观点建立在阿克顿对历史事实的客观性和至高无上性的神秘信仰上，显然这会要求、也会赋予历史学家以历史的名誉作为一种超越历史的力量，对参与历史事件的个人进行道德的评判。这种态度有时以各种意想不到的形式再次出现。汤因比教授把墨索里尼在
71 1935 年对阿比西尼亚③的入侵描述为“蓄意的个人罪行”；[26]以赛亚·伯林爵士在我们前面已引用的文章中热烈地坚称，历史学家的职责就是“依据他们的屠杀来判断查理曼、拿破仑、成吉思汗、希

① 罗斯伯里(Rosebery，1847—1929)，英国政治家。——译者

② 克雷顿(Creighton)，指的是 Mandell Creighton (1843—1901)，英国主教、历史学家，《英国历史评论》(*English Historical Review*)第一任主编(1886—1891)。著有 *History of the Papacy during the Reformation Period*(1881—1894)、*Cardinal Wolse*(1888)、*Queen Elizabeth*(1896)等。——译者

③ 阿比西尼亚(Abyssinia)，今称埃塞俄比亚(Ethiopia)。——译者

特勒或斯大林”。[27]这种观点为诺尔斯教授充分批驳，[①]他在就职演说中引用了马特利[②]对菲力二世[③]的谴责（“假如……还有他没有去做的坏事，这是因为人的本性甚至邪恶方面也不能到达的极致”），也引用了斯塔布斯[④]对约翰王（King John）的描述（“被每一个都让人感到羞耻的罪恶所污染”），来作为个人道德判断的例证。历史学家没有资格宣布这些判断：“历史学家不是法官，更不用说是绞刑官了。”[28]此外，克罗奇在这一点上也不乏精彩的论述，我愿在这引用：

> 这种指控忽略了我们的法庭（不管是司法的或道德的）是当前的法庭，是为在世的、活跃的、危险的人设计出来的，而另外那些人已经出现在他们那个时代的法庭之前，不能在两种情况下都宣判或赦免。他们在任何法庭面前都不承担责任，仅仅因为他们是已逝者，属于过去的时代，同样也仅仅是历史的臣民，不接受其他判断，判断仅仅是对已逝者事迹之精神的洞悉和理解……那些借口 72
> 叙述历史像法官一样忙碌的人，在这里宣判，到那里赦免，因为他

---

① 诺尔斯（David Knowles，1896—1974），英国历史学家，以研究修道院制度而著称。著有 *The Monastic Orders in England*（1940）、*The Religious Orders in England*（3卷，1948—59）、*The Religious Houses of Medieval England*（1940）、*Evolution of Medieval Thought*（1962）、*Thomas Becket*（1970）等。——译者

② 马特利（John Lothrop Motley，1814—1877），美国历史学家、外交家。著有 *History of the United Netherlands*（4卷，1860—1867）、*The Life and Death of John of Barneveld*（1874）等。——译者

③ 菲力二世（Philip II），指西班牙国王（1527—1598）。——译者

④ 斯塔布斯（William Stubbs，1825—1901），英国历史学家，擅长古文书和文本批判。代表作：*Constitutional History of England*（3卷，1874—1878）。——译者

> 们认为这是历史的职责……这些人通常被认为是缺乏历史感的人。[29]

假如有人对这样的陈述吹毛求疵：对希特勒或斯大林——或者，如果你喜欢——对参议员麦卡锡（McCarthy）进行道德审判不是我们的职责——这因为他们是我们中间许多人的同时代人，是因为成千上万直接或间接遭受希特勒、斯大林或麦卡锡行为而带来苦难的人还活着，也正因为这些原因，我们很难以历史学家的身份与这些人打交道，我们也很难放弃我们其他一些职责，这些职责在我们对这些人行为进行判断时，可能为我们辩护。这是当代历史学家的困境之一——我应说，是主要困境。但是，当今从谴责查理曼或拿破仑的罪行中，谁又能够发现有什么好处呢？

因此，让我们抛弃那种把历史学家当作是绞刑官的概念吧，把视线转移到更加苦难、也是更加有用的问题上，这就是不是对个人的道德判断，而是对过去事件、制度或政策的道德判断。这是历史学家重要的判断；那些强烈坚持对个人进行道德谴责的人，有时无意中为整个群体和社会提供了躲避责任的遁词。法国历史学家勒费弗尔（Lefèbvre）极力证明法国大革命对拿破仑战争所带来的灾难和血腥没有责任，把这些灾难和血腥归结于“一位将军的独裁……他的脾气……不易默然接受和平与克制”。[30]今天，德国人欢迎对希特勒个人邪恶的谴责，把这当作是历史学家对产生希特勒这样的社会进行道德判断的满意替代。俄国人、英国人和美国人都欣然参加对斯大林、内维尔·张伯伦（Neville Chamberlain）或麦卡锡的个人攻击之中，把他们当
73 作是社会集体错误行为的替罪羊。而且，对个人道德判断的赞扬和对

个人的道德谴责都一样会使人误入歧途、贻害无穷。承认一些奴隶主个人有着高尚的心灵，则经常被当作是不要把奴隶制度谴责为不道德的借口。马克斯·韦伯提到，“资本主义使工人或债务人卷入到那种无奴隶主的奴隶制度之中”，韦伯也正确地辩解说，历史学家应该对制度进行道德判断，不应该对建立这种制度的个人进行道德判断。[31]历史学家不应参与对个别的东方专制君主进行判断。但也不要要求他，比方说，对东方专制主义和伯里克利时代雅典的制度保持漠不关心的、没有偏见的态度。他可以不对个别奴隶主进行判断。但这并不能阻止他去谴责奴隶社会。就像我们看到的，历史事实预先就包含了某些解释；并且历史解释总是涉及道德判断——或者，假如你愿意用一个听起来更加中性的术语，价值判断(Value Judgments)。

然而，这仅仅是我们困境的开始。历史是一个斗争的过程，其结果——不管我们把这些结果判断为是好还是坏——是一些群体直接地或间接地，通常是直接多于间接，以牺牲另外一些群体获得的。失败者买单。苦楚是历史本身所固有的。历史上的每一个伟大时代有灾难，也有胜利。这是一个极端复杂的问题，因为我们没有办法可以使我们在得到较大好处的人与做出牺牲的人之间进行权衡：然而又必须找到一些这样的权衡方法。这不是历史的惟一问题。在日常生活中，我们有时不愿意承认，但经常被迫卷入到选择恶小或为恶小之中，以便让好事可以出现。在历史上，这种问题有时以醒目的“进步的代价”或“革命的代价”为题进行讨论。这会引起误解。就像培根在那篇《论革新》(*On Innovations*)中所说：“固执地保守习俗就像革新习俗一样会引起骚动。”就像保守的代价主要是由基本无权的人承担一样，革 74
新的代价主要是由被剥夺权利的人来承担。一些人的好处就为另外一些人的苦楚作了辩解，这样的观点在所有的机构中都是毋庸置疑的，这是一个保守的学说，同样也是激进的学说。约翰逊博士①援用了危害取其轻这样的论点，来证明维持现存不平等现象的合法性：

> 一些人不幸福总比没有人幸福要好，这就是平等的一般状态的事例。[32]

但是，只是在急剧变化的时代，这个问题才会以最具戏剧性的形式出现；也就是在这里，我们发现这最容易研究历史学家对这一问题的态度。

让我们以大不列颠工业化的历史，比方说 1780－1870 年之间的历史为例。实际上，每一位历史学家，可能是不用讨论的，都愿把工业革命当作是一个伟大的成就、一个进步的成就。历史学家也会描述农民被驱逐出土地的过程，描述工人集聚在有害健康的工厂和不卫生的棚户里的情况，也会描述剥削童工的现象。他可能也会说，体系在运作过程中产生一些弊端，一些雇主比另一些雇主更加惨无人道，他也会津津有味地详述，一旦体系变得稳定下来，人道主义道德感就会逐步成长起来。但是，他还会认为，可能不会说出，无论如何高压和剥削手段在初期阶段是工业化代价所不可避免的一个组成部分。我还从没有听到哪
75 位历史学家说，鉴于这种代价，最好止住进步，不要工业化了；假

① 指塞缪尔·约翰逊(Samuel Johnson，1709－1784)，英国词典编纂家、作家。——译者

如真有这样的历史学家的话，他无疑是切斯特顿学派（The School of Chesterton）和贝洛克学派（The School of Belloc）了，也将——相当彻底地——不被严肃的历史学家当作一回事。我对这个例子特别感兴趣，因为我希望不久就会在我的有关苏维埃俄国史中接触到作为工业化代价组成部分的农民集体化问题；而且我也清楚地知道，假如我遵循那种研究英国工业革命的历史学家的方法，我也会对集体化过程中的残忍和弊端表示悲哀，但是又把这过程当作是值得的、必要的工业化政策代价不可避免的组成部分，我还会遭受犬儒主义式的谴责，遭受宽容坏事的谴责。历史学家宽恕西方国家在 19 世纪对亚洲和非洲的殖民化，不仅是因为这种殖民化对世界经济所带来的直接后果，而且是因为给这些大陆的落后民族带来的深远影响。有人说，近代印度毕竟是英国统治的产物；近代中国是 19 世纪西方帝国主义交织着俄国革命影响的产物。不幸的是，幸存下来享受中国革命所带来辉煌与荣耀的并不是那些在条约港口为西方人所拥有的工厂中劳动的人们，也不是南非矿山里的工人，也不是在第一次世界大战中在西方前沿阵地做工的人。付出代价的人很少是那些得益的人。这段来自恩格斯的著名的、辞藻华丽的叙述，有点让人感觉不舒服：

历史大概是所有女神中最残酷的了，她引领她那驾胜利战车碾过堆积的尸骨，不仅在战争年代如此，而且在“和平”的经济发展时代也是如此。不幸的是，我们这些男人、女人是如此愚蠢，以致从没有鼓起勇气去争取真正的进步，除非当苦难似乎几近不合情理的时候，才会要求进步。[33]

伊凡·卡拉玛佐夫(Ivan Karamazov)①那著名的蔑视姿态是一种英雄主义的谬论。我们一生下来就进入社会之中，就进入历史之中。别人给我们一张入场券，我们可以随意接受或不接受，这样的场合是没有的。对于苦难这一问题，历史学家的答案并不比神学家的答案更明确。历史学家也会求助于那种两害择其轻、两善择其优的命题。

和科学家不同的是，历史学家因使用材料的特性而陷入道德判
76 断这类主题，难道这一事实不正暗示历史屈从于一个超历史的价值标准吗？我认为并不是这样。让我们设想“好”与“坏”这样的抽象概念以及这些概念更加复杂的发展，处于历史领域之外。但是，即便如此，这些抽象概念在历史道德研究方面所起的作用与自然科学研究中的数学公式、逻辑公式所起的作用非常相同。抽象概念是思想中不可缺少的范畴；但是如果不把特定的内容放入这些抽象概念之中，抽象概念是没有意义的，也没有用途。如果你喜欢另一种比喻，我们在历史或日常生活中应用的道德概念就像银行里的支票：支票有印刷好的部分，也有等待填写的部分。印刷部分由包括自由、平等、正义和民主这类抽象术语组成，这是基本的范畴。但是，我们要填写支票的其他部分，支票才有价值，要写上我们打算给谁多大程度的自由，我们把谁认为是我们的平等者，以及数目达到多少。我们填写不同时代的支票，这一方式就是一种历史。把特定的

① 俄国作家陀思妥耶夫斯基小说《卡拉玛佐夫兄弟》中的主人公。——译者

历史内容输入到抽象的道德概念，这一过程是一种历史过程；事实上，我们的道德判断是一种在概念框架内运作的判断，而这一概念框架本身也是历史的产物。当代国际上关于道德问题的争执最喜欢采取的形式是，要求与自由、民主对立的观点进行辩论。概念是抽象的、普遍的。但是放入概念之中的内容则随着历史而发生变化，内容随时随地发生变化；这些概念运用的实际问题只有通过历史的眼光才能理解，也才能辩论。举一个不太通俗的例子，有人试图把“经济理性”[①]的概念当作一种客观的、毫无争议的标准，通过这 77
一标准就可以检测、判断经济政策是否符合愿望。这种试图立即失败。由古典经济学法则培养出来的理论学家在原则上指责计划是非理性对理性经济过程的入侵；比方说，计划者拒绝价格政策受供求律的约束，计划政策下的价格不可能有理性的基础。当然，计划者常常采取非理性行为，因此也是愚蠢的行为，或许这也是事实。但是，判断他们的标准不是古典经济学那种陈旧的“经济理性”。就我个人而言，我更加赞同相反的论点：不受控制的、毫无条理的自由放任经济（*laissez-faire*）在本质上是非理性的，而计划则尝试把“经济理性”引介到这个过程中。但是，目前我想特别强调的是，要建立一个抽象的、超历史的标准，通过这一标准来判断历史行动，这是不可能的。争执的双方都不可避免地把这样的标准理解为适合他们自己历史条件与愿望的特定内容。

这就是对这样一些人的真正控告，他们要追求的是建立一个

---

① “经济理性”(Economic Rationality)，西方经济学派众多，但其核心理性(Core Rationality)却是一致的。首先，人之天性是“利己”的。其次，资源是稀缺的。经济理性就是以这两点核心理性为基础建立的。——译者

超历史的标准或超历史的准则，通过这一标准或准则可以对历史事件或历史环境做出判断——不管这标准是来自神学家所假定的某些神圣权威，还是启蒙时代哲学家所假设的静态理性（Static Reason）或静态自然（Static Nature）。并不是在应用标准时发生了错误，或标准本身就存在缺陷，而是建立这类标准的想法就是非历史的，是与历史的真正本质相抵触的。这就为历史学家根据其天职要不断提出的问题提供了教条的答案：事先接受这些问题答
78 案的历史学家就是被蒙蔽着眼睛而从事他们的工作，就是放弃他的天职。历史是运动；运动包含比较的意思。这就是为什么历史学家比较喜欢以“进步的”、“反动的”这类比较性的词语来表达他们的道德判断，而不是以“好”、“坏”这类没有比较含义的绝对词语；这就是不以某些绝对的标准来定义不同的社会或历史现象，而是依据它们之间彼此的关系来定义。此外，当我们检测这些假定为绝对的、超历史之外的价值时，我们发现这些价值实际上蕴藏于历史之中。特定时间或特定地点出现的特别价值或理想要依据时间、地点的历史环境来解释。像平等、自由、正义、自然法这类假设的绝对观念的内容是依时间的不同、地点的不同而发生变化的。每一个群体都有扎根于历史之中的自我价值。每个群体都自我保护，反对那些外来的、不合习俗价值的入侵，可以用像资产阶级的和资本主义的、不民主的和集权的这类该诅咒的名称，甚或用非英国的和非美国的这类更加粗鲁的名称来诋毁那些价值。抽象的标准或价值脱离于社会，脱离于历史，就像抽象的个人一样是一种虚幻。严肃的历史学家是那些认为所有价值具有受历史限制特性的人，而不是那些宣称自己的价值超越历史客观存在的人。我们所

拥有的信仰，我们所建立的判断标准都是历史的组成部分，就像人类行为的其他方面一样，这些信仰和标准都是为历史研究服务的。当今几乎没有什么科学——尤其是社会科学——会要求彻底的独立。但是，历史对外在于其自身的事物没有什么必然的依赖，这就决定了历史不同于任何其他科学。

让我总结一下我试图所说的关于历史包含于各种科学之中的主张。科学一词已经包含这么多不同的知识部门，使用了这么多不 79
同的方法与技术，因此，这项任务就落到了那些企图把历史排除在科学之外的人身上，而不是落在那些企图把历史包含在历史之中的人身上。有意思的是，把历史排除在科学之外的主张并不是来自那些急切地想把历史学家排除在精选伙伴之外的科学家，而是来自那些急切地想把历史的身份证明为高雅学问一个分支的历史学家和哲学家。这种争论反映了陈旧的人文科学和自然科学之间划分所带来的偏见，这种划分认为人文科学应该代表统治阶级的主要文化，科学则代表为统治阶级服务的技术人员的技巧。“人文科学”、“高雅的”这些词语本身就是这种背景下由来已久的偏见的产物；科学与历史之间的对立除英语外，在其他语言中并没有意义，这就反映了这种偏见特殊的岛国特性。我反对把历史拒绝叫作科学的主要理由是，这样就会证明所谓“两种文化”(Two Cultures)之间的鸿沟合法性，并使之长久存在下去。鸿沟本身是这种古老偏见的产物，这是以英国社会的阶级结构为基础的，而英国社会本身又属于过去；我本人并不相信，使历史学家与地质学家相分离的那个裂口比使地质学家与物理学家相分裂的那个裂口更深，也更加不可弥补。在我看来，弥补这种鸿沟的方法不是向历史学家传授基本的科学知识，也不是向科学家传授基本的历史知识。我们被这种糊涂的思想领入了死胡同。毕竟，科学家本人也不以这种方式行动。我还从没有听说有人建议工程师去听生物学的基本课程。

我建议的一个弥补方法是提供我们历史的标准——假如我敢这样说的话——使历史更加科学些，使我们对追求历史的人提出更严格的要求。在大学中作为专业学科的历史学有时被那些发现古典学太难、科学又太严肃的人认为是无所不存的百宝箱。我想
80 在这些演讲中表达的一个概念是，历史远比古典学困难，也远比任何科学更加严肃。但这种弥补的方法暗示着历史学家本身对其所从事工作的一种更加强烈的信仰。查尔斯·斯诺爵士①在有关这一问题的最近一次演讲中，睿智地比较了科学家"傲慢的"乐观主义和"文学知识分子"(Literary Intellectual)的"柔弱之声"、"反社会情绪"。[34]一些历史学家——更多的是那些不是历史学家而进行历史写作的人——属于"文学知识分子"这一范畴。他们非常急于告诉我们历史不是科学，解释说历史不能够也不应该是什么，不能够也不应该做什么，以至于他们没有时间去研究历史的成就和历史的潜力。

另一种弥补这种鸿沟的方法是促进科学家和历史学家之间目的一致性的更深入理解；这是在历史和科学哲学中间日渐浓厚的

① 查尔斯·斯诺(Charles Snow,1905—1980)，英国小说家、物理学家。他在《两种文化和科学革命》一书中划分了"文学文化"(literary culture)和"科学文化"(scientific culture)，以及"文学知识分子"(literary intellectual)和"科学知识分子"(scientific intellectual)。——译者

新兴趣的主要价值。科学家、社会科学家、历史学家都在进行同一课题不同分支的研究：人及其环境的研究、人对环境影响的研究、环境对人影响的研究。研究的目的是相同的：加强人对自然的理解能力、控制能力。物理学家、地质学家、心理学家、历史学家的假设与方法在具体细节方面差异很大；我也不希望受这种看法的限制：为了更科学一些，历史学家必须更加紧密地追随自然科学的方法。但是历史学家和自然科学家在寻求解释这一根本目的上，在提出问题和回答问题这一基本步骤上是团结一致的。像其他任何科学家一样，历史学家也是一种不断提出"为什么？"这个问题的动物。在下面的演讲中，我将检查历史学家提问的各种方法以及历史学家试图回答问题的各种方法。

---

[1] B. Russell, *Portraits from Memory* (1958), p. 20.

[2] 直到1874年，布拉德利(Bradley)把科学、历史区别开来，认为科学关系到超时间的、"永恒不变"的东西。见 F. H. Bradley, *Collected Essays* (1935), i, 36。(F. H. Bradley[1846—1924]，英国哲学家，分析派历史哲学的开创人物。——译者)

[3] *Thoughts and Details on Scarcity* (1795) in *The Works Edmund Burke* (1846), iv, 270；伯克得出结论说，"被当作政府的政府，或者甚至是被当作富人的富人并没有能力为穷人提供必需品，这些东西是神圣天意一时高兴而给穷人的"。

[4] M. R. Cohen and E. Nagel, *Introduction to Logic and Scientific Meth-*

od(1934), p. 596.

[5] Sir Charles Ellis in *Trinity Review* (*Cambridge, Lent Term, 1960*), p. 40.

[6] *Marx-Engels: Gesamtausgabe*, I, vi, 179.

[7] W. Sombart, *The Quintessence of Capitalism* (Engl. Transl., 1915), p. 354.

[8] G. Sorel, *Matériaux d'une théorie du proletariat* (1919), p. 7.

[9] Dr. J. Ziman in *The Listener*, August 18, 1960.

[10] *Poetics*, ch. ix.

[11] R. C. Collingwood, *Historical Imagination* (1935), p. 5.

[12] *Leviathan*, I, iv, .

[13] *Decline and Fall of the Roman Empire*, ch. xx, ch. 1.

[14] *History of the French Revolution*, I, v, ch. 9; III, i, ch. 1.

[15] J. Burckhardt, *Judgments on History and on Historians* (1959), p. 34.

[16] *Cambridge Modern History*, ii (1958), 20.

[17] Marx and Engels, *Works* (Russian ed.), xv, 378;这一段落摘自1877年发表于俄文杂志《祖国纪事》(*Otechestvennye Zapiski*)上的一封信。波普尔教授(Popper)似乎把马克思与他所说的"历史主义的重要错误"联系在一起,这种错误就是相信历史的趋势或倾向"单单从普遍的规律中就可以推导出来"。见 *The Poverty of Historicism* (1957),第128—129页:这恰恰是马克思所反对的东西。

[18] 这似乎是波普尔教授的观点(*The Open Society*, [2nd ed., 1952], ii, 322)。不幸的是,波普尔教授举了一个社会学规律方面的例子:"只要是思想自由的地方、思想交流自由的地方,这些地方受到法律制度有效保证,受到确保公开讨论制度的有效保证,就会存在科学的进步"。这段话写于1942年或1943年,显然受到西方民主观念的激发,这种信念认为根据西方民主的安排,会继续保持科学进步的领先地位——自那时起,这一信念由于苏联的发展而烟消云散,或者说被大大修正了。波普尔教授的说法远非一条规律,甚至也不是有效的概括。

[19] K. Mannheim, *Ideology and Utopia* (Engl. Trans., 1936), p. 228.

[20] *Cours de philosophie positive*, i, 51.

[21] K. Mannheim, *Ideology and Utopia* (1936), p. 130.

[22] 作者在 *The Bolshevik Revolution, 1917—1923*, i(1950)中进一步发

展了这种观点，第 42 页。

[23] M. C. D'Arcy, *The Sense of History: Secular and Sacred* (1959), p. 164；在达西之前波里比阿(Polybius)说过："无论什么情况下，只要能找到正在发生事情的原因，人们都不应求诸神灵"(引语见 K. von. Fritz, *The Theory of the Mixed Constitution in Antiquity*[N. Y., 1954], p. 390)。

[24] Rosebery, *Napoleon: The Last Phase*, p. 364.

[25] Acton, *Historical Essays and Studies* (1907), p. 505.

[26] *Survey of International Affairs*, 1935, ii, 3.

[27] I. Berlin, *Historical Inevitability*, pp. 76—77。以赛亚爵士的这种态度使人想起 19 世纪保守主义法学家菲兹詹姆斯·斯蒂芬(Fitzjames Stephen)："刑法源于这样的准则，那就是，从道德的观点来看，憎恶罪犯是正确的……要憎恶罪犯极符合人意，就应该如此设计出对罪犯的惩罚并使之合法化，以表达出这样的憎恶，只要公众所提供的方式能够表达并满足一种健康的、自然的情绪，就应该使之合理化，并鼓励之。"*A History of the Criminal Law of England* (1883, ii, 81—82)，L. Radzinowicz 的 *Sir James Fitz James Stephen* (1957)第 30 页也引用了这段话。刑事学家很少再赞成这些观点；但是，我在这里不赞成这些观点，虽然它们在别的地方会有效用，但它们并不适用于历史的裁决。

[28] D. Knowles, *The Historians and Character* (1955), pp. 4—5, 12, 19.

[29] B. Croce, *History as the Story of Liberty* (Engl. Transl., 1941), p. 47.

[30] *Peuples et civilizations*, vol. Xiv: *Napoléon*, p. 58.

[31] 引语见 *From Max Weber: Essays in Sociology* (1947), p. 58.

[32] Boswell, *Life of Doctor Johnson*, *A. D. 1776* (Everyman ed. ii, 20). 这种说法有着率直的好处；布克哈特(*Judgments on History and on Historians*, p. 85)对进步中牺牲者"寂静的呻吟"潸然泪下，"一般来说，这些牺牲者不要求别的，仅仅想保存财产(*parta tueri*)"，但是，布克哈特本人对法国旧制度(*ancien régime*)下牺牲者的呻吟却保持沉默，这些牺牲者一无所有。

[33] Letter of February 24, 1893, to Danielson in *Karl Max and Friedrich Engels: Correspondence 1864—1895* (1934), p. 510.

[34] C. P. Snow, *The Two Cultures and the Scientific Revolution* (1959), pp. 4—8.

第四章　历史中的因果关系

81　假如把牛奶放在锅里煮，牛奶就会溢出来。我不知道，也从没有想知道为什么会发生这种事情；假如逼迫我回答的话，我或许会把这归结于牛奶煮沸就会溢出的一种特性，这是确切的实情，但没有解释清楚任何事情。我本来就不是一位自然科学家。同样，人们可以阅读甚至撰写过去的事件，而不想知道为什么会发生这些事件，或只是满足于说之所以发生第二次世界大战是因为希特勒想要战争，这也是确切的实情，但没有解释清楚任何事情。如此的话，就不应该犯这样的错误：自称为历史研究者或历史学家。历史研究是一种因果关系的研究。就如我在上次演讲结尾时所说，历史学家在不断提出“为什么”这个问题；只要他希望得到答案，他就永不停息。伟大的历史学家——或许我应该更广泛地说，伟大的思想家——是能对新事物或在新背景下提出“为什么”这个问题的人。

历史之父希罗多德在其著作的开端便说明他的目的：保存对希腊人和蛮族人业绩的记忆，“特别是，除了别的事情之外，要讲述他们之间彼此战争的原因”。古代世界几乎没有追随希罗多德者；甚至修昔底德也被指责没有清晰的因果关系概念。[1] 但是，当近代
82 史学的基础在 18 世纪开始奠立时，孟德斯鸠在其著作《罗马盛衰

原因论》中，把这些原则作为他研究的起点："存在一些总的因果，精神的或物质的，在每一个君主制度中都起着作用，使之兴起、发展和衰落"，并且"各种事物的发生都从属于这些因果"。几年之后，孟德斯鸠《论法的精神》发展了这一观念，并使之普遍化。假设"天命产生了我们在这个世界上所看到的一切后果"，这是荒谬可笑的。人"并不是完全受其幻想所支配"；人的行为遵循某种源自"事物的本质"[2] 的规律或准则。自那以后的近二百年间，历史学家和历史哲学家忙于试图通过发现历史事件的因果关系和支配历史事件的规律，来整理往昔的人类经验。人们有时从机械的观点考虑这些因果和规律，有时从生物学的观点，有时从形而上学的观点，有时从经济的观点，有时从心理学的观点考虑这些因果和规律。但是，历史坚持接受的原则是按照因果的先后次序来整理过去的事件。"假如你什么也没有告诉我们"，伏尔泰在他为百科全书所写的"论历史"一文中说道，"只是告诉我们在乌浒水①、药杀水②两岸一个蛮族取代了另一个蛮族，这对我们有什么意义呢？"在过去的几年中，这种情况在一定程度上已经得到了改变。今天，就像我在上一讲所讨论过的原因一样，我们不再谈论历史"规律"了；甚至"因果"(cause)一词也不再流行了，部分是因为某些哲学概念的模棱两可，我不必讨论这一原因，部分是因为它与宿命论之间的假定联系，我马上就会谈到这一点。因此，一些人在历史中不

① 乌浒水(Oxus)，今阿姆河，古希腊称之为 Oxus。《史记》、《汉书》称之为"妫水"，《魏书》称之为"乌许水"，《隋书》及两《唐书》称之为"乌浒水"。——译者

② 药杀水(Jaxartes)，今锡尔河，古希腊称之为 Jaxartes(或写为 Yaxartes)。《隋书》、《新唐书》称之为"药杀水"。——译者

说“因果”，而说“说明”或“解释”，或“情况的逻辑”，或“事件的内在
83 逻辑”（这一说法来自戴雪①），或者摈弃因果的方法（为什么会发生）而采用功能的方法（怎样发生的），尽管这似乎不可避免地要涉及事件的发生问题，因此也就导致我们回到“为什么”的问题。其他一些人则把因果区分为不同的种类——机械的、生物学的、心理学的等等——把历史的因果当作自身独特的范畴。尽管这些区分中的某些区分在一定程度上是有效的，为了当前的目的而强调各种原因之中共有的原因而不是把各个原因分开，这或许更加有效。就我本人而言，我愿意满足于使用通常意义上的“因果”一词，而忽略这些特别细微的区别。

当历史学家面临着他必须回答事件的原因时，实践中的历史学家会做些什么呢？我们以这个问题开始我们的研究。历史学家研究原因问题的方法的第一个特点便是他通常会在同一事件中找到几个原因。经济学家马歇尔（Marshall）曾经写道，“必须用一切可能的办法警告人们注意，只考虑引起行动发生的一种原因……而不考虑其他的原因，但其他原因的后果却和这一原因混合在一起”。[3] 考生在回答“为什么革命发生在1917年的俄国？”这一问题时，仅回答一种原因，如果他幸运的话，也只能得到一个三等成绩。历史学家以各种各样的原因回答问题。假如要求历史学家考虑布尔什维克革命的原因，他可能会指出连续不断的军事失败、战争压力下俄国经济的崩溃、布尔什维克的有效宣传、沙皇政府在解决农民问题上的失败；贫困的、受剥削的无产阶级聚集在彼得堡各个工

① 戴雪（Dicey），大概指英国法学家 Albert Venn Dicey（1835—1922）。——译者

厂里以及列宁行事果断而对方却没有这样的人——简言之,经济的、政治的、意识形态的、个人的因素随意地混杂在一起,构成了长期的、短期的原因。

这就立即把我们引到历史学家方法的第二个特点。如果考生在回答我们的问题时,仅满足于一个接一个,罗列十几个俄国革命原因并仅止于此,或许他得到二等成绩,但几乎不能得到一等成绩;“知识渊博,但缺乏想象”,可能是老师的评语。真正的历史学 84
家,当他面对这堆收集的原因时,会有一种职业的冲动,把这些原因归类,并梳理为某种顺序,确定这些原因在这种顺序中的彼此关系,或许也会决定将哪一种原因或哪一类原因当作主要的原因或全部原因中的原因来“穷究到底”或“归根结底”(历史学家所喜爱的词语)。这就是历史学家对问题的解释;历史学家以提出原因而著称。吉本把罗马帝国的衰亡归结于蛮族的胜利、宗教的胜利。19 世纪英国辉格主义历史学家把英国强权、繁荣的兴起归结于体现着宪法自由原则的政治制度的发展。在今天的历史学家看来,吉本和 19 世纪英国历史学家的观点已经陈旧了,因为他们忽略了现代历史学家最为推崇的经济原因。每一个历史争论都是围绕主要原因而展开的。

在我上一讲所引用的亨利·彭加勒(Henri Poincarè)的一部著作中,他注意到,科学在向“多样性、复杂性”前进的同时,也在向“同一性、简单性”前进,这种双重的、显然又是矛盾的过程是知识的必要条件。[4] 这也正好符合历史。历史学家通过扩展和加深研究而不断堆积着越来越多的有关“为什么”这一问题的答案。近年来,经济史、社会史、文化史和法律史的繁衍——不用说内容丰富的政治史新见解，也更不用说心理学、统计学的新技巧了——大大拓展了我们答案的数量与范围。当伯特兰·罗素评论说，“科学上的每一次进步都使我们进一步远离那粗糙的一
85 致性，这种进步首先使人注意到前提和后果之间更大的差异性，并且使人注意到被认为是相关的前提因素在不断扩展着更大的范围”时，[5] 他实际上在精确地描述历史中的情况。像科学家一样，历史学家由于他急于理解过去，同时也被迫简化其错综复杂的答案，使一个答案归属于另一个答案，在混乱的事情和混乱的特定原因中引入秩序与一致。“一位上帝、一部法律、一种因素、一件虚无缥缈的神迹”，或如亨利·亚当斯①所寻求的“某种伟大的概括，这可以让人不再叫嚷要受教育了”[6]——今天读起这些来好像是过时的笑话。但事实仍旧是，历史学家必须通过简化原因工作，也必须通过增加原因工作。像科学一样，历史通过这种双重的、显然又是矛盾的过程前进。

谈到这里，我又不得不偏离主题谈论两个摆在我们面前的让人喜欢的话题——一个话题是“历史决定论或黑格尔的邪恶”，另一个话题是“历史偶然性或克列奥佩特拉的鼻子”。首先，我必须在这里简单地说明它们的由来。20 世纪 30 年代，卡尔·波普尔教授在维也纳写了本有关科学新观点的极有影响的著作，该书最近被翻译为英文，名叫《科学探索的逻辑》

① 亨利·亚当斯（Henry Adams，1838－1918），美国教育家、历史学家，美国第六任总统 John Quincy Adams（1767－1848）的孙子。著有 *The Education of Henry Adams*（1907）、*History of the United States of America during the Administrations of Thomas Jefferson and James Madison*（9 卷，1889－1891）。——译者

(*The Logic of Scientific Enquiry*),第二次世界大战期间他又用
英语出版了两部更受欢迎的杰作:《开放社会及其敌人》、《历史
主义的贫困》。[7] 这些著作是在反对黑格尔影响的强烈情绪下写
就的,黑格尔和柏拉图一道被当作是纳粹主义的精神鼻祖,是在
反对相当肤浅的马克思主义的强烈情绪下写就的,这种马克思
主义是 20 世纪 30 年代英国左派的知识背景。著述的主要目的
就是把那些被认为黑格尔的、马克思的历史决定论哲学收集在 86
一起,并冠之以轻蔑的"历史主义"名称。[8] 以赛亚·伯林爵士于
1954 年发表了《历史必然性》(*Historical Inevitability*)一文。他
放弃了对柏拉图的攻击,或许是出自对这座垂青古代的牛津学
术重镇的某种持久的崇敬;[9] 他增加了对这种观点的指控,这是
在波普尔那儿没有发现的,黑格尔和马克思的"历史主义"之所
以应遭反对,是因为通过用因果关系术语来解释人类行为就暗
示着对人类自由意志的否定,这就鼓励历史学家逃避当然的义
务,就是我在上一讲所说的对历史上查理曼们、拿破仑们、斯大
林们进行道德的谴责。其他方面则没有多大改动。但是,以赛
亚·伯林爵士是深孚众望、广为阅读的作家。在过去的五、六年
中,英国或美国几乎每一个写过有关历史文章的人,或者甚至写
过有关历史著作严肃评论的人都对黑格尔、马克思和决定论表
示过有意的嘲笑,并且指出没有认识到历史之中偶然性的作用 87
是荒谬的。让以赛亚爵士为他的信徒们负责或许是不公平的。
即使在他毫无意义地夸夸其谈时,他那动人且富有吸引力的方
式还是使我们陷入沉迷状态。信徒们重复这些夸夸其谈,却没
有使这些话富有吸引力。无论如何,这些话都毫无任何新意。

查理·金斯利①,我们钦定近代史讲座教授②中并非最杰出的一位,他或许从没有读过黑格尔的著作,也从没有听说过马克思,他在1860年的就职演说中把人的“打破人自身存在规律的那种神秘力量”当作是历史中不可能存在“必然的结果”。[10]但幸运的是,我们已把金斯利遗忘。是波普尔教授和以赛亚·伯林爵士两人通力协作把这位已被历史遗忘的人物鞭笞得像要复活一样;要花一些耐心才能理清这个谜团。

首先,让我看看决定论,我把这一术语定义——我希望不会引起争议——为一种信念,即每一件事情的发生都有一个原因或一些原因,除非某事中的一个原因或几个原因发生了变化,否则不可

① 查理·金斯利(Charles Kingsley,1819—1875),英国慈善家、作家,他是支持达尔文学说的第一位牧师。——译者

② 钦定近代史讲座教授(Regius Professors of Modern History),Regius Professors是牛津大学、剑桥大学中的一种教授职位,这种职位是由亨利八世(Henry VIII,1491—1547)建立起来的,所以名之为“钦定”。牛津大学第一个钦定教授是1535年建立的希伯来语钦定教授,自1546年起,陆续设立了民法钦定教授、神学钦定教授、希腊语钦定教授、医学钦定教授;1724年起则设立了近代史钦定教授;自1842年起又设立道德钦定教授、教牧神学钦定教授和教会史钦定教授。在苏格兰大学里,这种头衔也被用于由国王设立的教授席位。剑桥大学钦定近代史讲座教授的席位是乔治一世(George I)在1724年建立的,先后担任过这一席位的人有Samuel Harris(1724)、Shallet Turner(1735)、Laurence Brockett(1762)、Thomas Gray(1768)、William Smyth(1807)、James Stephen(1849)、Charles Kingsley(1860)、John Seeley(1869)、John Dalberg, Baron Acton of Aldenham(1895)、John Bagnell Bury(1902)、George Macaulay Trevelyan(1927)、George Norman Clark(1943)、James Ramsay Montagu Butler(1947)、Michael Clive Knowles 1954、Herbert Butterfield(1963)、William Owen Chadwick(1968)、Geoffrey Elton(1983)、Patrick Collinson(1988)、Quentin Skinner(1996)等。——译者

能以别的形式发生。[11]决定论不是一个历史问题，而是所有人类行为问题。没有行为原因的人，因此是无法确定的，这样的人就像我们上一讲所讨论的是处于社会之外的个人，同样是抽象的。波普尔教授的断言"在人类事务中，每一种情况都是可能的"[12]，这既无意义，也不真实。日常生活中，没有人相信这点，也不可能相信这点。任何事情都有原因，这个道理是我们理解周围将要发生事情的能力的一个条件。[13]卡夫卡小说可怕的特性就在于没有什么事 88
情的发生是有任何明显原因的，或没有任何可以确定的原因：这导致人性的彻底崩溃，后者建立在事件都有原因这种假设基础之上，可以确定有足够的原因在人的内心世界建构出一种今与昔有效连贯的模式，作为行动的指南。一般说来，如果人们假定人的行为不是由可以确定的原因决定的话，日常社会将是不可能的。从前，一些人认为研究自然现象的原因是亵渎神灵的行为，因为自然现象显然受神意控制。以赛亚·伯林爵士反对我们研究人之所以像他已经行动的那样去行动，是因为人的行为是受意志控制，他的反对属于上述同一观念类型，或也预示着当今社会科学的发展就像当年自然科学受到这种观点反对一样，处于同一发展阶段。

让我们看看我们在日常生活中如何处理这个问题。当你处理日常事务时，你会经常遇到史密斯。你会以一些和蔼可亲但毫无意义的有关天气，或学院状况、大学事务之类的话与他打招呼；他也同样以一些和蔼可亲但毫无意义的有关天气或学院状况的话回答你。但是，假设一天早晨，史密斯不是以通常的方式回答你，而是对你个人外貌、品格进行恶毒诋毁。你会耸耸肩膀，把这当作是史密斯意志自由的合理表现，或者当作是人类事务中每一件事都

89 是可能的这一事实吗？我想你不会这样想的。恰恰相反，你可能会说这样一类的话："可怜的史密斯！当然，你知道，他的父亲就在精神病院里死的"，或者说"可怜的史密斯！他肯定与他老婆大吵了一架"。换句话说，你会努力分析史密斯显然是偶然的举动，并确信其中必有某些原因。当你这样做的时候，我想可能会引起以赛亚·伯林爵士的勃然大怒，他会恨恨地抱怨说，以因果关系来解释史密斯的行为，你就成为黑格尔和马克思决定论假设的信徒，逃避你把史密斯谴责为无赖的义务。在日常生活中，没有人认同伯林的观点，或者也没有人认为决定论或道德责任会成为问题。关于意志自由和决定论逻辑上的两难境地不会在真正的生活中产生。不可能是一些人的行为是自由的，而另一些人的行为是确定的。事实是，人类行为既是自由的，也是决定的，这要看从什么样的角度考虑人类行为。具体在实际问题上也有所不同。史密斯的行为有一个原因，或有许多原因；但是，只要这种行为不是由某些外在压力引起，而是由本人个性压力所引起，他就要为自己的个性负道德责任，社会生活的一个条件就是成人要为自己的个性担负道德责任。在这特殊的事件中，是否要他担任责任，这要由你做出实际的判断。但是，当你这样做的时候，并不意味着你认为他的行为是没有原因的：原因责任和道德责任是不同的范畴。最近在这座大学里设立了刑事学学院、刑事学教授职位。我确信不会产生这样的事情：从事研究犯罪原因的人会认为这会使他们否认罪犯的道德责任。

现在，让我们看看历史学家。像普通人一样，历史学家相信人类行为有其原因，一般来说，这些原因是可以确定的。像日常生活

一样，如果不做出这种假设，历史将是不可能的。研究原因是历史 90
学家的特殊作用。这或许被认为赋予历史学家对人类行为的已确定的那方面有着特殊的兴趣：历史学家并不是意志自由——除自愿的行动没有原因这类不能让人信服的假设以外。历史学家也不必被必然性问题所烦恼。像其他人一样，历史学家有时也沉溺于语言修辞，当他仅仅想对几个因素同时发生就会使人认为它特别强大而要做出解释时，他会说这事的发生是“必然的”。最近，我检查我自己写的历史中有关这令人厌恶的词语，同样也不能幸免：在一个段落中我写道，1917 年革命之后，布尔什维克和东正教会之间的冲突是“必然的”。毫无疑问，说“极其可能”是更加明智的。或许应原谅我使用这样的字眼，进行这样的修改不是有点迂腐吗？实际上，当事件发生之前，历史学家并不能假定事件是必然的。历史学家总是讨论事件参与者可以得到的两者择其一的道路，并假设选择的机会是开放的，尽管历史学家继续十分正确地解释了为什么最终选择了这条道路，而不是选择另外一条道路。除这个词的形式意义之外，历史中没有什么是必然的，如果以其他的形式发生，那么前因必定是不同的。作为一名历史学家，我充分准备好不再使用“必然的”、“不可避免的”、“不可逃避的”，甚至“无法逃避的”这类词语。这样的话，历史将会死气沉沉。但是，还是让我们把这些词语留给诗人、形而上学者去使用吧。

近年来，对必然性进行的攻击似乎如此无聊、毫无意义，这种攻击的进行又显得如此猛烈，以致我认为我们必须研究这背后所隐藏的动机。这种攻击的主要源头，我猜想是我或许可以称之为“可能发生”思想学派这类东西——或毋宁说是这类情绪。它们几

91 乎毫无例外地依附于现代史。上学期，也是在剑桥大学这里，我看到某协会开设的演讲报告，标题是“俄国革命是必然的吗？”。我确信组织者打算把这当作是一次非常严肃的报告。但是，假如你看到题目为“玫瑰战争是必然的吗？”[1]的报告，你会立即怀疑这是有人在开玩笑。历史学家把诺曼征服或美国独立战争当作好像已经发生的事实上必定会发生的一样来撰写，好像历史学家的职责只是简单地解释发生了什么，为什么会发生；没有人会把他谴责为决定论者，或谴责他没有讨论征服者威廉或美国起义者也有被击败的可能。然而，当我同样也以这种方法撰写 1917 年俄国革命时——对于历史学家来说惟一恰当的方法——我发现我遭到批评者的攻击，因为我的暗示，把发生的事情当作必定会发生的事情来描述，而没有检查其他一切可能会发生的事情。有人说，假定斯托雷平[2]有时间完成他的农业改革，或者俄国没有参加战争，或许革命就不会发生；或者假定，克伦斯基[3]政府取得了成功，革命的领导权由孟什维克主义者[4]或社会革命党人承担而不是由布尔什维克承担，或许革命就不会发生。这些假设在理论上都是可以想象的；人们总是可以与历史的多种可能性进行猜谜游戏。不过，它们

---

① 玫瑰战争(Wars of the Roses，1455—1485)，英国两大封建主集团为争夺王位进行的内战。战争一方兰开斯特家族以红玫瑰为族徽，另一方约克家族以白玫瑰为族徽，故称玫瑰战争。又称蔷薇战争。——译者

② 斯托雷平(Stolypin，1863—1911)，俄国政治家。——译者

③ 克伦斯基(Aleksandr Feodorovich Kerensky，1881—1970)，俄国革命者，尼古拉二世退位后被任命为政府首脑(1917 年 7 月)，但由于他的温和政策而被布尔什维克人推翻(1917 年 10 月)。——译者

④ 孟什维克主义者(Mensheviks)，俄国革命以前和期间反对布尔什维克主义的社会民主党中自由主义少数派的成员。——译者

与决定论一点关系也没有;因为决定论者会仅仅回答,如果发生这些事情,原因也必定是不同的。而且,它们与历史毫无关系。问题是,今天没有谁很严肃地希望改变诺曼征服的后果或美国独立战争的后果,或者表达出反对这些事件的强烈感情;当历史学家把这些事件当作已经结束的时期来处理时,是没有人反对的。但是,有许多人直接地或代人受过地从布尔什维克胜利的结果中遭受痛苦,或者仍旧担心这场革命所带来的长远后果,这些人就会明白无误地反对;当这些人阅读历史时,他们所采取的方式是让他们的想象在一切更令人惬意的,或许已经发生的事情上肆无忌惮地奔跑,而对从容不迫工作,解释所发生的事情以及这些人所满意的希望 92
之梦还没有实现的原因的历史学家,则表示出极大的愤怒。当代史的麻烦之处就在于:人们记忆之中的时间仍旧是各种选择还存在的时间,人们发现很难采纳历史学家的那种态度,在历史学家看来,选择的机会由于既成事实(*fait accompli*)而早就结束了。这是一种纯粹激情的、非历史的反应。但是,它却为最近那场反对这种假想中的"历史必然性"原则提供了大部分动力。让我们永远抛弃这个让人转移注意力的话题吧。

攻击的另一个源泉是克列奥佩特拉[①]的鼻子这一著名的难题。这就是这样一种理论,从总体上来看,历史就是一连串的意外,一系列由偶然巧合(Chance Coincidence)决定的事件,最终可把历史归结于那些最偶然的原因。阿克兴战役(Battle of Actium)的结果不是由于像历史学家所通常假定的那类原因,而是安

① 语出法国哲学家帕斯卡尔。——译者

东尼对克列奥佩特拉的眷念。巴济扎得①由于痛风而没有向中欧进军时,吉本评论道,“一滴恶毒的体液滴落在一个人身上个别的纤维组织上或许就会阻止或延缓一些民族的灾难”。[14]当希腊国王亚历山大②被宠物猴子咬了一口而于1920年秋天去世时,这个偶然事件触发了一系列事件的发生,温斯顿·丘吉尔爵士评论说,“这只猴子的一咬使二十五万人丧生”。[15]或者再以托洛茨基在射猎鸭子时感染热病的评论作为事例,这使托洛茨基在与季诺维也夫、③加米涅夫、④斯大林1924年秋天争吵最关键的时候,丧失了战斗力:“人们能够预测一场革命或一场战争,但无法预测一次秋季射猎野鸭的旅行所带来的各种后果。”[16]首先要弄清楚的事情是,这个问题与决定论话题毫无关系。安东尼对克列奥佩特拉的
93 眷念,或者巴济扎得的突然痛风,或者托洛茨基的寒热,就像所发生的任何其他事情一样在很大程度上都由偶然性所决定。说克列奥佩特拉的美唤起了安东尼无缘无故的眷念,这未必是无礼的。女性的美貌与男性的眷念之间的关系是日常生活中可以观察到的最正常的因果关系。历史上那种所谓的代表着因果关系的偶然事

① 指巴济扎得二世(Bajazet II,1447—1513),土耳其苏丹(1481—1513),他的统治以不断与匈牙利、波兰、波斯、威尼斯和埃及战争而著称,赢得“闪电”(*Ilderim*)绰号。——译者

② 希腊国王亚历山大(Alexander,1893—1920)。——译者

③ 季诺维也夫(Zinoviev,1883—1936),苏联政治家,列宁亲密的战友,1924年列宁去世后,与加米涅夫、斯大林共同执政,因加入反对斯大林的托洛茨基和加米涅夫一派,被开除出党(1927),最后在斯大林清党中被处死。——译者

④ 加米涅夫(Kamenev,1883—1936),苏联共产党领导人,1924年列宁逝世后,与斯大林、季诺维也夫共同掌权,1927年作为托洛茨基分子遭到清除,1934年被监禁,后被处决。——译者

件妨碍着——也可以说是冲击着——历史学家主要关注研究的那种关系。伯瑞相当正确地说道，“两根不受约束的原因锁链的相互碰撞”。[17]以赛亚·伯林爵士在其《历史必然性》一文开首便以赞扬的口吻引用伯纳德·贝伦松①“历史的偶然观”，伯林是那些把这样意义上的偶然与缺乏原因决定的事件相混淆中的一位人物。但是，除开这种混淆不考虑，我们目前还有一个真正的问题。当我们的因果关系在任何时候都易于被一些其他的因果关系，从我们的角度来看是一些毫无关联的关系打破或歪曲时，我们如何在历史之中找到连贯的因果关系，又如何在历史之中发现意义？

在这里，我们或许要暂停一下来注意近年来广泛流行的、坚持历史中偶然作用观点的起源。波利比阿(Polybius)似乎是非常系统地以这种方法关注偶然作用的第一位历史学家；吉本很机智地揭开这其中的原因。“希腊人，”吉本评论道，“当他们的国家沦落到一个行省之后，不是把罗马胜利的原因归结于共和国的优点，而是归咎于共和国的好运。”[18]塔西佗(Tacitus)也是一位生活在祖国衰落时代的历史学家，同样沉溺于对偶然作用进行广泛的反思。94
为英国历史学家所复活的、坚持历史之偶然是重要的乃是开始于不安、忧虑心情的增长，这伴随着本世纪的到来而出现，并在1914年后变得明显起来。长时间的间隔之后，第一位发表这种意见的英国历史学家似乎是伯瑞，他在1909年发表的关于“历史中的达

① 伯纳德·贝伦松(Bernard Berenson，1869－1959)，美国艺术史家、艺术评论家、艺术商人。主要著有 *The Italian Painters of the Renaissance*(1952)、*Drawings of the Florentine Painters*(1903)、*Aesthetics and History in the Visual Arts*(1948)等。——译者

尔文主义”文章中，“让人注意偶然巧合的因素”，这种因素在很大程度上“决定着社会进化中的事件”；1916 年一篇名为“克列奥佩特拉的鼻子”的文章中单独谈论这一问题。[19] 我们前面引用费歇尔(H. A. L. Fisher)的那段文字反映了他对第一次世界大战之后自由梦想没有实现的悲观情绪，乞求读者认识历史中的“偶然事件和不可预测事件的作用”。[20] 在英国，把历史当作是一连串偶然事件理论的盛行恰巧与法国一个哲学学派的兴起同期，后者鼓吹——我引用萨特名著《存在与虚无》中的话——存在“既没有原因，也没有理由，也非必要”。正如我们已经注意到的，在德国，老资格历史学家迈纳克(Meinecke)在其晚年越来越注意历史中偶然的作用。他责怪兰克对此名言没有足够的重视；第二次世界大战之后，迈纳克把过去四十年间的民族灾难归咎于一系列的偶然事件，皇帝的浮夸、选举兴登堡①为魏玛共和国总统、希特勒固执的性格，等
95 等——在祖国一系列不幸灾难的重压下，这位伟大历史学家的精神崩溃了。[21] 在历史事件中处于衰落而不是鼎盛时期的群体或民族，那些强调历史中偶然事件或偶然性作用的理论自然会大行其道。那种认为考试结果完全是一种摸彩行为的观点总是在差生中大有市场。

但是，揭示了一种信仰的根源，并不等于解决了这一信仰问题；我们在历史事件中仍旧可以到处发现克列奥佩特拉的鼻子在起作用。孟德斯鸠显然是第一位试图反对这种偶然性而维护历史规律

---

① 兴登堡(Hindenburg，1847－1934)，德国元帅、政治家，曾任魏玛共和国总统(1925－1934)，1933 年任命希特勒为总理。——译者

的人。“假如像一场战争的偶然结果一样，一个特别的原因使一个国家毁灭的话，”孟德斯鸠在论述罗马人伟大和衰落的著作中写道，“那么，还有伴随这个别的战争而来的使这一国家衰落的一般原因。”马克思主义者在这个问题上也有一些困难。关于这点马克思只写过一次，而且仅仅在一封信中：

> 世界历史也就带着很神秘的性质了，倘若“偶然性”是不起作用的。这些偶然性的自身自然地归到一般发展的过程中去，同时为别的偶然性所补足。但是加速和推迟就非常有赖于这样的“偶然性”，其中包括着那些一开始就站在运动前头的人物的性格的“偶然情况”。[22]

因此，可以把马克思对历史偶然性的解释归纳为以下三点。首先，偶然性并不是非常重要的；它可以“加速”或“延迟”，但言外之意又不能彻底改变事件的进程。其次，一种偶然性为另一种偶然性所补足，因此，最终偶然性自我抵消。再次，个人性格鲜明生动地展现了偶然性。[23]托洛茨基用了一个巧妙的比喻，强化了这种补足和 96
自我抵消的理论：

> 整个历史进程是通过偶然事件来折射出历史规律的。以生物学的语言，我们或许可以说，通过偶然事件的自然选择实现了历史规律。[24]

我坦白承认，我认为这种理论既难以让人满意，又难以让人信服。

历史中偶然性的作用当今被那些喜欢强调偶然性之重要的人大大夸张了。但是，说偶然性的存在仅仅是加速或延迟，而不是改变，这是玩弄文字游戏。我也不能发现有什么原因可以相信一个偶然事件的发生——比方说，列宁在54岁时便过早地去世——自动地以这样一种方式为另外一些偶然事件补足：恢复了历史进程的平衡。

同样，那种认为历史中偶然事件仅仅是衡量我们愚蠢的一种尺度的观点也是不充足的——只不过是我们不能够理解的一个名称而已。[25]毫无疑问，有时会发生这样的事情。行星的含义当然是“漫游者”，当人们还不能理解它们的运动规律性而认为它们应该是在天空随意漫游的时候，人们赋予了这一名称。把某事描述为一种灾难，这是那些使自己免除研究原因这一繁重职责的人所喜欢的方式；当有人告诉我们历史是一连串偶然事件时，我倾向猜测这人不是思想上的懒惰，就是智力低下。严肃历史学家通常的做法是，指出迄今为止被认为是偶然的某些事情，在根本上并不是偶然事件，可以用理性的方法解释，从宏观意义上看也适合事件的更广泛的模式之中。但这也没有完全回答我们的问题。偶然事件不仅仅是我们不能理解的一些事情。我相信，要想解决历史中偶然
97 事件这种问题，必须寻求一种完全不同的思想体系。

在较早一个阶段，我们已经知道历史是以历史学家开始选择事实、整理事实并使它们成为历史事实开始的。不是所有的事实都是历史事实。但是，历史事实与非历史事实之间的区别不是固定的或不变的；比方说，一旦人们认识到事实的意义和重要性，任何事实都可以上升到历史事实的地位。我们现在发

现，一种在一定程度上类似的过程在发生作用，像历史学家研究原因的方法一样。历史学家与其研究原因间的关系就像历史学家与所研究事实之间的关系一样，是双重的、相互的。原因决定历史学家对历史进程的解释，而历史学家的解释也决定着历史学家对原因的选择和整理。把原因分为不同的等级，一个原因或一组原因的相对意义，或另一个原因或一组原因的相对意义，这是历史学家解释的精髓所在。这就为历史中的偶然事件这一问题提供了线索。克列奥佩特拉鼻子的形状、巴济扎得的突然痛风、让亚历山大国王送命的那猴子一咬、列宁的去世——这些都是改变历史进程的偶然事件。企图迅速而神秘地带走这些偶然因素，或以各种方式佯称这些偶然事件没有影响，是没有用的。另一方面，只要这些事件是偶然的，它们就不能进入任何历史的合理解释之中，也不能进入历史学家的重大原因的等级序列之中。波普尔教授和伯林教授——作为这个学派最杰出的代表、拥有大量读者的代表，我再次引用他们——他们认为历史学家企图在历史进程中发现意义并企图从历史进程中获得结论，这就等同于企图把“全部经验”归纳为均匀的体系，但历史中偶然事件的存在注定任何这类企图都是徒劳的。但是，理智健全的历史学家会异想天开地宣称拥有“全部经验”这类事情；他不能多拥有事实中的一小部分，甚至 98
不能多拥有他所选择的历史事实的某一部分或某一方面的一小部分。像科学家的世界一样，历史学家的世界并不是真实世界的摄影记录，而是一个有指导意义的模型，这可以使历史学家或多或少有效地理解这个世界，把握这个世界。历史学家从过去的经验中，或者从他接触到过去的经验中提炼出认为对理性解释和说明经得起检验的那部分，并从这部分得出结论作为行动的指南。最近一位很受大家欢迎的作家，谈到科学成就时，生动地谈到了人类心智（Human Mind）的过程是："在已观察到的'事实'的破布口袋里到处翻寻，选择、整理那些相关的已观察到的事实，并使之标本化，摈弃不相关的事实，直到把这些事实缝制成一床有逻辑的、合理的'知识'之毯"。[26]除了某些过度的主观主义带来的危险值得限制外，我愿意把这段话当作是历史学家心智进行活动的一幅生动画面。

这个过程或许让哲学家，甚至让一些历史学家感到迷惑不解和震惊。但是，这对那些从事日常实际工作的普通人来说再熟悉不过了。让我举例说明。宴会之后，琼斯开车回家，他比平日多喝了点酒，刹车又不太灵，在一个视力难以观察的死角里，撞到罗宾逊，把他轧死了，罗宾逊正穿过马路来到这个角落的商店买香烟。把这些杂乱无章的事情弄清楚之后，我们碰头——比方说，在当地警察局碰头——调查事故发生的原因。是司机的半醉状态肇事的吗？——这样的话，或许要进行刑事起诉。或者是由于不灵的刹车？——这样的话，便涉及仅仅一个星期前全面检修过车辆的车行了。或者是由于那个街道的死角——这样的话，或许要把道路局请来关注这事。当我们在讨论这些实际问题时，有两位著名的绅士——我不想说出他们的身份①——破门而入，口若悬河、切中
99 肯綮地告诉我们，假如罗宾逊那晚不跑出去买香烟，他就不会横过

① 暗指卡尔·波普尔、以赛亚·伯林两人。——译者

马路,也就不会被轧死;因此,罗宾逊想抽烟的愿望是他的死因;忽略这个原因的任何调查都会白费时间,从这些调查中得出的任何结论都是毫无意义、毫无用处的。得,那我们怎么办呢?一旦我们能够打断他们的滔滔不绝,我们就彬彬有礼但坚决地把我们的两位客人半推半就地送到门口,并吩咐门房绝对不要让他们再进来,然后继续我们的调查。但是,我们如何回答这两位插嘴者呢?当然,罗宾逊被轧死是因为他是个吸烟者。信奉历史中偶然事件、意外事件的人所说的每一件事情都是相当真实的,也非常符合逻辑。我们可以在《爱丽丝奇境记》、《镜中奇遇》(*Through the Looking-Glass*)中发现那种冷酷的逻辑与这些话相同。不过,尽管我对牛津大学学术研究的这些成熟事例的敬意并不落后于人,但是,我还是宁愿把自己不同的逻辑方式保存在分隔舱之中。道奇森①的模式不是历史的模式。

因此,历史是根据历史重要性进行选择的一种过程。再次引用塔尔科特·帕森斯(Talcott Parsons)的话,历史是"一个选择的体系",不仅是对现实认识的选择体系,而且是对现实原因、取向的选择体系。就像历史学家从浩瀚的事实海洋选择那些适合其目的的重要事实一样,他也从大量的因果关系中细绎出因果关系,也仅仅是这些因果关系才具有历史意义;历史意义的标准是:历史学家能使这些因果关系适合其合理说明与解释模式的能力。其他的因果关系则被当作是偶然事件加以抛

① 指《爱丽丝奇境记》、《镜中奇遇》的作者道奇森(Charles Lutwidge Dodgson,1832—1898),英国数学家、童话作家。——译者

弃,这并不因为因与果之间的关系不同,而是因为这种关系本身不切题。这对历史学家毫无用处;它经不起合理的解释,无论对于过去还是对于现在都没有意义。的确不错,克列奥佩特
100 拉的鼻子,巴济扎得的痛风,亚历山大被猴子咬一口,列宁去世,或罗宾逊吸烟都有后果。但是,要说将军打仗失败是因为他们迷恋美丽的女王,或者说战争的发生是因为国王饲养宠物,或者说人们在路上被撞并被轧死是因为他们吸烟,这就毫无道理了。另一方面,假如你告诉普通人说,罗宾逊被轧死是因为司机喝醉了,或者是因为刹车不灵,或者是因为道路上的死角,在普通人看来这似乎是非常明智的、合理的解释;假如他愿意辨别的话,他甚至可以说这是罗宾逊死亡的"真正"原因,吸烟的愿望并不是他死亡的原因。同样,假如你告诉学历史的学生,苏联在20世纪20年代的斗争源于关于工业化比例的讨论,或者是源于劝使农民生产谷物以供应城镇的最好办法的讨论,甚至或者是源于相互竞争的领袖之间的个人野心,学生会感觉到,从这些解释也能应用到其他历史情况这一意义上看,这些解释都是合理的、有历史意义的,从列宁早死这一偶然事件并不是真正原因这一意义上看,这些解释是事件发生的"真正"原因。假如他喜欢反思这些事情的话,甚至可以提醒他注意黑格尔《法哲学原理》前言中一句常被援用、又常被误解的名言:"合理的就是真实的,真实的就是合理的。"

让我们用一点时间再返回到罗宾逊死亡原因。认识一些原因是合理的、"真正的",而另一些原因是不合理的、偶然的,我们没有困难。但是,我们做出这种区别的标准是什么?通常

来说，运用推理能力是为了达到某些目的。知识分子有时是为了消遣而推理，或者像他们认为的那样推理。但是，总的来说，人类推理是有目的的。当我们把某些解释当作是合理的，而把另一些解释当作是不合理的，我想我们正把那些适合某些目的的解释与不适合某些目的的解释区分开来。在我们讨论 101
的这个事例中，设想禁止酗酒司机开车，或者对刹车状况严格控制，或者改进道路位置，这一切或许会达到减少交通事故的目的，这就很有道理。但是，设想通过禁止人们吸烟来达到减少交通事故数量，这根本毫无道理。这就是我们进行区分的标准。同样，这也适合我们对历史原因的态度。我们也在合理的原因和偶然的原因之间做出区别。因为，合理原因有可能应用到其他国家、其他时期和其他条件，能够导致有益的概括，从中又能得到经验教训；它们适合拓展、加深我们理解力的目的。[27]偶然原因不能进行概括；既然偶然原因是十分独特的字眼，它们就不能传授经验教训，也就不能得出结论。但是，我在这里必须说明另一点。正是因为心中怀有目的这个概念为我们处理历史原因提供了钥匙；这必然会涉及价值判断。就像我们在上一讲中看到的，历史解释总与价值判断纠缠在一起，因此，因果关系也与解释纠缠在一起。用迈纳克的话来说——那位伟大的迈纳克，20 世纪 20 年代的迈纳克——“如果不考虑到价值，要探询历史中的因果关系是不可能的……探询因果关系的背后总是直接地或间接地探询价值”。[28]这使我想起了先前所说的，历史双重的、相互的功能——提高我们根据现在理解过去的能力，也提高我们根据过去理解现在的能力。任何 102

像克列奥佩特拉的鼻子这样一类的事情，从历史学家的立场来看，假如对这种双重目的并无裨益，便是没有生命的、没有效果的。

在这个当口，我应当承认我已经在你身上玩了一个拙劣的花招，尽管你可以毫不费力地看穿这一花招，尽管有几次这可以使我缩短或精练我的话题，或许你已经宽容地把这当作是一种便捷的简略表达方式。我至今还始终如一地使用“过去与现在”这一惯用语。但是，就像我们大家都知道，现在只不过是想象中的划分过去与未来的分界线，不过是一个观念的存在。当谈到现在的时候，我已经悄悄地把另一个时间维数带入这种观点之中。既然过去和未来是同一时间范围的一部分，我认为要想表明把对于过去的兴趣和对于未来的兴趣互相连接起来，是容易的。当人们不仅仅生活在当前，同时有意识地对过去和未来感兴趣时，就跨越了史前时代和历史时代之间的界限划分。历史开始于传统的传递；传统意味着把过去的习惯和教训传递到未来之中。过去的记录是为了未来世世代代的恩惠而开始保存的。“历史思想”，荷兰历史学家哈伊津哈①写道，“总是目的论的”。[29] 查尔斯·斯诺爵士（Sir Charles Snow）最近在有关卢瑟福（Rutherford）的文章中写道，“像所有科学家一样……他几乎没有考虑这意味着什么，他确信的是未

① 哈伊津哈（Johan Huizinga，1872—1945），荷兰历史学家。他本来是研究印度文学的，但却以研究中世纪晚期、文艺复兴、宗教改革文化史著称。*The Waning of the Middle Ages*（1919）、*Erasmus of Rotterdam*（1924）、*Dutch Civilization in the Seventeenth Century*（1933）、*In the Shadow of Tomorrow*（1935）、*Homo Ludens*（1938）等。——译者

来”。[30]我想，优秀的历史学家，无论他们是否意识到这点，都是确信未来的。除了“为什么”这个问题外，历史学家也会探询“往何处去”这个问题。

---

[1] 参阅 F. M. Cornford 之 *Thucydides Mythistoricsu*，各处。

[2] *De l'esprit des lois*, Preface and ch. 1.

[3] *Memorials of Alfred Marshall*, ed. A. C. Pigou(1925), p. 428.

[4] H. Poincaré, *La Science et l'hypothèse*(1902), pp. 202—203.

[5] B. Russell, *Mysticism and Logic*(1918), p. 188.

[6] *The Education of Henry Adams*(Boston, 1928), p. 224.

[7] *The Poverty of Historicism* 在 1957 年首先以书的形式发行出版，但是该书的文章由原来发表于 1944、1945 年间的文章构成。

[8] 我避免使用“历史主义”一词，只是在一两处不太精确的地方使用过，因为波普尔教授那关于这一主题流传很广的著作使这一术语所蕴涵的精确含义变得空洞了，强烈坚持要对术语下定义是迂腐的。但是，人们必须知道他正谈论的是什么，波普尔教授把“历史主义”当作是杂物箱，把他不喜欢的有关历史的任何观点都纳入其中，其中包括在我看来是合理的观点，我想也包括一些今天严肃的作家不再赞同的观点。就像波普尔承认的（*The Poverty of Historicism*，第 3 页），他发明了“历史主义者”(historicist)观点，但任何其他知名的历史主义者都没有使用过这一观点。在波普尔的著作中，历史主义既包括把历史同化于科学的学说，也包括把两者截然分开的学说。在《开放社会及其敌人》中，避免预言的黑格尔被当作是历史主义的大祭司；在《历史主义的贫困》中，历史主义被描述为“社会科学的方法”，它认为历史预言(*historical prediction*)是社会科学的主要宗旨。到目前为止，“历史主义”

(Historicism)常常被当作是德语“Historismus”一词的英语翻译;现在,波普尔教授把“historicism”与“historism”区分开来,就更为本已混乱的术语的用法添加了混乱的因素。M. C. D'Arcy, *The Sense of History: Secular and Sacred*,第11页,把“历史主义”一词“等同于历史哲学使用的”。

[9] 攻击柏拉图为第一位法西斯主义者源于一位名叫 R. H. Crossman 的牛津出身者的一系列广播演讲,见 *Plato Today*(1937)。

[10] C. Kingsley, *The Limits of Exact Science as Applied to History* (1860), p. 22.

[11] “决定论……意味着……只要事实仍旧是那样的事实,无论发生什么事情,都会确定无疑地这样发生,而不可能以别的形式发生。说它可能,意味着如果事实发生了变化,可能会以别的形式发生”。见 S. W. Alexander in *Essays Presented to Ernst Cassirer*(1936),第18页。

[12] K. R. Popper, *The Open Society*(2nd ed., 1952), ii, 197.

[13] “因果律并不是由世界强加给我们的”,但是它“或许是让我们适应这个世界的最有效的方法”。见 J. Rueff, *From the Physical to the Social Sciences*(Baltimore, 1929),第52页;波普尔教授本人(*The Logic and Scientific Enquiry*,第248页)则把对因果律的信仰称之为“一条很有道理的、方法上的规则之形而上学的具体化”。

[14] *Decline and Fall of Roman Empire*, ch. lxiv.

[15] W. Churchill, *The World Crisis: The Aftermath*(1929), p. 386.

[16] L. Trotsky, *My Life*(Engl. Trans., 1930), p. 425.

[17] 伯瑞关于这点的看法,见 *The Idea of Progress* (1920),第303—304页。

[18] *Decline and Fall of Roman Empire*, ch. 38。注意到这点是很有趣的,在希腊人被罗马人打败之后,他们也开始沉溺于历史“或许会发生”这类游戏——这是失败者最适意的安慰了:假如亚历山大大帝不是年轻的时候就死的话,希腊人自言自语道,“亚历山大或许会征服西方和罗马,并使之臣属于希腊国王”。见 K. von. Fritz, *The Theory of the Mixed Constitution in Antiquity*(N. Y., 1954),第395页。

[19] 两篇文章都在 J. B. Bury 的 *Selected Essays*(1930)中重新刊登;Col-

lingwood 对伯瑞观点的评论，见 *The Idea of History*，第 148－150 页。

[20] 关于这段话，见上述第 37 页。Toynbee 在 *A Study of History* 第 5 卷，第 414 页引用了费歇尔的这段名言，很显然汤因比完全误解了这段话：他把这段话当作是“现代西方社会对至高无上的偶然信仰”的产物，这种信仰“产生”自由放任（*laissez-faire*）。自由放任理论者并不相信偶然，而是相信那只无形的手，是这只手广施恩泽，使人类的混乱行为变得有条不紊；费歇尔的言论不是自由放任主义的产物，而是这种放任主义在 20 世纪 20、30 年代衰落时的产物。

[21] 相关段落引自 W. Stark 在为 F. Meineke 的 *Machiavellism* 一书所做的导言，第 xxxv－xxxvi 页。

[22] Marx and Engels, *Works*（Russian ed.）, xxvi, 108。（译文见马克思：《致库格曼书信集》，人民出版社 1957 年版，第 129 页。——译者）

[23] 托尔斯泰在 *War and Peace* 中尾声第一节中，把“偶然性”等同于“天才”，把这当作是人类没有能力理解终极原因的术语。

[24] L. Trotsky, *My Life*（1930）, p. 422.

[25] 托洛茨基采纳这种观点：“我是被迫求助于宿命论，把它当作不合理事件的解释，这就是说，把它当作是我们不能够理解的事件中的合理性解释”。见 *War and Peace*, Bk. IX, ch. i.

[26] L. Paul, *The Annihilation of Man*（1944）, p. 147.

[27] 波普尔教授曾一度意外发现这一意义，但没有领会这一意义。他认为“大多数解释基本上只是属于既启发又独断这样一类水平”（不管这两个词语的确切含义到底是什么），他又附带补充说，“其中一些是以想象力丰富而著称的——这是相当重要的一点”，见 *The Poverty of Historicism*，第 151 页。这一点并不相当重要：正是这一点证明了“历史主义”（就这一术语的某些意义而言）毕竟不是那么贫困的。

[28] *Kausalitäten und Werte in der Geschichte*（1928）, translated in F. Stern, *Varieties of History*（1957）, pp. 268, 273.

[29] J. Huizinga translated in *Varieties of History*, ed. F. Stern（1957）, p. 293.

[30] *The Baldwin Age*, ed., John Raymond（1960）, p. 246.

第五章 作为进步的历史

103 让我引用波威克[①]教授 30 年前作为牛津大学近代史钦定讲座教授就职演讲的一段话作为开端：

> 渴望对历史进行解释是如此根深蒂固，假如我们不对过去提出睿智的看法，就会陷入神秘主义或犬儒主义的境地。[1]

我认为，“神秘主义”可能代表的是这样的观点：历史的意义存在于历史之外的某处，位于神学或末世观的领域——像别尔迪耶夫(N. Berdyaev)、尼布尔(R. Niebuhr)或汤因比[2] 这类作家都持有这样的观点。

---

① 波威克(Frederick Maurice Powicke，1879—1963)，英国中世纪史历史学家，牛津大学近代史钦定讲座教授。著有 *Historical Study at Oxford*(1929)、*The Christian Life in the Middle Ages*(1935)、*History, Freedom and Religion*(1938)、*Ways of Medieval Life and Thought*(1949)、*The Reformation in England*(1953)、*Modern Historians and the Study of History*(1955)等。近代以来先后担任牛津大学近代史钦定讲座教授的有：Edward Nares(1813—1841)、Thomas Arnold(1841—1842)、John Anthony Cramer、Goldwin Smith(1858—1866)、William Stubbs(1866—1884)、Edward Augustus Freeman(1884—1892)、James Anthony Froude(1892—1894)、Frederick York Powell(1894—1904)、Charles Harding Firth(1904—1925)、Henry William Carless Davis(1925—1928)、Maurice Powicke(1928—1947)、Vivian Hunter Galbraith(1947—1957)、Hugh Trevor-Roper(1957—1980)、Michael Eliot Howard(1980—1989)、John Huxtable Elliott(1990—1997)、Robert John Weston Evans(1997—)诸人。——译者

"犬儒主义"代表的是这样的观点：我已经好几次引用过这类例子，历史是没有意义的，或者历史有许多同样令人信服的意义，或者有许多同样不令人信服的意义，或者我们可以武断选择意义，并把它赋予历史。这或许是当今最流行的两种历史观。但是，我会毫不迟疑地抛弃这两种观点。留给我们的是那句奇特的但有启发性的话："对过去的一种睿智的看法"。既然没有办法知道波威克教授在使用这句话时他在想什么，我就尝试以我自己的看法解读这句话。

像古代亚洲诸文明一样，希腊、罗马古典文明基本上是不关注历史的。就像我们已经知道的那样，作为历史之父的希罗多德几乎没有传人；从整体上来看，古典时代[1]的作家对未来就像对过去 104
一样是很少关注的。修昔底德相信在他描述的事件之前并没有发生有意义的事件，其后也极有可能不会发生有意义的事件。卢克莱修[2]从人对于过去的冷漠中推论人对于未来的冷漠：

回头瞧瞧，那些在我们出生以前的
永恒时间的过去岁月，
对于我们是如何不算一回事。
并且自然拿这个给我们作为镜子，

① 古典时代(classical antiquity)，专用术语，难以用汉语恰当地表达出来，通常特指公元前500年到公元500年间希腊、罗马文化。classical antiquity 经常与 classical period 相混淆。一般来说，classical period 指的是过去的那段历史时间，classical antiquity 则是后来仰慕者视野中希腊、罗马文化之当代形象。——译者

② 卢克莱修(Lucretius，99/94－55/51BC)，古罗马哲学家、诗人。所著《物性论》是一首为了把人们从迷信和对不可知的恐惧中解放出来试图用科学词汇解释宇宙的长诗。下面的译文见方书春译《物性论》，商务印书馆1959年版，第119页。——译者

来照照我们死后那些未来的时间。[3]

以回顾过去黄金时代的景象形式展现了对更光明未来的诗意憧憬——这是一种把历史进程同化于自然进程的循环观点。历史不属于什么地方：因为没有过去的意识，同样也没有未来的意识。只有维吉尔①——他曾在他的第四首牧歌中勾勒出一幅回到黄金时代的画面——在《埃涅阿斯》中暂时地获得了灵感突破循环的概念：我赋予永无止境的权力（*Imperium sine fine dedi*）——一点儿古典思想的味道都没有——，这使维吉尔获得了准基督预言者的声誉。

犹太人以及犹太人之后的基督徒引进了一个崭新的因素，假设历史进程不断向一个目标前进——历史中的目的论。历史因此获得了意义和目的，但代价是失去了其世俗特性。达到了历史的目的也就自然地意味着历史的终结：历史本身成为一种神正论。②这是中世纪的历史观。文艺复兴恢复了以人为中心的、理性至高无上的古典世界观，但是以源自犹太-基督教传统的乐观主义观点取代了对未来悲观的古典观点。曾经是敌意的、腐蚀性的时间现在变得友善且富有创造性：把贺拉斯（Horace）的“为什么不减少时光”（*Damnosa quid non imminuit dies*）与培根的“真理是时间的女儿”（*Veritas temporis filia*）作一比照就可以看出这种情况。

---

① 维吉尔（Virgil，70－19BC），古罗马诗人，属于奥古斯都文化圈里重要的人物，以史诗 *Aeneid* 著称，另著有表现田园生活的 *Eclogues*、*Georgics*。——译者

② 神正论（Theodicy），拉丁文 theo 是上帝的意思，希腊文 dike 则是判断的意思，这是针对邪恶存在于上帝所创造的世界而对上帝所作的判断，或者是面对邪恶的存在，要证明上帝的公正，这是为世上的痛苦，包括人的痛苦这种事实与残暴找理由所作出的努力。——译者

近代史学(Historiography)的奠基者、启蒙运动的理性主义者保 105
留了犹太-基督教的目的论,但是把目的世俗化了;他们也因此能够恢复历史过程本身的理性特征。历史在向人世间尽善尽美的境地这一目标前进。启蒙时代最伟大的历史学家吉本并没有被其主题的性质所阻碍,记录下“令人愉快的结论,即世界每个时代已经增加的,仍旧在增加的人类的真正财富、幸福、知识乃至美德”。[4]当英国的繁荣、权力和自信处于极致时,对进步的信仰也就达到了顶峰;英国作家、历史学家属于那些最热衷崇拜这种信仰的信徒行列。这种现象广为人们熟知,无须详加说明;我只需要引用一两个段落来表明近来对进步的信仰仍然是我们思想中的一个基本信条。阿克顿在1896年有关《剑桥近代史》计划的报告中把历史当作是“一种进步的科学”,我在第一讲引用过;他在《剑桥近代史》第一卷导言中又写道,“当我们撰写历史时,一定要把人类事务的进步当作是科学的假设而贯穿其中”。这部著作的最后一卷出版于1910年,丹皮尔①——当我还是一位大学生的时候,他是我们学院的教师——毫不怀疑地认为“未来的时代将表明,不会有什么可以限制人对自然资源控制的能力,也不会有什么可以限制人的为人
类福祉利用这些资源的智慧”。[5]鉴于我将要叙说的,对我而言,承 106
认我是在这种气氛中受教育的,这样比较容易把事情说清楚,我毫无保留地赞成比我年长半代的伯特兰·罗素的话:“我是在维多利亚时代那种乐观主义得到最充分展现的气氛中长大的,因此……在我身上保留一些那时人们常有的希望精神。”[6]

---

① 丹皮尔(William Cecil Dampier,1867—1952),英国科学史家。——译者

1920年，当伯瑞撰写他那本《进步的观念》(*The Idea of Progress*)时，尽管他仍旧把进步描述为“西方文明生机勃勃的、处支配地位的思想”，但一种比较忧郁的气氛已经盛行，伯瑞也屈从了这种风气，并把造成这一状况的原因归咎于“那些教条主义者在俄国建立了目前的恐怖统治”。[7] 自此以后，进步的论调便沉寂下去。据说俄国的尼古拉一世[①]曾颁布一道法令禁止“进步”这一词语：当今西欧，甚至美国的历史学家、哲学家已经认同了他的这种观点，虽则比较晚了。进步的假设已遭人们废弃。西方的衰落已经成为家喻户晓之词，以致不再需要加上引号。撇开一切叫喊，但是真正发生了什么呢？这一新的观念潮流是谁造成的呢？前几天，使我震惊的是，我想这是我知道的伯特兰·罗素的惟一评论，在我看来这种评论透露着敏锐的阶级意识：“总的来说，现在世界上的自由要比一百年前的少多了。”[8] 我没有衡量自由的测量棒，也不知道如何衡量少数人较少的自由与多数人较多的自由。不管衡量的标准是什么，我只能把这种陈述当作是异想天开的虚构。更能吸引我的是泰勒(A. J. P. Taylor)有时对我们牛津大学学术生活那饶有趣味的一瞥。对所有关于文明衰落的这种谈话，泰勒写道，“仅仅意味着过去有家庭佣人的大学教授，现在要自己洗涤了”。[9] 当然，对
107 于昔日的家庭佣人来说，教授的洗涤或许意味着进步的象征。白人特权在非洲的丧失会使英帝国的支持者、南非白人共和主义者(Africaner Republicans)、黄金股票和铜矿股票的投资者感到忧心忡忡，对于别人来说或许像进步。我也不知道为什么，关于进步这个问题，我事

① 尼古拉一世(Nicholas I，1796—1855)，俄国沙皇，著名的独裁者。他在巴尔干的扩张引起了克里米亚战争(1853—1856)。——译者

实上总是比较喜欢20世纪50年代的判断，而不喜欢19世纪90年代的判断；比较喜欢英语世界的判断，不喜欢俄国、亚洲、非洲的判断；比较喜欢中产阶级知识分子的判断，不喜欢普通人的判断，根据麦克米兰先生[①]的说法，普通人从没有过高明的判断。让我们暂缓考虑我们究竟是生活在进步时代还是衰落时代这类问题，更加仔细地研究进步概念所暗示的东西，它背后蕴藏着什么样的假设，以及这些假设在多大程度上是站不住脚的。

首先，我想澄清有关进步（Progress）与进化（Evolution）之间的混乱。启蒙时代的思想家采纳了这两个显然不相容的观念。他们企图证明人在自然界中的正当地位：历史的规律等同于自然的规律。另一方面，他们相信进步。但是，究竟有什么理由可以把自然当作是进步的，看作是不断地朝着一个目的进步的呢？黑格尔把历史、自然截然地分为进步的、不进步的，从而使他遇到困难。达尔文革命通过把进步等同于进化似乎消弭了所有困境：像历史一样，结果证明自然毕竟也是进步的。但这却为更大的误解开辟了道路，这是通过把生物的遗传性（进化的源泉）与社会的获得性（历史进步的源泉）相混淆而造成的。这种区别是众所周知且显而易见的。让一个中国家庭养育一个欧洲婴儿，长大的孩子有着白色的皮肤，但讲 108
中国话。色素是一种生物的遗传性，语言是一种生活的获得性，后者是由于人脑的作用而传输。由遗传而引起的进化要经过几千年

① 麦克米兰先生（Mr. Macmillan），大概指 Maurice Harold Macmillan（1894－1986），英国保守党政治家，在20世纪30年代支持丘吉尔反对英国对希特勒的绥靖政策。他任首相期间（1957－1963）曾致力于使英国加入共同市场。——译者

或几万年才能测量到；自有历史记载以来，还不知道有什么样的可以测知的生物变化发生在人身上。在每一代人身上都可以衡量到获得性的进步。作为理性生物的人，其本质是他通过积累前辈的经验来发展自己的潜在能力。据说，现代人的脑子并不比5000年前祖先脑子大，先天的思考力也不比祖先强。通过学习，并把自己的经验与前面各代人的经验结合起来，于是他思维的有效性增长了好几倍。为生物学家所否认的获得性特性的传授正是社会进步的基础。历史是通过一代代获得性技巧的传授而进步的。

第二，我们没有必要也不应该把进步想象为一种限定的开始或限定的结束。近50年前流行的一种信仰，即认为文明创造于公元前4000年的尼罗河，今天这想法并不比年代学上认为的公元前4004年是创世年代更加可信。我们或许可以把文明的诞生当作是假设的进步起点，实际上文明并不是一种创造，而是无限发展的缓慢进程，这期间会时不时地出现壮观的跳跃发展。我们不必烦扰于进步或文明什么时候开始这个问题。进步的有限终结这一假设已经导致了严重的误解。黑格尔把普鲁士君主制视为进步的终结而遭到谴责，这是正当的——显然这是他过分解释他认为预见是不可能的这一观点的结果。但是，黑格尔的失常却被杰出的维多利亚时代人物、拉格比的阿诺德(Arnold of Rugby)①大大超越

① 拉格比(Rugby)，英格兰中部的一个自治区，位于伯明翰东南偏东，最初因这里在1574年建立的拉格比公学(不表示是由政府设立的，只是表示学校可以公开招生)而闻名，19世纪英式橄榄球在这儿发展。本文的拉格比就是指拉格比公学(Rugby School)。阿诺德指Thomas Arnold(1795－1842)，他在1828－1842年间担任拉格比公学的校长，强调个性的培养，在古典课程教育中引进数学、现代语言和近代史，对近代教育观念产生了极大的影响。他的三个儿子也都非常杰出。——译者

了，他在1841年牛津近代史钦定讲座教授就职演讲中认为，近代 109
史是人类历史的最后一个阶段：“它似乎带着成熟的时间这一标志，好像在它之后再不会有未来的历史”。[10]从逻辑与道义上来看，马克思预言无产阶级革命将实现没有阶级社会的最终目的，是较少为人诟病的；但是，有着来世论光环的历史终结臆测更加适合于神学家，而不是历史学家，这又回复到历史之外存在一个目的的谬论之中。毫无疑问，一个有限的终结非常吸引人的心灵；阿克顿所持有的历史进程作为朝向自由无休止前进的景象似乎令人恐惧、茫然。不过，如果历史学家打算保留阿克顿关于进步的假设，我想他必须准备把这当作是一个过程，以后各个时代的要求和条件会把它们自己的独特内容赋予这个进程。这就是阿克顿命题的意义所在：历史不仅是一项进步的记录，而且是一门“进步的科学”，或者你愿意的话，在该词的两种意义上——作为事件的进程和作为这些事件的记录——是进步的。让我们回顾一下阿克顿对自由在历史上前进的描述：

> 在过去急剧变化但缓慢进步的四百年间，自由之所以被保藏、免受攻击、获得伸张，并最终得到理解，是因为弱者为了抵抗暴政和不断的虐待被迫齐心协力的结果。[11]

阿克顿把作为事件进程的历史想象为向自由的进步，把作为这些事件记录的历史想象为对自由逐步获得理解的进步：这两种进步携手并进。[12]布拉德利（F. H. Bradley），一位在以进化之中得出类
比而为时尚时代进行写作的哲学家，他评论说，“对于宗教信仰来 110

说，进化的终结表现为……已经进化的那个东西”。[13]对于历史学家而言，进步的终结不是什么已经进化了的。它一直是无限遥远的某种事物；只有当我们前进时，指向这一终结的指标才能进入我们的视野。这并没有降低它的重要性。罗盘是一种有效的，实际上也是不可缺少的指南。但它并不是一幅航海地图。只有当我们经历了历史之后，我们才能认识到历史的内容。

我要讲的第三点是，没有哪位神志清楚的人愿意相信这样的进步：在一条连续的直线上前进，而这中间没有倒退、偏离和间断，可见，即使是最严重的倒退对这种信仰也不必是致命的。很显然，有倒退的时代，也有进步的时代。然而，假设倒退之后，前进将会在同一起点或沿着同一道路重新开始，这是鲁莽的想法。黑格尔或马克思的四种文明或三种文明，汤因比的二十一种文明，各种文明都要经过兴起、衰落、崩溃的循环理论——这类方案本身毫无意义。进步象征着这样一个观察到的事实：用来促使文明前进的那股进步力量会在一个地方消失，后来又会在一个地方恢复，因此，我们在历史之中所能观察到的任何进步不管在时间还是在空间上肯定都不是连续的。实际上，假如我沉溺于阐明历史规律的话，一条这样的规律，大意是群体——也可以把这叫做阶级、国家、大陆或文明，管你喜欢叫它什么——在一个时期促进文明进步中起着主导作用，可能在下一时期中并不起相似的作用，所以如此是有充足理由的：这个群体浸透太多前一个时期的传统、利益和意识形态
111 以致不能使自身适应下一个时期的要求和条件。[14]因此，这种情况或许最容易发生：对一个群体似乎是衰落的时期，对另一个群体似乎是一个新发展的肇始。进步并不意味着也不能意味着对所有人

都是同样的、同时的进步。注意到这点很重要:近代以来,几乎所有那些有关衰落的预言家、看不见历史中意义、假定进步已经停滞的怀疑主义者都属于这个世界的那一部分,都属于社会的那个阶级,几代以来,这个世界、这个阶级都在促进文明进步中成功地起着重要的、决定性的作用。告诉他们说,他们的群体在过去起着作用,现在这种作用让给别的群体了,这种说法对他们来说不是安慰。显然,在这些人身上玩了个如此卑鄙花样的历史不可能是一个有意义的过程或合理过程。但是,假如我们要保留进步这一假设,我认为我们必须接受发展不是直线发展这一状况。

最后,我要谈论依据历史活动而言,进步的本质内容是什么。比如说,那些争取把公民权扩展到一切人,或者争取刑法改革,或者争取消除种族不平等或财富不平等的人们,他们有意寻求所做的只是这些事情:他们并不是有意寻求"进步",实现某些历史"规律"或进步的"假设"。是历史学家把这些人的行为应用到进步这一假设概念上的,是历史学家把这些人的行为解释为进步的。然而,这并不会使进步的概念失效。我很高兴,我发现我在这点上赞同以赛亚·伯林爵士的说法,"进步和反动,不管人们如何滥用这些字眼,它们并不是空洞的概念"。[15]历史的先决条件是,人是能够(不是说一定会)从前辈经验中获得教益的,和自然界进化不一样的是,历史中的进步依靠的是获得性财产的转让。这些财产既包括物质财富,也包括人的控制、改变和利用环境的能力。实际上, 112
这两方面的因素是紧密联系、彼此作用的。马克思把人的劳动当作是整个大厦的基础;假如这一"劳动"适用于最广泛意义的话,这一规则似乎是可以接受的。如果仅仅是财富的积累,没有随之而来的技术的、社会的知识与经验的积累,没有随之而来的广泛意义上的人对环境控制能力的增加,是没有用的。我想,在当前情况下,很少会有人怀疑进步就是物质财富和科学知识的积累,也很少会有人从技术意义上怀疑对环境控制能力增长这一事实。问题是,我们在20世纪对社会的整顿、对国内外社会环境的控制真有进步吗,真的没有明显的倒退吗?作为社会动物的人的进化不是已经远远落后于技术的进步了吗?

诱发这一问题的征候是明显的。但是,我仍然怀疑这种提法不恰当。历史已经经历了许多转折点,每当发生这种转折时领导权和主动权都从一个群体转移到另一个群体,从世界的一个地方转移到另一个地方:近代国家的兴起和权力中心由地中海转移到西欧的时代、法国革命的时代都是这类显著的近代事例。这样的时代总是急剧动荡、争夺权力的时代。古老的权威削弱了,旧有的显著标志消失了;从野心与憎恨的激烈冲突中产生了新秩序。我想表明的是,我们现在正经历着这样一个时代。要说我们对于社会组织问题的理解或说我们依据这种理解组织社会的坚强意志已经衰退了,对我来说这似乎是极其不真实的:实际上,我可以斗胆说,它们都大大增加了。并不是我们的能力削弱了,或者是我们的
113 道德品质堕落了。而是,我们正生活在由于各个大洲、各个国家、各个阶级之间权力平衡的变动而造成的冲突与混乱的时代,这对我们的能力与品质的考验就更加严峻了,并且也限制和阻挠了它们获得积极成就的效力。我并不想低估过去五十年间西方世界对进步这一信仰进行挑战的那种力量,同时也不相信历史中的进步已经终结了的看法。但是,假如你逼迫我进一步回答进步内容这

个问题，我想我仅仅能做出这样的回答。经常被19世纪思想家所主张的、历史进步的目的是可以限定、可以明确定义的概念，已经证明是不适用的、无益的。相信进步并不意味着相信任何自动的或不可避免的进程，而是相信人的潜力的进步发展。进步是一个抽象的术语；人类追求的具体目标时时源自历史进程之中，而不是源自历史进程之外的某些东西。我承认我不相信人的完美无缺，或者也不相信人间的未来天堂。在这个意义上，我倒愿意同意神学家、神秘主义者所坚信的，历史之中无法实现十全十美。不过，我也满足于无限进步的可能性——或者说进步不从属于那些我们要正视或必须正视的限制——只有当我们向这些目标前进时，我们才能定义这些进步的目标，我们只有在达到这些目标的进程之中才能证实这些目标的有效性。假如没有一些这样的进步概念，我也不知道社会怎样能够存在下去。每一个文明社会为了还没有出生的后代，把牺牲强加在活着的一代人身上。用未来较美好世界的名誉来证明这些牺牲的正当性是以某些神圣目的的名誉来证明这些牺牲正当性之世俗的具体表现。用伯瑞的话来说，"对后代负责的这个原则是进步观念直接的必然结果"。[16]或许这种职责无须辩护。假如需要辩护的话，我不知有什么办法可以证明它。

这就把我引到历史中的客观性这一著名的难题上来了。这一 114
术语本身就是容易引起误会的，而且回避问题的实质。在先前的演讲中我已经论证过社会科学——特别是这其中的历史学——不能使它们自身适应于这样一种知识理论：把主体、客体相分离，在观察者和被观察物之间强加一种严格的分离。我们需要一种新的模式，它可以让主客体之间相互关系、相互作用这一复杂过程得到公正评价。历史事实不可能是完全客观的，因为事实之所以变为历史事实，是要靠历史学家根据事实的重要性而决定。历史中的客观性——假如我们仍旧可以使用这一传统术语的话——不可能是事实的客观性，只能是事实与解释之间，只能是过去、现在和未来之间关系的客观性。我也不需要重提那些让我把这种企图驳斥为非历史的理由，这种企图就是依据建立在历史之外的一种绝对标准或独立于历史之外的绝对标准来判断历史事件。但是，绝对真理这种概念也不适用于历史世界——我猜想，或许也不适用于科学世界。只有那些最简单的历史陈述才能以绝对真实或绝对虚假来判断。在一个更复杂的水平上，比方说，历史学家对前辈任何一位历史学家的断语提出质疑，在通常情况下并不把这一断语指责为绝对的错误，而是指责为不恰当、片面或误解，或者它是被后来的证据弄成了过时或与本题无关观点的产物。说俄国革命是因为尼古拉二世的愚蠢或列宁的天才而引起的是完全不恰当的——如此不恰当以致完全引起误解。但是，也不能说这种说法是完全错误的。历史学家不经营绝对这类东西。

让我们再回到罗宾逊之死这一悲哀事件上来。我们调查这个事件的客观性并不依赖我们恢复正常的事实——这是不容置疑的——而是依靠把真正或有意义的事实（我们感兴趣的）与偶然的
115 事实（我们能够忽略的）加以区分。我们发现很容易做出这种区分，因为我们意义的标准或意义的检验，也就是我们客观性的基础是清晰的，而且这种客观性由当下目的的适用性组成，这就要减少道路上的死亡。和眼前有着减少死亡事故这个简明又目的有限的检察官相比，历史学家是一位比较不幸的人。历史学家在从事解

释工作时，他也需要意义的标准，这也是他的客观性标准，以区分重要事件与偶然事件；不过，他只能在联系当下目的时，才能发现这一标准。既然对过去的解释也会进化，这是历史必然的功能，那么目的的进化也是必然的。传统的假设认为，总是要依据某些固定、不可变化的东西来解释变化，这与历史学家的经验是相反的。“对历史学家而言”，巴特菲尔德（Butterfield）教授说，“惟一绝对的东西是变化”，[17]他或许含蓄地为自己保留了一个历史学家不必跟随他进去的领域。历史中绝对的东西并不是过去的、我们从那里开始的某种东西，也不是当下的某种东西，因为所有当下的想法都必定是相对的。它仍旧是某种还没有完成的事情、正在形成过程中的某些事情——我们的未来正在朝向前进的某种东西，只有当我们向它前进的时候，它才开始成形，而且当我们前进时，我们是根据它逐渐形成我们对过去的解释的。这就是宗教神话背后的世俗真理：历史的意义只有在末日审判的时候才会揭示出来。我们的标准不是静止意义下某种绝对的东西，它在昨天、今天，甚至永远是同一的某种东西：这样一种绝对的东西与历史的本质不相 116
容。但是，它是我们关于过去解释的一个绝对的东西。它摈弃了相对主义的观点：一种解释像另一种解释一样好，或者说每一种解释只是在它自己的时代、地方才是真实的；它为我们提供了试金石，通过这块试金石我们可以最终判断自己对过去的解释。就是这种历史中的方向感可以使我们整理、解释过去的历史事件——这是历史学家的任务——着眼于未来而解放和组织人力——这也是政治家的任务、经济学家的任务和社会改革家的任务。然而，这个过程本身仍旧是进步的、有活力的。在我们前进时，我们的方向感、我们对过去的解释都要受到不断的调整与进化。

黑格尔以世界精神这一神秘形式包藏了他的绝对观念,使历史进程在现在就告结束,而不使它延长到未来,这样就犯了重大错误。他承认过去不断进化的过程,但不恰当地否认未来的这种进化。黑格尔之后,对历史本质进行过深思熟虑的那些人已经在这里面看到过去与未来的综合。托克维尔(Tocqueville),这位还没有完全从他那个时代神学术语气氛中摆脱出来的人,同时他脑海中的绝对概念的内容也过于狭隘,然而却把握了这一事物的实质。在谈论了作为普遍的、永恒现象的平等发展之后,他继续说:

如果说我们今天的人通过长期的观察和认真的思考,知道平等地逐渐向前发展既是人类历史的过去又是人类历史的未来,那么,单是这一发现本身就会赋予这一发展以至高无上的上帝的神启性质。[18]

这仍旧没有完成的主题可以写出历史很重要的一章。马克思部分
117 分享了黑格尔的禁止朝将来看的观点,主要把他的学说稳固地扎根于过去历史之中,但由于其主题的性质而被迫把他那个无阶级社会的绝对观念延伸到未来之中。伯瑞虽然笨拙,但很清楚地以同样的意图把进步的观念描述为“一种理论,涉及对过去的综合和对未来的预言”。[19] 纳米尔(Namier)故意以一种似是而非的话说——这是他经常用的以大量事例来说明的手法——历史学家“想象过去,记住未来”。[20] 只有未来能够为解释过去提供钥匙;也只有在这个意义上我们能够说历史中的根本客观性。过去阐释未

来，未来说明过去，这不但是历史的辩护，也是历史的解释。

那么，当我们赞扬历史学家的客观性，或者说一位历史学家比另一位更加客观时，到底意味着什么呢？很显然，这并不意味着他把所收集的事实弄得很正确，而是说他选择了恰当的事实，或者换句话说，他运用了意义的恰当标准。当我们说一位历史学家是客观的时候，我想意味着两件事情。首先，意味着他有能力超越其社会环境、历史环境给视野带来的局限——就像我在先前演讲中所提出的，这种能力取决于他能认识到自己在多大程度上卷入到他所生活的环境中，也就是说，在多大程度上能认识到彻底的客观性是不可能的。第二，意味着他有能力把视野投入到未来，以这样的方法可以使他比那些把观点完全局限在自己当下环境的历史学家更具有一种深入、持久洞察过去的能力。今天，没有历史学家愿意呼应阿克顿展望“终极历史”的信心。但是，一些历史学家所写的历史比其他历史学家所写的要持久一些，包含更多终极特色和客观性；这就是那些我可以称之为对过去和未来都有长远眼光的历 118
史学家。研究过去的历史学家，只有当他朝向理解未来这一目标前进时，他才能接近客观性。

因此，当我在先前的演讲中把历史称为过去与现在之间的对话时，我本该把这叫作过去的历史事件与前进中不断出现的将来目标之间的对话才好。历史学家对过去的解释，他对重要事件和相关事件的选择，都是随着前进中新出现的目标而进化的。举一个最简单的例子，只要主要目标似乎还是宪法自由、政治权利这类东西构成，历史学家就会以宪法的、政治的术语解释过去。当经济目标和社会目标开始取代宪法目标和政治目标时，历史学家转向对过去进行经济的、社会的解释。在这个过程中，怀疑论者好像很有道理地断言新的解释并不比旧有的更加真实；每一个解释都符合那个时代。不过，既然经济、社会目标的重要性，比起政治、宪法目标的重要性，在人类发展过程中代表更广泛、更高级的阶段，那么，或许可以说从经济的、社会的角度来解释历史代表着比仅从政治角度来解释历史的更高级阶段。旧的解释并没有被抛弃，它不仅包含在新的解释之中，而且为新的解释所代替。历史编纂在这种意义上是进步的科学，它企图为本身就是进步的事件进程提供不断扩展的、深化的洞察力。这就是我所说的，我们需要“有关过去的一种建设性的观点”。近代历史编纂在过去两个世纪里就是在这种对进步的双重信仰里成长的，没有这种信仰便无法存在下去，因为它为历史编纂提供了意义的标准，也为它区别真正事件和偶然事件提供了试金石。歌德在晚年的一次谈话中，以斩钉截铁的手法解决了这个戈尔迪之结：[①]

119 当时代处于衰落时，一切倾向都是主观的；但是另一方面，当事物正在成熟以待新时代时，一切倾向都是客观的。[21]

并不是每个人都非得相信历史的未来或社会的未来不可。这是可能的：我们的社会会毁灭，或者会逐渐堕落以至灭亡，历史也会沦落为神学——这就是说，不是研究人类的成就，而是研究神圣旨

① 戈尔迪之结(Gordian knot)，Gordius 是希腊神话中 Phrygia 王国的国王。戈尔迪之结，按神谕，能解开此结者即可为亚细亚国王，后来此结被亚历山大大帝劈开。——译者

意——或者沦落为文学——也就是说，没有目的或意义地讲述故事和传说。但这并不是我们知道的过去200年间那种意义上的历史。

我还必须讨论一下那种为大家熟悉的、普遍的而对于任何这样的理论都会提出的异议：在未来中找到历史判断的终极标准。据说，这样一种理论暗示成功是判断的终极标准，而且也暗示如果有什么事情现在不正确，将来也会正确这样的意思。过去200年间，大多数历史学家不仅假定历史正在朝这一方向前进，而且在有意无意之间相信从整体上看，这个方向是正确的方向，人类正从比较糟的情况向比较好的情况、从低级阶段向更高级阶段前进。历史学家不仅认识到这个方向，而且赞同这个方向。历史学家在研究过去的方法中应用的意义检测标准不仅是历史正在前进过程的一种感觉，而且也是历史学家自身道德标准卷入其中的一种感觉。在"是"与"应该是"之间、事实与价值之间那种所谓的两分法便消解了。乐观主义的观点是对未来充满极大信心时代的产物；辉格党人与自由党人、黑格尔主义者与马克思主义者、神学家与理性主义者仍旧坚定地、或多或少明白无误地抱有这种观点。可以毫不夸张地说，200年来，可以把它描述为对"历史是什么"这个问题的 120
可以接受的、明白无误的回答。对这一观点的反对是伴随当代的忧虑与悲观情绪而出现的，这就为那些在历史之外寻求历史意义的神学家留出了空旷的场地，也为那些在历史之中根本发现不了意义的怀疑论者留出了空旷的场地。各个方面都让我相信，而且非常强调地让我相信"是"与"应该是"之间的两分法是绝对的，也是不能调和的；让我相信不能从"事实"之中得出"价值"。我想这是错误的道路。让我们随意挑选几位历史学家或者写过历史的作家,看看他们对这一问题的感觉。

吉本为叙述伊斯兰的胜利花了很大篇幅进行辩护,理由是“穆罕默德的信徒在东方世界仍旧拥有民事大权、宗教大权”。但是,他补充说,“花费同样的笔墨来关注公元7世纪到公元12世纪之间从斯基泰①平原迁徙出来的成群结队、蜂拥而至的蛮族,就得不偿失了”,因为“拜占庭王权击退了混乱的攻击,并从这一混乱的攻击中生存下来”。[22]这似乎不是没有道理的。总的来说,历史是成功者的记录,而不是失败者的记录:在这个意义上,历史显然是一个成功的故事。托尼②教授评论说,历史学家“把那些已经获胜的力量拖曳到显著的位置,把那些被获胜力量吞没的力量推到后台不显著的位置”,从而对现存秩序赋予“一种必然的表象”。[23]但是,在某种意义上,这难道不是历史学家工作的本质所在吗?历史学家必定不能轻视对立的一方;假如这是无法确定的事态,历史学家也必定不能光写胜利的一方。有时,失败者对最终结果所做出的巨大贡献就像胜利者的贡献一样。每一位历史学家都熟知这些格

① 斯基泰(Scythia),跨欧亚大陆的一地区,从黑海的多瑙河口一直到咸海的东部地区。这个地区的游牧民从公元前8到前4世纪很繁荣,但到公元前2世纪被萨尔马提亚(Sarmatians)征服后,就很快地被融入其他的文化中去了。斯基泰是希腊人的称呼,罗马称之为达西亚人(或西徐亚人),古波斯称之为萨迦人(Saka),而中国史书称之为塞种人。——译者

② 托尼(Richard Henry Tawney,1880—1962),英国经济史家、哲学家,著有 *The Agrarian Problem in the 16th Century*(1912)、*The Acquisitive Society*(1920,后来删节为 *Labour and the Nation*)、*Land and Labour in China*(1932)、*Religion and the Rise of Capitalism*(1926)、*Equality*(1931, 4th ed. 1952)、*The Acquisitive Society*(1931)等。——译者

言。但是，总的来看，历史学家关注的是那些取得某些成就的人，
而不管这些人是胜利者还是失败者。我不是研究板球历史的专 121
家。但是，可以推测，板球史上充溢的是那些得几百分的人的名字，而不是那些得零分或离开板球队的人。黑格尔的著名论断，历史上“只有那些形成国家的民族才能引起我们的注意”，[24]这一论断成为一种社会组织形式的惟一价值，为令人厌恶的国家崇拜开辟了道路，应该遭到批评。但是，大体上看来，黑格尔说得并不错，反映了为大家所熟悉的史前与历史之间的区别；只有那些在一定程度上已经成功地组织自己社会的民族才不再是原始蛮族人，并进入历史。卡莱尔在其《法国革命》(*French Revolution*)中称路易十五为“一个极端世界性的混乱化身”。显然，卡莱尔喜欢这一断语，因为他后来用更长的一个段落使之具体化了：

> 这是一个多么崭新、多么普遍、多么变化迅速的运动呀：制度、社会秩序、个人心灵，难道这些曾经合作的事物，现在以令人心烦意乱的冲突形式在翻滚着、在摩擦着吗？必定是这样；这是一个终于衰竭的、世界性混乱的毁灭。[25]

这一标准再一次是历史的：曾经适合一个时代的东西在另一个时代已经变得混乱了，并因此遭到谴责。即使是以赛亚·伯林爵士，当他走下哲学抽象的高度，并考虑这些具体的历史情况时，似乎也会改变原有看法，赞同这种观点。以赛亚·伯林发表了论文《历史的必然性》之后一段时间，他在一次广播演讲中称赞俾斯麦——尽管俾斯麦有着道德上的缺陷——是一个“天才”，是“上个世纪在政

治判断方面拥有最高智慧的政治家典范”，在这方面与诸如奥地利的约瑟夫二世（Joseph II）、罗伯斯庇尔（Robespierre）、列宁、希特勒相比，俾斯麦要胜出一筹，而那些人则没有能够实现“他们的实
122 际目的”。我感觉这种论断很古怪。不过，现在吸引我的是判断的标准。以赛亚爵士说，俾斯麦理解他所正在从事的事务的本质，而其他人盲从于那些不能产生实际效用的抽象理论。这种教训便是“失败源自对最能产生实际效果的抵制……而赞同某些宣称具有普遍效用的、系统的方法或原则”。[26]换句话说，历史中的判断标准不是某些“宣称具有普遍效用的原则”，而是“最能产生实际效果的东西”。

我不必说，并不只是当分析过去的时候，我们才会援用“最能产生实际效果的东西”这个标准。假如有人告诉你，他想在目前这个节骨眼儿上，把大不列颠和美利坚合众国联合为单一政权统治之下的一个国家是悦人心意的，或许你会赞同这是一个比较合理的观点。假如他继续说，作为一种政府形式，君主立宪制比总统民主制优秀，或许你也会认为这种说法是相当合理的。但是，假定他接着告诉你，他打算竭力领导一场运动来把这两个国家联合在英国国王的统治之下；你或许会回答说，那将是浪费时间。假如你想解释这是为什么，你要告诉他，争辩这类问题不是以某些一般运用的原则为基础的，而是以在特定历史环境下可以产生的作用为基础的；以抽象历史观念谈论历史甚至是犯了一个极其严重的错误，并可以告诉他这种抽象历史也是反对他的。政治家的任务不仅是要考虑道德上或者理论上值得做的事情是什么，而且也要考虑这个世界上现存的各种力量，怎样指导和利用这些力量可以部分地

实现眼下的目的。我们根据我们对历史进行解释所采取的政治决定扎根于这种折衷之中。而且，我们的历史解释也扎根于这种同样的折衷之中。为渴望的事物而设定某些假定的抽象标准，并依据这一标准谴责过去，没有什么事情比这更极端虚假了。就"成 123
功"一词而言，它已经包括了一些惹人厌恶的含义，无论如何还是让我们以中性的"最能产生实际效果的东西"来代替吧。在这一系列演讲中，在好多场合下我不同意以赛亚·伯林的观点，令我高兴的是能够在结束这一叙述时，无论如何我有些赞同他的地方。

应用"最能产生实际效果的东西"这一标准比接受这一标准更不容易、也更不明确一些。这不是一个鼓励做出轻而易举判断的标准，也不是屈从于存在的就是合理的这一观点的标准。在历史上并不是见不到那些有重要意义的失败。历史认识到我可以称之为"延期的成就"：今天明显的失败或许可以证明会对明天的成就做出巨大的贡献——先知诞生于时代之前。实际上，和那种假定之中固定的、普遍的原则标准相比，这种标准的一个好处就是它或许会要求我们推迟我们的判断，或者根据还没有发生的事情限制这一判断。蒲鲁东根据抽象的道德原则夸夸其谈，在拿破仑三世(Napoleon III)政变成功之后，宽恕了这场政变；摈弃抽象的道德原则这一标准的马克思谴责蒲鲁东对这一政变的宽恕。从更长远的历史观回顾这一问题，我们或许会同意蒲鲁东是错误的，马克思是正确的。俾斯麦的成就为这种历史判断问题的检测提供了一个极其便利的出发点；当我接受以赛亚爵士的"最能产生实际效果的东西"这一标准的时候，我还是对以赛亚爵士显然只满足于把这一标准应用于狭隘的、短期的界限内感到困惑不解。俾斯麦创造的东西真的产生很好的效果吗?我倒认为这导致了一个巨大的灾难。这并不意味着我极力谴责缔造了德意志帝国的俾斯麦,或者谴责想要帝国并协助俾斯麦创造这一帝国的德国民众。但是,作为一名历史学家,我仍旧有许多问题要问。最终灾难的发生是因
124 为帝国结构中存在的某些隐藏着的缺陷吗?或者是因为在这种国内环境中存在某些事情,这注定它的诞生会变得孤行专断、富有侵略性吗?或者是因为,当帝国诞生时,欧洲这座舞台或世界这座舞台已经非常拥挤了,现存诸强权就存在扩张的倾向,另一个扩张强权的出现便足以导致一场更大的冲突或者使整个体系都要毁灭掉吗?就最后一种假设而言,让俾斯麦和德国人民为灾难负责,或单独负责,是错误的:你实在不能谴责最后那个缺陷。但是,对俾斯麦成就的客观判断以及这些成就将会产生怎样的影响,这都要等待历史学家对这些问题的回答,我能确定的是,历史学家不能明确回答这些问题。我要说的是,20 世纪 20 年代的历史学家比 19 世纪 80 年代的历史学家更接近于客观的判断;2000 年的历史学家或许仍旧可以更进一步接近客观判断。这就生动地说明了我的主旨:历史的客观性不依靠于也不能依靠于某些固定的、不可转移的当下存在的判断标准,只能依靠在将来积累的、随着历史前进而进化的那种标准。只有在过去与未来之间建立起一种持续不断的连贯时,历史才获得意义与客观性。

现在让我们再研究一下这种事实与价值之间所谓的两分法。价值不能从事实之中获得。这一陈述部分是真实的,部分是虚假的。你只需检查一下任何时期或任何国家盛行的价值体系,就会发现这些价值体系在多大程度上是由周围事实铸造的。在较早的

演讲里，我提醒大家注意像自由、平等或正义这类说明价值的字眼不断变化的历史内容。或者再举作为一个主要关注道德价值传播机构的基督教会为例。比较原始基督教的价值和中世纪教皇的价值，或者比较教皇的价值与19世纪新教的价值。或者比较，比方 125
说，当今西班牙基督教会所传播的价值与美国基督教会所传播的价值。这些价值的差异源自历史事实的差异。或者再考虑一下这些历史事实：在过去一个半世纪里已经使奴隶制度、种族不平等、剥削童工——从道义上来看，这一切曾被当作是中性的行为或高尚行为的事情——变为一般被认为是不道德的行为。那种主张价值不能源自事实的观点至少可以说是片面的、令人误解的。或者再让我们检查一下那个相反的命题。事实不能源自价值。这种说法部分是正确的，但也会引起误解，因此也需要斟酌一下。当我们想知道事实的时候，我们的提问以及所获得的答案都受我们的价值体系的限制。我们对周围事实的看法是由我们的价值铸造的，也就是说，通过这些价值范畴我们接近这些事实；这种看法是我们必须考虑的重要事实之一。价值进入事实，而且是事实的一个重要组成部分。我们的价值是我们之所以成为人类的一个重要组成部分。正是通过我们的价值，我们才有能力使自身适应我们的环境，使环境适应自身，使我们获得那种控制环境的能力，正是这种能力使历史成为进步的记录。但是，在生动地描述人与环境之间的斗争时，千万不要在事实与价值之间设立一种虚假的对立，设立一种虚假的分离。历史中的进步是通过事实与价值之间的相互依赖、相互作用而获得的。客观的历史学家是最能深入体察这一相互过程的历史学家。

我们通常使用的“真理”一词为事实与价值这个问题提供了一个线索——真理横跨了事实世界与价值世界，并由事实与价值这两者的一些因素构成。这并不是英语语言的一个特性。在拉丁语
126 系中作为真理的词语，如德语的 *Wahrheit*，俄语的 *pravda*，[27] 都具有这种双重特性。每一种语言似乎都要求这个词语表示真理，不仅是事实的陈述，价值的判断，而且包含这两种因素。上个星期我去了伦敦，这或许是个事实。不过，通常情况下你或许不会把这称为真理：它没有包含任何有价值的内容。另一方面，当美国的奠基者在独立宣言中把所有人生而平等当作是不言自明的真理时，你或许会感觉到这一说法所包含的价值内容远远超过了事实内容，也正因为这个理由，你或许对这个说法被当作真理的正当性而提出质疑。在这两极之间的某个地方——没有价值的事实北极和仍在不断努力想把自己变为事实的价值判断南极——存在历史真理的王国。就像我在第一讲中说的，历史学家是在事实与解释之间、事实与价值之间获得平衡的。他不能隔离这两者。在一个静止的世界里，你或许不得不宣布事实与价值之间的分离。但是，历史在一个静止的世界里是毫无意义的。历史，就其本质而言是变化、运动，或者——假如你对老派的词语不吹毛求疵的话——是进步。

因此，我返回到阿克顿的结论上，他把进步描述为“历史据以编撰的科学假设”。假如你愿意的话，你可以使过去的意义依附于某些外在于历史的力量或超理性的力量，从而把历史变为神学。假如你愿意的话，你可以把历史变为文学——毫无意义的、毫无重要性的有关过去的故事、传说的汇集。可以恰当地称之为历史的只能是在历史自身中找到一种方向感并接受这种方向感的人写就

的。我们自何处来的信念与我们正向何处去的信念紧密相联。一个已经失去自信自身有能力在未来中取得进步的社会,也会很快 127
不再关注自身在过去中取得的进步。就像我在第一讲中开头就讲的,我们的历史观反映我们的社会观。现在我返回到我的起点,宣示我对社会未来的信心,对历史未来的信心。

---

1 F. Powicke, *Modern Historians and the Study of History* (1955), p. 174.

2 "历史过渡到神学",就像汤因比在 *Civilization on Trial* (1948)一书前言中得意地断言一样。

3 *De Rerum Natura*, iii, 922—995.

4 Gibbon, *The Decline and Fall of the Roman Empire*, ch. xxxviii;吉本正在叙述西罗马帝国衰落的时候,开始离题。一位评论家在 1960 年 11 月 18 日的 *The Times Literary Supplement* 上引用这段话,并提出吉本是否就是这个意思。当然,他是这个意思;作家的观点极有可能反映的是他生活时代的观点,而不是他所描写的那个时代——这位评论家生动地说明了一条真理,他企图把自己 20 世纪中期的怀疑主义转移到 18 世纪后期一位作家身上。

5 *Cambridge Modern History*: *Its Origin*, *Authorship and Production* (1907), p. 13; *Cambridge Modern History*, i (1902), 4; xii (1910), 791.

6 B. Russell, *Portraits From Memory* (1956), p. 17.

7 J. B. Bury, *The Idea of Progress* (1920), pp. vii—viii.

8 B. Russell, *Portraits From Memory* (1956), p. 124.

9 *The Observer*, June 21, 1959.

[10] T. Arnold, *An Inaugural Lecture on the Study of Modern History* (1841), p. 81.

[11] Acton, *Lectures on Modern History*(1906), p. 51.

[12] K. Mannheim 在 *Ideology and Utopia*(Engl. Transl., 1936)第 236 页中也把人之“铸造历史的意志”与“理解历史的能力”联系起来。

[13] F. H. Bradley, *Ethical Studies*(1876), p. 293.

[14] 关于这一情况的分析，参阅 R. S. Lynd 的 *Knowledge for What?* (N. Y., 1939)，第 88 页：“我们文化中的老年人经常喜欢回顾过去，这是他们充满活力与权力的时代，他们也把未来当作是一种威胁加以抵制。大概处于发达阶段的整个文化，由于其权力的相对丧失和分裂，因此有一种回顾已逝黄金时代的倾向，现世的生活则毫无活力”。

[15] *Foreign Affairs*, xxviii, No. 3 (June 1950), p. 382.

[16] J. B. Bury, *The Idea of Progress*(1920), p. ix.

[17] H. Butterfield 的 *The Whig Interpretation of History*(1931)第 58 页；比较 A. von. Martin 的 *The Sociology of the Renaissance* (Engl. Trans., 1945)，第 I 页上更加仔细的叙述：“停滞与运动、静止与动力是开始从社会学方法研究历史的基本范畴……历史仅仅知道相对意义下的停滞：决定性的问题在于，是停滞占优势还是变化占优势。”历史之中，变化的因素是积极的、绝对的，停滞的因素是消极的、相对的。

[18] De Tocqueville, Preface to *Democracy in America*(译文见托克维尔：《论美国的民主》，董果良译，商务印书馆 1988 年，上册第 8 页。——译者).

[19] J. B. Bury, *The Idea of Progress*(1920), p. 5.

[20] L . B. Namier, *Conflicts*(1942), p. 42.

[21] 引语见 J. Huizinga, *Men and Ideas*(1959), p. 50.

[22] Gibbon, *The Decline and Fall of the Roman Empire*, ch. lv.

[23] R. H. Tawney, *The Agrarian Problem in the Sixteenth Century* (1912), p. 177.

[24] *Lectures on the Philosophy of History*(English transl., 1884), p. 40.

[25] T. Carlyle, *The French Revolution*, I, i, ch. 4; I, iii, ch. 7.

[26] Broadcast on “Political Judgment” in the Third Programme of the B.

B. C. , June 19, 1957.

[27] 作为这一情况的 *Pravda* 一词特别有趣,因为还有另一个更古老的表示真理的俄语 *istina*。但是,其区分并不是在于作为事实真理与作为价值真理之间的区分;*Pravda* 在这两方面都是人类真理的意思,*istina* 在这两方面都是神圣真理的意思——关于上帝的真理和由上帝揭示出来的真理。

第六章　扩展中的视野

128 我在这些演讲中提出的历史概念是一个不断前进的过程，历史学家伴随这一过程也在其中不断前进，这似乎使我有义务就历史和历史学家在我们这个时代的地位作一些总结性的思考。我们生活在这样一个时代——这在历史上并不是第一次出现——世界性灾难的预言到处盛行，并给我们带来了沉重的影响。这些预言既不能证实也不能加以否认。不过，无论如何它们的确定性和我们大家都会死这一预言相比要小一些；那么，既然其确定性不能阻止我们为我们的未来设定计划，因此我还要继续讨论我们社会的现状与未来，假设这个社会——或者，如果不是这个社会，而是世界一些主要的地区——经历了威胁我们的灾难之后继续存在下来，历史也将继续存在下去。

20 世纪中叶的世界正处于一个变化的过程，这个过程或许比自 15、16 世纪以来中世纪世界崩溃毁灭、奠定了近代世界基础的任何变化都要深刻、都要广泛。毫无疑问，这种变化最终是科学发现与发明的产物，是把这些发现、发明更加广泛加以应用的产物，是直接、间接源自这些发现、发明而引起发展的产物。这次变化最显著的一面是一场社会革命，这场革命可比拟于 15、16 世纪那场宣称一个基于金融和商业、后来又基于工业的新阶级权力兴起的

革命。我们工业的新结构和我们社会的新结构对我来说呈现出太 129
多的问题,以致我不能在这里详加论述。但是,变化中有两个方面和我的主题极其密切——我可以把这称之为深度的变化和地理范围的变化。我想尝试着简单地论述这两个问题。

当人们不是依据自然过程开始思考一段时间——季节的循环、人的寿命——而是依据一系列特殊的事件开始思考,而人类又有意识地卷入其中并对这些事件施加有意识的影响时,历史便开始了。历史,布克哈特说,是"由意识的觉醒而引起的与自然的分裂"。[1] 历史是人类运用理智来理解其周围环境并依据环境而行动的长期斗争。但是,现代世界以革命的方式拓宽了这一斗争的内涵。人类现在寻求理解、依据行事的不仅是周围环境,而且是人类自身;因此,可以比方说这就为理性增加了新的范围,也为历史增加了新的范围。现时代是所有时代之中最有历史感的时代。现代人的自我意识到达了前所未有的高度,因而对历史的意识也达到了前所未有的高度。他急切地回顾他曾经走出的黎明,并希望借助这黎明的微弱光线来照亮他正在迈向的朦胧未来;而且,反过来,他对前方道路所抱有的希望与焦虑也激励了他对昔日一切东西的洞察力。过去、现在和未来被历史这条无穷无尽的锁链连接在一起了。

现代世界的变化就在于人的自我意识的发展,这一说法或许是笛卡儿首倡其说的,他首先把人的地位确立为一种生命,不仅能够思考而且能够就自己的思想进行思考,能在进行观察时观察他自己,因而
人便同时是思想和观察的主体和客体。但是,这一发展直到 18 世纪 130
晚期才变得完全明朗起来,这时卢梭在人类自我理解和自我意识方面

挖掘出新的深度，给人类一个有关自然界、有关传统文明的崭新观点。托克维尔说，法国革命的灵感来自“渴望得到的那种信仰，以源自运用人类理性、源自自然律的简单的、基本的法则来取代笼罩那时社会秩序的烦琐的传统习俗”。[2]“直到那时为止”，阿克顿在一份手稿的注释中写道，“他们知道他们寻求的是什么，但从不知道寻求自由”；[3] 对于阿克顿来说，就像对黑格尔来说，自由与理性从来是不可分开的。因此，美国革命也就与法国革命联系在一起了。

> 八十七年前，我们的先辈在这片大陆上建立了一个新国家，孕育了自由，并贡献出一切人是生而平等的这样的主张。

就像林肯这段话所表示的，它是一个独特的事件——历史上第一次发生这样的事，当人们审慎地、有意识地把自己组建为一个国家时，同时也有意识地、审慎地把其他人们铸造到这一过程之中。17、18 世纪的人们已经充分地意识到周围世界及其法则。这些东西不再是不能预测的天意赋予的神秘法则，而是可以用理性来理解的法则了。不过，它们仍旧是人们要服从的法则，不是人们自己制定的那些法则。在下一个阶段，人们将更加充分地意识到自身控制周围环境、控制自己的能力，也将更加充分地意识到制定自己要在它们之下生活的那些法则的能力。

从 18 世纪过渡到现代世界是一个漫长的、渐进的过程。这期间代表性的哲学家是黑格尔、马克思，他们两人都处于一种自相矛
131 盾的境地。黑格尔扎根于这样的观念之中：天意法则转变为理性法则。黑格尔的世界精神一方面牢牢地把握了天意，另一方面又

牢牢地把握了理性。他与亚当·斯密有着共鸣之处。每个人“满足于他们自己的利益;更多的东西也因此而产生,这些东西潜伏在他们的行动之中,虽然并没有意识到这些东西”。关于世界精神的理性目的,黑格尔写道,人“在每一次行动中都实现了理性目的,使它成为满足人愿望的机会,其意义与原来目的不同”。这不过是把利益和谐理论简单地翻译为德国哲学语言罢了。[4] 黑格尔之等同于斯密“无形的手”的话是那句著名的“理性的狡黠”,这使人们在无意识中工作以履行其旨意。但是,黑格尔依然是法国革命时代的哲学家,是第一位明了历史变化之中事实本质的哲学家,是第一位明了人的自我意识发展中的事实本质的哲学家。历史中的发展意味着朝向自由概念的发展。但是,1815 年以后,法国革命这一鼓舞人心的事件便在王朝复辟的忧郁气氛中失败了。黑格尔在政治上过于软弱,在其晚年,这时的权力机构又约束得太死,以至他不能在他的形而上命题中引入任何具体的意义。赫尔岑①把黑格尔的学说描述为“革命的代数学”,这非常恰当。黑格尔提出了概念,但没有赋予实际内容。把具体的数字写入黑格尔代数方程式的工作留给马克思去做了。

既是亚当·斯密信徒又是黑格尔信徒的马克思,是从自然的理性法则支配世界的概念出发的。像黑格尔一样,马克思也转变到受法则支配的世界这个概念,不过他是以实际的、具体的形式转变的,是与人的革命能动性相适应、通过理性进程而逐渐进化的。在马克思的最后推论中,历史意味着三种事情,它们之间彼此不能分

① 赫尔岑(A. Herzen,1812—1870),俄国思想家、文学家。——译者

132 割、形成一个连贯的、合理的整体：根据客观的，主要是客观的经济规律进行的事件的运动；通过辩证过程的相应的思想发展；以阶级斗争形式表现出来的相应行动，阶级斗争把革命的理论与革命的实践调和并团结起来。马克思所提出的是客观规律的综合，是把它们变为实践的有意识行动的综合，有时（尽管容易引起误解）又被叫做宿命论和唯意志论的综合。马克思不断地论述那些迄今为止为人们所服从却没有意识到的规律：他经常提醒人们注意他所说的那些陷入资本主义经济和资本主义社会的人们的“虚假意识”——“在生产代理人与运销代理人头脑中关于生产法则必然形成的观念，会与这些法则完全违背”。[5] 但是，读者可以在马克思著作中找到号召采取有意识革命行动的显著事例。“哲学家只是对这个世界作了不同的解释”，马克思在论述费尔巴哈的著名论文中说，“而问题在于改变世界”。“无产阶级”，《共产党宣言》中宣称，“将利用自己的政治统治、一步一步地夺取资产阶级的全部资本，把一切生产工具集中在国家手中”。在《路易·波拿巴的雾月十八日》中，马克思谈到“理智的自觉通过一个世纪的过程，消除了一切传统思想”。正是无产阶级结束了资本主义社会的虚假意识，把无阶级社会的真实意识引入进来。但是，当马克思开始这方面的研究工作时，1848 年几次革命的失败使得似乎就要来临的发展遇到了严重的、明显的挫折。19 世纪后半期仍旧是在繁荣、安全处于主导地位的气氛中度过的。直到世纪转折时期，我们才完成了向现代史时期的过渡，在这个时期，理性的主要作用不再是理解在社会中支配人类行为的那些客观规律，而是重新塑造社会，重新塑造
133 用有意识行为组成社会的个人。在马克思看来，“阶级”，尽管不能

精确地定义之，总的来看却仍旧是有待经济分析才能确定的客观概念。在列宁看来，强调的重点已经从“阶级”转移到“政党”了，是政党构成了阶级的先锋队并把阶级意识的必要因素灌输到阶级中。在马克思看来，“意识形态”是一个消极的术语——是资本主义社会秩序虚假意识的产物。在列宁看来，“意识形态”成为中性的或积极的术语——它是由有阶级觉悟领导人中的精英灌输到可能会有阶级觉悟的工人群众中的一种信仰。阶级觉悟的形成不再是一种自动的过程，而是一项要着手去做的工作。

我们时代另一位伟大的思想家弗洛伊德为理性添加了一个新的范畴。当今，弗洛伊德在一定程度上仍旧是谜一般的人物。从他的教育背景来看，他是 19 世纪一位有自由色彩的个人主义者，毫无疑问接受的是那种通常的、也容易引起误解的个人与社会之间是根本对立的假设。把人当作是生物实体而不是社会实体的弗洛伊德，倾向于把社会环境当作是历史上既定的某种东西，而并不当作是由人类自己处理的、不断创造和改变的过程中的某种东西。弗洛伊德经常遭到马克思主义者的攻击，说他从个人的角度研究真正的社会问题，正基于此，谴责弗洛伊德为反动；这种谴责在仅仅用来反对弗洛伊德本人时部分是有道理的，当今在美国流行的新弗洛伊德学派[①]则完全验证了这种谴责，这个学派假定失调是个人与生俱来的，而不是社会结构所固有的，并把个人对社会的适应当作是心理学的一个重要功能。另一个流行的对弗洛伊德的谴

① 新弗洛伊德学派（Neo-Freudian School），与传统的弗洛伊德学派相比，新学派强调社会和文化因素在个人个性发展中起着重要的作用。——译者

责是，他夸大了非理性在人类事务中的作用，这种谴责是完全错误的，因为它只停留在拙劣的思维混淆阶段，混淆了承认人类行为中的非理性与对非理性的崇拜。不幸的事实是，非理性崇拜的确在
134 当今英语世界中存在，主要是以贬低理性的成就和潜力的形式存在；这是当前盛行的悲观主义、极端保守主义的一个组成部分，我以后将会讲到这个问题。但这并不源自弗洛伊德，他不具备这个资格，而且他还是一位朴实无华的理性主义者。他所做的只是挖掘出人类行为的无意识之根，并把它暴露在意识和理性探询面前，从而拓展了我们的知识范围和理解能力。这是理性王国的扩展，增加了人类理解自己、控制自己的能力，因此也增加了人类理解、控制周围环境的能力；它代表着一个革命的、进步的成就。就这方面来看，弗洛伊德补充了马克思的著作，并没有与马克思的著作相抵触。尽管他本人并没有完全避开人类本性是固定的、不变化的这一概念，但他为进一步深入理解人类行为根源提供了工具，因此也为通过理性方法进一步有意识地修正人类行为提供了工具。在这个意义上，弗洛伊德属于当代世界。

对于历史学家而言，弗洛伊德的特殊意义是双重的。首先，他的最后一击已经让那种古老的幻想彻底破灭了：人们断定或相信他们的行动源自一些动机，而实际上这些动机又足以解释他们的行动——这是有一定重要性的负面成就，尽管也有一些热心人士提出一些积极的主张，通过心理分析方法来解释历史上那些伟人的行为，但我们应有保留地接纳这种主张。心理分析方法要依据对被观察的病人进行反复询问，可是你不能反复询问已逝者。其次，弗洛伊德补充了马克思的著作，他鼓励历史学家在历史中检查自

己，检查自己在历史中的位置；检查动机——或许是隐藏的动机——这些动机指导着历史学家对主题、时代的选择，对事实的筛选和解释；检查决定历史学家视角的民族背景和社会背景；检查那些将要出现的形成他关于过去观念的观念。自从马克思、弗洛伊德写作以来，没有哪位历史学家可以有借口把自己当作是处于社 135
会之外、历史之外的超然个体了。这是一个自我意识的时代：历史学家能够也应该知道自己正在做什么。

我所称之的当代世界的这种转变——向理性功能和力量的新领域的扩延——还没有完成：这是 20 世纪正在经历的革命性变化的一个组成部分。我想考察这种转变的一些主要特征。

让我们从经济学开始这种考察。客观的经济规律支配着人类和民族的经济行为，违反这些规律只能给自身带来损害，这种信仰直到 1914 年还没有遭遇任何挑战。贸易循环、价格波动、失业现象都是由这些规律决定的。迟至 1930 年，当大萧条来临时，这仍旧是流行的观点。自此以后，事情急剧变化。在 20 世纪 30 年代，人们开始谈论“经济人的终结”，这意味着那些依据经济规律不断追求自己经济利益的人，自那时以后，除了少数带有 19 世纪色彩的里普·万·温克尔们①外，没有谁再相信这种意义上的经济规

① 里普·万·温克尔（Rip Van Winkle），美国作家欧文（Washington Irving，1783－1859）笔下一篇小说的主人公。故事大意是，一天里普在山中遇到一个背着酒桶的古怪老头。他带里普来到了一个半圆形的山洼，看到一群怪状的人。这些人看到老头与里普，即停止游戏。痛饮他们带来的酒之后，再开始游戏。里普禁不住趁这些人没看见时偷偷地尝了一口酒，觉得酒香四溢，因而再偷喝几口，最后竟不知不觉之中睡着了。一睡就是 20 年。醒后回到自己的村子里，发现村子里已没有一个熟人，连他所惧怕的太太也已离开人间。后用来比喻思想、见闻等方面落后的人。——译者

律了。今天的经济学要么已经成为一系列理论数学的方程式，要么就成为一些人摆布另一些人的实际学问。这一变化主要是个人资本主义向大规模资本主义转变的结果。只要个别的企业家和个别的商人占据主导地位，似乎就不会有人能以任何有效的方式控制经济，或者能够影响经济；对超乎个人的那些规律和方法的幻想便保存下来。即使是英格兰银行在其最辉煌的时期，也不是被当作熟练的经纪人和操纵者，而是被当作客观的、半自动的经济趋势的登记员。随着自由竞争经济向管理经济的过渡（不管是资本主
136 义的管理经济还是社会主义的管理经济，不管这种管理是由大规模的资本家公司和名誉的私人公司进行的，还是由国家进行的），这种幻觉破灭了。这一切都变得明朗起来：特定的人在为特定的目的采取特定的措施；这些措施为我们规定了经济前途。如今大家都知道石油的价格或肥皂的价格并不完全是依据某些客观的供求规律变化的。大家都知道或者以为他知道物价暴跌和失业现象是人为的：政府也承认，实际上也宣称他们知道如何整治这些事情。已经发生的转变是：从自由经济转变到计划经济，从不自觉转变到自觉，从信仰客观经济规律转变到相信人依靠自己的行为可以成为经济命运的主宰。社会政策与经济政策携手并进：实际上，经济政策已经融入社会政策之中。让我引用 1910 年出版的第一版《剑桥近代史》最后一卷中的话，这来自一位作者的极其敏锐的评论，这位作者绝不是一位马克思主义者，或许也从没有听说过列宁的名字。

当今欧洲思想界盛行的信仰是：通过有意识的努力而进行社

会改革是可能的；这已取代了把自由当作是灵丹妙药的那种信仰……目前这一信仰的盛行就像法国大革命时代相信人权那样的思想一样是意义重大的、富有结果的。[6]

今天，这段文字写后的五十年，俄国革命后的四十多年，大萧条后的三十年，这种信仰已经变得非常普遍了；从屈服于超越人的控制能力之外（尽管被认为是合理的）的客观经济规律过渡到相信人有
能力控制经济命运，对我来说这似乎代表着把理性运用到人类事 137
务中的一种进步，代表着人类理解和把握自身及其周围环境能力的加强，如果有必要，我愿准备以旧有的名称把这叫做进步。

我无须太多笔墨来详细论述其他领域所取得的类似进程。就像我们看到的，甚至是科学现在也很少关注研究和建立自然界的客观规律，而只是作出切实可行的假设，凭借这些假设人们或许能够利用自然以达到自己的目的和改造周围环境。更重要的是，通过有意识的理性操练，人类不仅能够开始改变周围环境，而且能够开始改变自身。18 世纪末期，马尔萨斯在一部划时代的著作里企图建立客观的人口规律，就像亚当・斯密的市场规律一样在没有谁意识到它们的进程的情况下发生作用。当今没有谁会相信这样的规律；但是控制人口大概已经成为一种理性的、有意识的社会政策。在这个时代，我们已经看到人们通过努力来延长人的寿命，改变人口中不同几代人之间的平衡状况。我们也听说有意识地使用药物来影响人的行为，有意设计的外科手术来改变人的性格。我们眼前的人与社会都在变化，这是由人有意识的努力而引起的变化。但是，这些变化之中意义最重要的变化或许是由现代说服与

教导的使用与发展而引起的变化。如今各级教育工作者越来越有意识地用一种特殊的模式倾心在塑造社会方面做出贡献,向正在成长中的一代人反复灌输适合那种社会类型的态度、忠诚和观点;教育政策是任何合理设计社会政策之不可分割的组成部分。当理性运用到社会中的人时,它的主要功能不再仅仅是研究,而是改变;人们通过理性方法的运用来提高他们对社会、经济和政治事务
138 的管理水平,人的这种已经提高了的有意识的力量在我看来是20世纪革命的主要成就之一。

这种理性的扩展仅仅是我在先前演讲中称之为"个人化"这一过程的一部分,个人技能、职业和机会的多样性是前进中文明的伴随物。工业革命所带来的最有深远影响的社会后果或许是不断增加着的学会思考、利用理性的人的数量。在英国,我们是如此热衷渐进思想,以至我们有时几乎觉察不出进步。近一个世纪以来,我们满足于普及初等教育的荣誉之中,而在普及高等教育方面仍旧没有取得很大或很快的进步。当我们处于世界领导地位时,这不会产生多大问题。但是,当我们被那些比我们发展快的人超越的时候,当到处都因技术变化而加速发展时,这就有更多的问题了。因为社会革命、技术革命和科学革命都是这同一进程的重要组成部分。如果你想知道个体化进程中学术方面的事例,不妨考虑一下过去五六十年间的历史,或科学或任何特定的科学之广泛多样性,考虑到这种多样化为个别的专门化又提供了巨大的已增加了的种类就可以了。但是,我还有不同意义上的有关这一进程的更加显著的事例。三十多年前,访问苏联的一位德国高级军官,从一位关心红色空军建设的苏

联官员那里听到一些富有启发的评论：

我们苏联人仍旧必须与非常原始的人类材料打交道。我们被迫使飞机适应那类我们可以控制的飞行员。我们可以成功地把一种新型的人培养到什么样的程度，也要取决于材料方面的技术发展完善到什么程度。这两个因素是互为条件的。原始人是不能适 139
应复杂机器的。[7]

今天，仅仅一代人之后，我们知道苏联的机器不再原始了，同样也不再原始的成百万苏联男女在设计、建造、驾驶这些机器，作为一名历史学家，我更感兴趣的是后一种现象。生产的合理化意味着更重要的事情是——人的合理化。当今全世界落后的人都在学着使用复杂的机器，在这样做的时候，也在学习思考理性，学习运用理性。革命——或许你可以正确地称之为社会进化，但在目前的情况下我愿把这称为理性的扩展——仅仅刚刚开始。不过，理性在以蹒跚的步伐不断前进，以便与上一代蹒跚中的技术进步保持一致。在我看来，这似乎是20世纪革命最重要的一个方面。

假如我这时没有注意到，在当代世界里分配给理性的危险作用和不明确方面的作用，我们当中的一些悲观主义者和怀疑论者肯定会叫我停下，不要吵吵了。我在前面的演讲中指出，在这种意义上描述的不断增加的个体化并不暗示对争取一致和同一的社会压力感有什么削弱的地方。实际上，这是我们当代复杂社会的一个悖论。教育在促进个人能力、机会拓展方面，因此在增加个体化方面是一个必要的、有力的工具，但同时也是为某些利益集团控制的促进社会一致性的有力工具。可以经常听到有人要求那些更负责的电台、电视，或者那些较负责的出版社首先要把矛头针对那些比较容易谴责的某些负面现象。但是，这些人又很快把他们的要求变为，使用能说服大众的这些强有力工具以便向大众灌输适意
140 的爱好和适意的观点——适意性的标准可以在社会上已经接受的爱好和观点中找到。这类战役——控制这类战役的人们在促进战役的进展——是设计好的通过铸造社会个体成员来铸造社会而向着一个希望到达的目标前进的有意的、合理的过程。这一过程所出现的其他一些显著的危险则是商业广告商和政治宣传员提供的。实际上，这两个角色经常是由一个东西扮演的；各个党派和候选人雇用职业广告商来帮助他们获胜，这种情况在美国是公开的，在英国则比较羞怯。这两种方法即使在形式上有所区分时，也是极其相似的。职业广告商和大政党宣传部门的头头都是非常聪明的人，他们会利用各种理性资源来使他们的工作有效地运转起来。然而，就像我们已经验证过的其他一些事例一样，理性不仅仅是用来探索的，而且可用在更加建设性的方面，不是静态的，而是动态的。职业广告商和运动组织者并不主要关心现存的事实。他们所感兴趣的只是消费者或选举者现在相信的是什么或想要的是什么，只要将这点融入目的产品，也就是通过巧妙的手法使消费者或选举者相信这是他们需要的那类东西。此外，通过研究大众心理学，这使他们明白让人们无忧无虑以最快速度接受他们观点的方式是通过求诸顾客和选举者性格中的非理性因素，因而展现在我们面前的场景便是：职业工业家领导人或职业政党领导人中的

精英分子通过比以前更加高度发达的理性方法来了解和利用民众中的非理性因素,最终达到自己的目的。他们所追求的并不主要是理性:它主要是按照奥斯卡·王尔德①所称的“打击智慧的下面”的方法进行。我在一定程度上夸张了这幅图景,以免有人谴责我低估了危险性。[8] 但,总体上这是正确的,也很容易应用到其他 141
领域。在每一个社会里,统治阶级都会或多或少采取强制措施来组织、控制民意。这种方法似乎比其他一些方法要糟糕些,因为这构成了对理性的滥用。

对于这项严肃的、又很有根据的指控,我只有两个辩解。第一点是大家熟悉的,历史进程中每一项发明、每一项革新、每一项新技术的发现有负面作用,也有正面作用。总是要由一些人承担代价。我不知道印刷术发明之后多久,批评家才开始指出这便利了错误观念的传播。今天,对因汽车出现而引起道路死亡事故感到悲伤是一件很普通的事情;甚至一些科学家对于他们发现释放原子能的方法感到遗憾,因为这可能,而且已经作为引起浩劫的用途。阻止新发明、新发现继续发展下去,这样的反对声音在过去毫无效果,在未来似乎也是没有效果的。我们从技术和群众宣传的潜能那里学到的东西是不能够轻易被抹杀的。回到19世纪中叶在英国已经部分实现的洛克式理论或自由理论的小规模个人民主,比回到双轮单座的轻马车或早期自由资本主义时代更加不可能。但真实的答案是,伴随这些邪恶而来的是它们自身的纠正办

① 奥斯卡·王尔德(Oscar Wilde,1854—1900),爱尔兰诗人、剧作家。语出王尔德的小说 *The Picture of Dorian Gray*。——译者

法。纠正办法不在于对非理性的崇拜,不在于否认已在现代社会扩展的理性的作用,而在于一种日益增长的自觉意识,理性能够全面影响这种自觉意识。当技术革命和社会革命在社会各个阶层引起的不断增加的理性运用强加在我们身上时,这曾一度是乌托邦的幻想再也不是幻想了。像历史上其他每一伟大进步一样,这种进步也有其我们必须偿付的代价和损失,也有其我们必须面临的
142 危险。然而,不管那些怀疑论者、犬儒主义者和灾难预言者,特别是某些国家中那些先前特权地位已经受到损害的知识分子,我并不羞于把这当作是历史中进步的例证。这或许是我们时代最引人注目、最革命的现象了。

我们正在经历着的前进中的革命的第二个方面是改变了世界外观。15、16 世纪这一伟大的时期,中世纪最终土崩瓦解,近代世界的基础得以奠定,其标志便是新大陆的发现和世界重心从地中海沿岸向大西洋沿岸的转移。即使是法国革命这场较小的动乱在地理上也产生了影响:召来新世界以修整旧世界的均衡势力。由 20 世纪革命所引起的变化比 16 世纪以来所发生的任何事情,其影响都要大得多。大约 400 年之后,世界重心明显地从西欧转移开了。西欧及其英语世界的外围部分已经成为北美大陆的附属物,或者,假如你喜欢的话,你可以把美国当作既是发电厂又是控制塔的集大成者。然而这并不是惟一的、或者最有意义的变化。肯定弄不清楚的是,现在的世界重心停留或仍将停留在英语世界及其附属西欧地区会有多久。当今在世界事务中发号施令的似乎是东欧和亚洲那片广袤的土地及其那片土地的延伸地区非洲。当

今，“不变的东方”[1]已是令人无法理解、过时的陈词滥调了。

让我们快速浏览一下亚洲在这个世纪业已发生的变化。叙述得从 1902 年英日联盟开始——这是第一次允许亚洲国家进入令人着迷的欧洲大国圈子。向俄国挑战并击败俄国标志了日本的崛起，143
或许可以把这两件事视作偶然巧合，在这样做的时候，也就点燃了引发 20 世纪伟大革命的火花。1789 年、1848 年法国革命的影响范围只在欧洲。1905 年第一次俄国革命在欧洲没有得到回响，但在亚洲却找到了追随者：随后几年在波斯、土耳其和中国陆续发生了几场革命。准确地说，第一次世界大战并不是一场世界大战，而是一场欧洲内战——假定可以把欧洲当作是这样存在的一个实体——，有着世界范围影响的欧洲内战，这些影响包括：激发了许多亚洲国家的工业发展，激发了中国的排外情绪，激发了印度的民族主义，也激发了阿拉伯民族主义的诞生。1917 年俄国革命提供了进一步的、决定性的动力。这里最有意义的事是：这次革命的领导人坚定不移地想在欧洲找到效仿者，但没有找到，不过最终在亚洲找到了效仿者。是欧洲变为“不变者”，亚洲则在前进。我不必讲述这一直延续到现在的大家都熟悉的事情。历史学家几乎还不能评估这场亚洲革命、非洲革命所带来的范围与意义。但是，在亚洲、非洲成千上万

① “不变的东方”(Unchanging East)，大概语(或这种思想)出黑格尔。在黑格尔眼中，东方历史似乎是一块化石，毫无进展：“中国很早就已经进展到了它今日的情状；但是因为它客观的存在和主观运动之间仍然缺少一种对峙，所以无从发生任何变化，一种终古如此的固定的东西代替了一种真正的历史的东西。中国和印度可以说还在世界历史的局外，而只是预期着、等待着若干因素的结合，然后才能得到活泼生动的进步。”见黑格尔：《历史哲学》，王造时译，上海书店出版社 1999 年版，第 123 页。——译者

人口中，传播近代技术和工业方法，传播启蒙教育和政治自觉，都正在改变着这些大陆的面貌；不过，虽然我不能窥探未来，但我知道能有什么判断标准可以不让我把这当作是世界历史前景中一个进步性的发展。因这些事件而改变了的世界面貌，从总体上看也必定会导致英国或许整个英语世界在世界事务中的分量相对下降。但相对的下降并不是绝对的下降；使我烦恼、惊奇的并不是这些亚洲国家、非洲国家的大步前进，而是英国内部一些占支配地位团体的那
144 种倾向——避而不视这些发展或迷惑地看待这些发展，对它们采取的态度游离于不信任的蔑视和友善地硬要人家领情的态度之间，陷入使人麻痹的对往昔的思念之中。

我所谓的20世纪革命中理性的扩张，对历史学家有着特别的意义；因为理性的扩张在本质上意味着迄今为止那些处于历史之外的群体和阶级的历史、民族和大陆的历史在历史中出现了。我在第一讲中表明中世纪历史学家通过那种宗教景象来看待中世纪社会的倾向是由于历史学家所使用材料的排他性所导致。我想进一步探究这种解释。有人说基督教会是“中世纪一个合理的机构”，[9] 我想这句话虽有点儿夸张，但毫无疑问是正确的。由于是一个合理的机构，所以它是一个历史的机构；也唯独从属于历史学家可以全面理解的合理发展过程。世俗社会由教会铸造和组织，它没有属于自己的合理生活。像史前民族一样，这时的民众属于自然，而不属于历史。当越来越多的民族有了社会自觉、政治自觉时，意识到作为历史实体的各自群体都有着过去和未来，并且完全进入历史，近代历史就开始了。至多是在过去的200年间，甚至也只在少数发达的国家，社会、政治和历史的自觉才开始说得上是在大部分人中间传播

开来。也只是在今天,人们才有可能第一次把整个世界想象为由真正意义下进入历史的民族组成,这些民族不再是殖民地长官或人类学家关注的民族,而是历史学家关注的民族。

这就是我们历史概念中的一次进化。在18世纪,历史仍旧是
精英的历史。在19世纪,英国历史学家开始蹒跚地、断断续续地向 145
这样的历史观点前进:把整个人类共同体的历史当作历史的观点。格林,[①]一位相当平凡的历史学家,因写出第一部《英国人民史》(*History of the English People*)而获得了荣耀。20世纪的每一位历史学家对于这种观点只是嘴上说得好听,而行动落后于表白。我不要详细论述这些缺点,因为我更加关注的是,作为历史学家我们没有能够把英国和西欧历史以外正在扩展的视野考虑进来。阿克顿在1896年报告中把全球史(Universal History)说成是"这与把所有国家的历史混合在一起的历史是有区别的"。他继续说道:

> 全球史是依次向这些民族前进的,所依据的是轻重缓急。各民族的历史要叙述,不是因为他们自身的原因,而是考虑到更高的系列、从属于更高的系列,根据各个民族对人类共同的命运所做出贡献的时间和程度。[10]

不用说,对阿克顿而言,全球史就像他所设想的是任何严肃的历史学家都应该关注的。在当前条件下,我们可以做些什么事来促进

① 格林(John Richard Green,1836—1883),英国历史学家。4卷本《英国人民史》出版于1877—1880年间,是1873年出版的 *A Short History of the English People* 的增订本。——译者

自身接近这种意义上的全球史呢?

我本来不想在这些演讲中论及这所大学里的历史研究:但是这所大学为我提供了一些令人震惊的例子,而这正是我表达个人一些看法的例子,假如我回避这些困难的话,我将是胆怯的。在过去的四十年间,我们已经在课程里为美国史建立了牢固的地位。这是一个重要的进步。但是,随之而来的是某种加强英国史的狭隘观念的危险,这已像一个不死的阴魂沉重地影响着我们的课程,英语世界也存在着更加危险的东西,也是同样危险的狭隘观念。
146 在过去400年间,英语世界的历史无疑是伟大的一段历史。但是,把这当作是全球史的中心内容,而把别的一切东西当作是这中心内容的边缘内容,这是一种令人不快的歪曲观点。大学的职责是矫正这些流行的曲解。在我看来,这所大学的近代史研究所似乎没能履行这种职责。在一所重点大学里,允许参加历史优等学位考试的候选人仅仅具备英语知识,而不具备任何现代语言的适当知识,这绝对是错误的;我们以牛津大学古老且受人尊敬的哲学学科所发生的事情引以为戒吧,该学科的资深人员曾经一度得出结论:只要具备简单的日常英语就可以轻松自如地应付事情了。如果不提供给准备研究欧洲大陆任何地区近代史的候选人,比教科书水平更高的知识,这肯定是错误的。拥有一些亚洲、非洲或拉丁美洲事务知识的候选人在目前情况下,很少有机会在一篇带有19世纪华丽色彩的“欧洲的扩张”论文里展现出他们的知识。不幸的是,这个题目正符合当前的情况:并不要求候选人知道任何事情,甚至一点儿不知道像中国、波斯这样重要的、文献记载非常详尽的国家,除非当欧洲人想占领它们时才会去了解它们。有人告诉我,这所大学里也开设有关俄国史、波斯史、中国史的讲座——但这些讲座并不是由历史系的研究者担任。五年前汉学教授在他的就职演说中表达出那种信念:“中国不能被当作是人类历史主流之外的”,[11]但剑桥大学的历史学家却充耳不闻。过去十年里在剑桥大学诞生的,将来或许可能被当作最伟大的历史著作,完全是在历史系之外写就的,而且没有得到历史系的任何帮助:我指的是李 147
约瑟博士的《中国科学技术史》。这是一个清醒的想法。如果不是我认为这是20世纪中叶大多数其他英国大学的典型现象、一般英国知识分子的典型现象这样一个事实,我是不会公布这些家丑的。那种腐朽、陈旧的有关维多利亚时代狭隘岛国心态的双关语,“海峡起风暴——大陆遭隔离”,这话到今天还有令人不愉快的、符合当前情况的回响。英国以外的世界再次掀起了汹涌波涛的风暴;而我们这些英语世界的人们挤作一团,用简明的日常英语告诉我们自己,其他的国家、其他的大陆因为它们自己的异常行为而与我们文明所带来的恩惠与祝福隔离了,有时候看来好像是我们由于不能或不愿意理解外面世界真正在发生什么,而把我们自己隔离了。

在第一讲开头的几句话里,我就曾提醒注意那种把20世纪中叶与19世纪末年分开的极为个性的观点。在结束的时候,我想进一步研究这种对比;假如我在上下文里使用“自由”、“保守”这类字眼儿,应欣然理解为我不是在英国政党这种意义标签上使用它们的。当阿克顿讲到进步的时候,他并不是根据英国流行的“渐进”概念来思考的。“革命,或者就像我们说的自由主义”,这是1887年一封信上很引人注目的一句话。“近代进步的方法”,他在十年以后的一次近代史讲座中

说，“是革命”；在另一次讲座中，则称“我们可以把普遍思想(General
Ideas)的来临称为革命”。在阿克顿没有发表的一份手稿的注释中是
148 这样解释的：“以折衷进行统治的辉格党[①]所带来的结果是：自由党开
创了那个思想盛行的时代”。[12]阿克顿相信“思想盛行”意味着自由主义，而自由主义就意味着革命。在阿克顿生活的时代，自由主义还没有耗尽作为社会变化动力的能量。在我们这个时代，所幸存下来的任何自由主义不管在哪里都会成为社会的保守因素。当今，鼓动人们回到阿克顿是没有意义的。但是，历史学家应该关注的是，首先要确定阿克顿所处的地位，其次要把他的地位与当代思想家作一比较，再次研究阿克顿思想中哪些因素至今仍是有效的。毫无疑问，阿克顿那一代人深受骄傲的自信与乐观主义的损害，没有充分认识到他们所依赖的那个结构在本质上是不稳定的。但是，它拥有的两样东西却是我们今天极其需要的：作为历史进步因素中那种变化的感觉，相信理性是理解历史复杂性的向导。

现在让我们来听听 20 世纪 50 年代的一些声音。在前面演讲中，我引用过刘易斯·纳米尔爵士那种表达满意的话，当为“具体的问题”寻求“实际的解决方法”时，“计划与理性就会被这两者置之脑后”，他把这描述为“民族成熟”[13]的一个象征。我不喜欢这些个人生命与民族生命之间的类比；假如援引这样的类比，就会诱使人们发问，当我们经历了“成熟”阶段之后，随后会发生什么呢？但

① 辉格党(Whig)和托利党(Tory)是 17 世纪末在英国出现的两个正在形成中的政党。18 世纪上半期，辉格党在政治上占优势，是议会多数党。18 世纪后半期，托利党才得以执政。大约在 19 世纪 30 年代，托利党改称保守党(Conservative)，辉格党改称自由党(Liberal)。——译者

是，最使我感兴趣的是在受到赞扬的“实际的、具体的”与受到谴责的“计划的、理想的”之间所形成的鲜明对比。这种颂扬具体行动高于思想理论的做法当然是保守主义的特性。在纳米尔的思想 149
中，它代表着18世纪的声音，代表着乔治三世(George III)统治时期英格兰的声音，代表着对即将来临的阿克顿的革命和思想的盛行进行反对的声音。但是，在我们时代存在着相同的、为大家熟悉的表现方式：以彻头彻尾的经验主义表现出来的彻头彻尾的保守主义非常盛行。或许可以在特雷弗-罗伯教授的评论中找到这一观点最盛行的形式，“当激进主义者欢呼胜利肯定属于他们时，那些明智的保守主义者却对他们迎头痛击”。[14]奥克肖特(Oakeshott)教授为我们提供了这风行一时的经验主义的更加复杂的一幅场景：他告诉我们，在政治事务里，我们“航行在浩瀚无边、深不可测的大海上”，在这里“既没有起点，也没有指定的终点”，我们在这里的惟一目标是“让我们保持得平平稳稳”。[15]我不需要寻找最近那些否认政治“乌托邦”和政治“救世主义”的作家的名单目录；这些已经成为对未来社会产生深远影响的激进思想进行诅咒的流行词语。我也不想讨论美国的最近倾向，和英国的同行比较起来，美国的历史学家、政治理论家在公开宣称效忠保守主义方面，更没有什么限制。我只要引用一句话就可以了，这句话是最著名的一位历史学家，也是美国最稳健的一位保守主义历史学家说的，哈佛大学的塞缪尔·莫里森①教授，他在1950年12月就任美国历史

① 塞缪尔·莫里森(Samuel Morison)，美国历史学家。著有 *Admiral of the Ocean Sea: A Life of Christopher Columbus*(1942)、*John Paul Jones*(1959)、*History of US Naval Operations in World War II*(25 vols., 1946—1962)等。——译者

协会主席的演讲中认为，反对他所称为的“杰斐逊-杰克逊-罗斯福路线”（The Jefferson-Jackson-F. D. Roosevelt Line）进行历史写作的时代已经到了，并呼吁一种“至少从理智的保守主义观点进行写作的”美国史。[16]

但是，至少在英国，正是波普尔教授再一次以最清楚、最不折衷的形式表达了这种审慎的保守主义观点。作为对纳米尔反对“计划的和理想的”的呼应，波普尔攻击那些声称目的就是“依据详细的计
150 划来重塑‘整个社会’的”政策，并推荐他所称的“渐进社会工程”，①显然也并不害怕背上“渐进修补”和“胡乱应付”[17]的名声而畏缩。实际上，就这一点，我要向波普尔教授表示我的极大崇敬。他一直是一位坚定不移的理性捍卫者，也从不与过去的、现在的涉及非理性主义的思想有任何瓜葛。但是，假如我们检查一下他所开出的“渐进社会工程”这一药方，我们将会看到他所分派给理性的作用是多么的有限。尽管“渐进工程”的定义不是十分精确，尤其是我们被告知，对于“目的”的批评是不包括在内的；他所列举的有关这一工程的合法活动的审慎事例——“宪法改革”和“使收入达到更大的平衡趋势”——清楚地表明波普尔打算在假定现存社会的条

① “渐进社会工程”（Piecemeal Social Engineering），也有人翻译为“零碎社会工程”。波普尔认为当人们以为已掌握了确定无疑的知识时，就会变得自大，会觉得压制那些持异见者也是正当的。假如政府也有这种心态，危险就会急剧地放大。波普尔把这一思想应用于政治领域，就产生了所谓的“渐进社会工程”。波普尔的这一思想源自英国具体的历史背景。英国从传统社会步入现代社会，从君主制向现代政治转变，其手法便是在各种社会力量的冲突与和谐的动态平衡中，通过持续不断的稳健的社会改革而逐渐实现，这既避免了法国革命式的代价，后来又避免了法西斯主义等极权主义的惨痛教训。——译者

件下进行这些操作。[18]理性在波普尔教授的事物结构中所处的地位，事实上，就像一个英国公务员的地位一样，他可以胜任地处理当权政府的政策，甚至可以提出实际的修改建议使政策得到更有效的运转，但是，这位公务员却不询问这些政策的基本前提或终极目的。这是有用的工作：我在年轻的时候也曾是一位公务员。但，对我来说，从长远的观点来看，使理性从属于现存秩序这一假设观点是完全不能接受的。当阿克顿提出他的革命＝自由主义＝思想盛行这一等式时，他并不是这样想象理性的。人类事务中的进步，不管是在科学方面还是在历史方面、社会方面，主要是这样获得的：人类大胆地、毫不犹豫地不把自己局限在寻求渐进改良（一些事情是以这种方法做的），而以理性的名义向目前行事的方式提出根本的挑战，对建立在行事方式基础上的公开的或隐蔽的假设提出挑战。我期待这样一个时刻，英语世界的历史学家、社会学家和 151
政治思想家重新获得担当这项任务的勇气。

不过，最使我感到不安的不是英语世界知识分子和政治思想家中间理性信仰的衰落，而是丢失了世界是一种永恒运动的普遍感觉。乍一看，这似乎是似是而非的说法；因为在我们的周围很少听到有谁在谈论变化是不断进行的这类极其浅薄的话题。但是，有意义的事情是：变化不再被认为是成就、机会和进步，而被认为是恐惧的对象。当我们的政治学究、经济学究为我们开处方时，他们并没有向我们提供什么，只是警告我们不要相信那些激进的观念、影响深远的观念，让我们避开有任何革命气味的东西，前进——如果我们必须前进的话——也应缓慢地、小心翼翼地。此时的这个世界的形态改变比过去 400 年间任何时候都要快速、都要剧烈，在这个时刻，这对我来说是特别的茫然，为人们提供了忧虑的理由，这种理由并不是世界范围内的运动将被延缓，而是英国——或许其他的英语世界国家——将落后于通常的前进步伐，而且也毫无办法地、忍受痛苦地重新陷入某种乡愁的停滞状态之中。就我本人而言，我一直是一位乐观主义者；当刘易斯·纳米尔爵士警告我避开计划与理性时；当奥克肖特教授告诉我，前进方向没有特定的目标，最重要的是注意不要让人把船摇摆不定时；当波普尔教授想通过一点点的渐进工程，让受人喜爱的老式 T 型车①仍旧在路上行跑时；当特雷弗-罗伯教授对大嚷大叫的激进分子迎头痛击时；当莫里森教授呼吁以理智的保守主义观点进行历史写作时，我面临着的是一个混乱的世界、一个痛苦的世界，我将借用大家熟悉的一位伟大的科学家的话来回答说："然而——地球还在运转呀。"②

[1] J. Burckhardt, *Reflections on History*(1959), p. 31.

[2] A. de Tocqueville, *De l'Ancien Régime*, III, ch. 1.

[3] Cambridge University Library: Add. MSS. 4870.

① T 型车是亨利·福特用来实践他大量生产汽车流程的第一部车。福特在参观芝加哥一个肉品加工厂后获得灵感，于是在 1913 年完成了世界第一条汽车流水生产线，用这条生产线所生产的第一部汽车就是 T 型车。原本制造一部 T 型车需要一天时间，现在只需要几小时就能完成，车价也因此降至 440 美金。——译者

② 意大利物理学家、天文学家伽利略(1564—1642)的话。——译者

[4] 引语见 Hegel's *Philosophy of History*。

[5] *Capital*, iii (Engl. Transl., 1909), 369(译文见《资本论》第3卷,人民出版社1953年版,第384页。——译者).

[6] *Cambridge Modern History*, xii (1910), 15;这一章的作者是 S. Leathes,他是《剑桥近代史》的一位编辑,也是文官考试委员会的委员。

[7] *Vierteljahrshefte für Zeitgeschichte* (Munich), i (1953), 38.

[8] 有关全面的讨论,见作者的 *The New Society* (1951),第4章。

[9] A. von Martin, *The Sociology of the Renaissance* (Engl. Transl., 1945), p. 18.

[10] *The Cambridge Modern History: Its Origin, Authorship and Production* (1907), p. 14.

[11] E. G. Pulleyblank, *Chinese History and World History* (1955), p. 36.

[12] 这些相关引文见 Acton, *Selections from Correspondence* (1917),第278页;*Lectures on Modern History* (1906),第4、32页;Add MSS. 4949(位于剑桥大学图书馆)。在上述引用的阿克顿1887年的那封信中,他把"良心的发现"当作是从"旧"辉格党向"新"辉格党(即自由党)转变的标志;很显然,这里的"良心"(Conscience)与"意识"(Consciousness)的发展有联系(参阅上述第130页),是与"思想盛行"相呼应的。Stubbs 也以法国大革命把近代史分为两个时期:"第一个时期是强权、暴力、王朝的时代;第二个时期是思想取代权力与制度的时期。"见 W. Stubbs, *Seventeen Lectures on the Study of Mediaeval and Modern History* (3rd ed., 1900),第239页。

[13] 参阅上述第33页。

[14] *Encounter*, vii, No. 6, June 1957, p. 17.

[15] M. Oakeshott, *Political Education* (1951), p. 22.

[16] *American Historical Review*, No. lvi, No. 2 (January 1951), pp. 272—273.

[17] K. Popper, *The Poverty of Historicism* (1957), pp. 67, 74.

[18] Ibid. pp. 64, 68.

索　　引

（索引按英文字母排序，页码为原书的页码，即本书的边码）

附录：卡尔年谱

陈　恒　编

编者说明：本年谱是根据由迈克尔·考克斯(Michael Cox)编辑出版的《卡尔：重新评价》(*E. H. Carr: A Reappraisal*，伦敦2000年版，包含卡尔的《自传》)、乔纳森·哈斯拉姆(Jonathan Haslam)所写卡尔传记《正直的缺陷：卡尔传记(1892－1982)》(*The Vices of Integrity: E. H. Carr 1892－1982*，伦敦1999年版)等书整理出来的，并尽可能提供卡尔相关的中文译本信息。本书的翻译是在美国哥伦比亚大学访问期间完成的，这期间整日沉浸哥大的巴特勒图书馆，那丰富的藏书不仅便于解决翻译中遇到的难题，更重要的是让人多发幽古之情。这些笔墨算是一个纪念，对卡尔思想的纪念，对本人问学足迹的纪念。

——陈恒，2006年2月12日

1892　6月28日出生于伦敦的 Upper Holloway

1905　获得伦敦 Merchat Taylor's School 奖学金

1906　获得班级奖、数学奖、神学奖

1910　获得剑桥大学三一学院全额奖学金

1911　入三一学院学习古典学

1914　第一次世界大战爆发

1916 以优等成绩毕业

1916 身体条件不适合军事服务，参加外交部工作

1917 为禁运部工作，制定封锁布尔什维克政权的计划

1918 由禁运部调至处理俄罗斯事务的北方部

1919 出席凡尔赛和会，待在巴黎直到 1922 年

1920 获得 CBE（英帝国二等勋位爵士）以表彰他在和会中的成绩

1921 被任命为三等秘书

1925 与 Anne Rowe 结婚

1925 被任命为英国驻拉脱维亚里加公使馆二等秘书

1925 开始学习俄语

1926 儿子 John Carr 出生

1927 首访莫斯科

1929 在《观察家》（*The Spectator*）上发表他的第一篇评论《犹太人拉斯柯尔尼科夫》（*The Jewish Raskolnikov*）

1929 在《斯拉夫与东欧评论》（*Slavonic and East European Review*）上发表第一篇学术论文《屠格涅夫与陀思妥耶夫斯基》（*Turgenev and Dostoevsky*）

1929 开始撰写有关陀思妥耶夫斯基的研究。卡尔后来承认说，19 世纪像陀思妥耶夫斯基、巴枯宁这样的俄罗斯人之所以会“吸引”他是因为……他们以完全不同于我成长的那种传统世界的方式思考问题

1930 调至外交部的国联部门工作

1930 以 John Hallett 这个名字开始为《半月谈》（*Fortnightly*

Review）固定地撰写文章。在一篇 9 月份发表的文章《漂泊的英国》（*England Adrift*）中，卡尔辩论说，国家需要一种信仰——或者无论如何也是一种差强人意的信仰来克服其失败情绪……怀疑主义、自暴自弃

1931 发表《陀思妥耶夫斯基：1821—1881》（*Dostoevsky：1821—1881*）

1933 被提升为一等秘书

1933 出版亚历山大·赫尔岑及其朋友在流放期间的研究《浪漫的流放者》（*The Romantic Exiles*），1968 年、1998 年再版

1934 出版《卡尔·马克思：狂热研究》（*Karl Marx：A Study in Fanaticism*）

1935 开始与麦克米兰公司合作

1935 向威尔士的 Aberystwyth 大学提出申请 Woodrow Wilson 国际政治主席席位

1936 辞职外交部，就任 Wilson 主席职位

1937 发表《和约以来的国际关系》（*International Relations Since the Peace Treaties*），这是他与麦克米兰公司合作出版的第一本书。该书的中译本于 1940 年由宋桂煌翻译出版，名为《战后之国际关系》（把 Carr 译为冠尔，长沙：商务印书馆 1940）

1937 开始为英国广播公司发表演讲

1937 发表《迈克尔·巴枯宁》（*Michael Bakunin*）。该书中译本 1985 年由宋献春等人翻译出版，名为《巴枯宁传》（北京：中

国人民大学出版社 1985）

1937 成为英国一家关注国际事务的独立研究所 Chatham House 的活跃分子

1937 访问德国、苏联

1939 出版《二十年危机：1919－1939，国际关系导论》（*The Twenty Year's Crisis, 1919－1939. An Introduction to the Study of International Relations*）。该书中译本于 2005 年由秦亚青翻译出版，名为《20 年危机（1919－1939）：国际关系研究导论》（北京：世界知识出版社 2005，国际关系学名著系列——经典论著）

1939 出版《不列颠：从凡尔赛和约到战争爆发时期外交政策研究》（*Britain: A Study of Foreign Policy from the Versailles Treaty to the Outbreak of War*）

1939 第二次世界大战爆发，卡尔参加信息部

1940 辞职信息部

1941 成为《泰晤士报》助理编辑，直到 1946 年

1941 德国进攻苏联

1942 出版《和平的条件》（*Conditions of Peace*），对自由放任的经济政策、政治政策提出批评。该书中译本于 1944 年由王之珍翻译出版，名为《和平之条件》（重庆：商务印书馆 1944 年，1945 年再版，1946 年沪初版，中山文库）

1944 决定撰写苏俄史

1944 丘吉尔攻击卡尔的文章非常不利于政府处理希腊事务

1945 签署出版《自革命以来的苏俄史》（*History of Soviet Rus-*

sia since the Revolution)的合同

1945 发表《民族主义及其以后》(*Nationalism and After*)

1945 没能获得伦敦的斯拉夫和东欧研究学院(The School of Slavonic and East European Studies)的主席职务

1946 与第一任妻子 Anne 离婚

1946 停止为《泰晤士报》全职工作

1946 出版《苏维埃对西方世界的影响》(*The Soviet Impact on the Western World*)

1946 发行《二十年危机》第二版,该书自 1946—1984 年期间印刷了 16 次之多

1947 正式辞去 Aberystwyth 大学 Woodrow Wilson 国际政治主席席位

1947 会晤 Issac Deutscher、Tamara Deutscher

1947 再版《和约以来的国际关系》,但书名改为《两次世界战争之间的国际关系,1919—1939》(*International Relations Between The Two World Wars, 1919—1939*),该书 1948—1989 年间印刷达 16 次之多

1950 六次关于"新社会"的广播系列演讲刊登在《听众》(*The Listener*)上

1950 《布尔什维克革命,1917—1923》(*The Bolshevik Revolution 1917—1923*)第一卷出版。《苏俄史》(*A History of Soviet Russia*)是卡尔代表性著作,由 4 部分组成:*The Bolshevik Revolution 1917—1923*(vol. 1, 1950; vol. 2, 1952; vol. 3, 1953)、*The Interregnum 1923—1924*(*vol.*

4, 1954)、*Socialism in One Country 1924—1926* (vol. 5, 1958; vol. 6, 1959; vol. 7, 1964)、*The Foundations of a Planned Economy*, 1926—1929 (vol. 8, with R. W. Davies, 1969, vol. 9, 1971, vol. 10, 1976—1978)

1950 《革命研究》(*Studies in Revolution*)出版

1951 《新社会》(*The New Society*)出版

1952 《布尔什维克革命,1917—1923》(*The Bolshevik Revolution 1917—1923*)第二卷出版

1952 《两次世界战争之间的德苏关系,1919—1939》(*German-Soviet Relations Between the Two World Wars 1919—1939*)出版

1953 《布尔什维克革命,1917—1923》(*The Bolshevik Revolution 1917—1923*)第三卷出版

1953 被任命为牛津大学 Balliol College 三年指导教师

1954 《空白时期:1923—1924》(*The Interregnum: 1923—1924*)出版

1955 被任命为剑桥大学三一学院高级研究员

1956 被选入英国社会科学院

1958 《一个国家的社会主义,1924—1926》(*Socialism in One Country, 1924—1926*)第一卷出版

1959 《一个国家的社会主义,1924—1926》(*Socialism in One Country, 1924—1926*)第二卷出版

1959 应邀在特里威廉讲座演讲

1960 发表特里威廉讲座演讲,最终结集为《历史是什么?》,发行

量达25万多册。中译本1981年由吴柱存翻译,名为《历史是什么?》(北京:商务印书馆1981,笔者参考了这一译本,在此深表感谢),在中国产生了极大的影响。该书在台湾也有译本,名为《历史论集》(王任光译,台北:幼狮书局1998年版,笔者没有见到该书)

1964 《一个国家的社会主义,1924—1926》(*Socialism in One Country, 1924—1926*)第三卷出版

1966 娶贝蒂·贝伦斯为妻

1967 Issac Deutscher去世,卡尔在《剑桥评论》(*Cambridge Review*)上撰文纪念

1969 发表《1917年:之前之后》(*1917: Before and After*)

1969 发表《计划经济之基础,1926—1929》(*Foundations of A Planned Economy 1926—1929*)第一卷第一、第二部分(与R. W. Davies合作)

1971 发表《计划经济之基础,1926—1929》(*Foundations of A Planned Economy 1926—1929*)第二卷

1976 发表《计划经济之基础,1926—1929》(*Foundations of A Planned Economy 1926—1929*)第三卷第一、第二部分

1978 发表《计划经济之基础,1926—1929》(*Foundations of A Planned Economy 1926—1929*)第三卷第三部分

1979 发表《从列宁到斯大林的苏联革命,1917—1929》(*The Russian Revolution from Lenin to Stalin, 1917—1929*)

1980 发表《从拿破仑到斯大林及其他论文》(*From Napoleon to Stalin and Other Essays*)

1982　11月4日,卡尔去世

1982　身后出版《共产国际的曙光,1930－1935》(*The Twilight of the Comintern, 1930－1935*)

1982　身后出版《共产国际和西班牙内战》(*The Comintern and the Spanish Civil War*)

1987　发行《历史是什么?》企鹅版第二版,有 Bob Davies 的新导言

2001　帕尔格雷夫公司(Palgrave)出版《历史是什么?》的新版本,有"理查德·埃文斯导言"、"导言注释"、卡尔的"第二版序言"以及戴维斯(R. W. Davies)的"来自卡尔的档案:《历史是什么?》第二版注释"等,内容大大增加

图书在版编目(CIP)数据

历史是什么？/(英)卡尔著；陈恒译.—北京：商务印书馆，2007(2023.11重印)
(汉译世界学术名著丛书)
ISBN 978-7-100-05177-4

Ⅰ.①历…　Ⅱ.①卡… ②陈…　Ⅲ.①历史—研究　Ⅳ.①K06

中国版本图书馆CIP数据核字(2006)第090644号

汉译世界学术名著丛书
历史是什么？
〔英〕E. H. 卡尔　著
陈　恒　译

商　务　印　书　馆　出　版
(北京王府井大街36号　邮政编码100710)
商　务　印　书　馆　发　行
北京新华印刷有限公司印刷
ISBN 978-7-100-05177-4

2007年6月第1版　　开本850×1168　1/32
2023年11月北京第14次印刷　印张9
定价：45.00元